THE NONLINEAR RELATIONSHIP
BETWEEN EXTERNAL PAY GAP OF
TOP MANAGEMENT AND
INVESTMENT EFFICIENCY

高管外部薪酬差距与投资效率非线性关系研究

刘长进◎著

经济管理出版社
ECONOMY & MANAGEMENT PUBLISHING HOUSE

图书在版编目（CIP）数据

高管外部薪酬差距与投资效率非线性关系研究／刘长进著．—北京：经济管理出版社，2020.10
ISBN 978-7-5096-7587-8

Ⅰ.①高… Ⅱ.①刘… Ⅲ.①上市公司—管理人员—劳动报酬—关系—投资效率—研究—中国 Ⅳ.①F279.246 ②F832.48

中国版本图书馆 CIP 数据核字（2020）第 169715 号

组稿编辑：丁慧敏
责任编辑：丁慧敏
责任印制：黄章平
责任校对：陈晓霞

出版发行：经济管理出版社
（北京市海淀区北蜂窝 8 号中雅大厦 A 座 11 层　100038）
网　　址：www.E-mp.com.cn
电　　话：（010）51915602
印　　刷：北京虎彩文化传播有限公司
经　　销：新华书店
开　　本：710mm×1000mm /16
印　　张：13.25
字　　数：231 千字
版　　次：2020 年 11 月第 1 版　2020 年 11 月第 1 次印刷
书　　号：ISBN 978-7-5096-7587-8
定　　价：59.00 元

·版权所有　翻印必究·
凡购本社图书，如有印装错误，由本社读者服务部负责调换。
联系地址：北京阜外月坛北小街 2 号
电话：（010）68022974　邮编：100836

Preface 前言

投资决策是企业面临的最重要的财务决策之一,对企业可持续发展至关重要。改革开放40多年来,我国企业高速增长的投资拉动了我国经济的快速发展。然而,高速增长的企业投资伴生了大量重复建设、重复投资等低效率的投资行为,我国上市公司普遍存在非效率投资问题,严重制约了企业可持续发展。管理层是企业投资的重要决策者,薪酬契约是解决股东与管理层之间代理问题的重要激励机制。随着中国经济快速发展和企业管理者薪酬制度的不断创新,不同行业、不同企业间高管薪酬差距也在不断扩大。为了对国有企业高管不合理的偏高、过高收入进行调整,2015年1月1日正式实施的《中央管理企业负责人薪酬制度改革方案》对国有企业高管薪酬做出了制度性约束。尽管如此,我国上市公司高管薪酬差距仍然很大。现实中个体行为通常与公平偏好紧密联系,人们在关注自己收入的同时,还非常在意与他人的收入差距。我国上市公司管理层薪酬信息的公开使公司高管能够知晓其他公司管理层的薪酬水平,高管可以通过比较来判断自己的薪酬是否公平,据以调整其管理行为,进而影响公司投资效率。可见,高管外部薪酬差距会通过影响高管的管理行为,进而对企业投资效率产生影响。

本书以2009~2016年中国上市公司为研究对象,实证考察了高管外部薪酬差距对企业投资效率的非线性影响。具体而言,首先,在阐述高管外部薪酬差距的相关理论、委托代理理论与信息不对称的理论基础上,从理论层面分析了高管外部薪酬差距影响企业投资效率的作用机理,提出了高管外部薪酬差距与企业投资效率之间关系的理论分析框架。其次,通过引入高管外部薪酬差距的二次项,考察了外部薪酬差距与投资效率之间是否存在倒"U"型关系,并采用门限面板模型测算了门限变量(高管外部薪酬差距)的结构突变点,进而运用分段回归原理检验了高管外部薪酬差距对企业投资效率影响的非对称性。最后，以高管外部薪酬差距的结构突变点作为分组依据，研究了在高管外部薪酬差距的结构突变点两侧，高管能力、环境不确定性分别对高管外部薪酬差距与企业投资效率之间关系影响的差异性。本书主要研究内容和研究结论如下：

第一，高管外部薪酬差距与企业投资效率之间呈倒"U"型关系；高管外部薪酬差距在门限值两侧对投资效率的激励效应存在不对称性。本书以高管行业薪酬均值为参照点，采用两种非线性回归方法，研究了高管外部薪酬差距对投资效率的非线性影响。首先，采用直接在计量模型中增加高管外部薪酬差距二次项的方法。研究表明，外部薪酬差距与企业投资效率之间呈倒"U"型关系。其次，以总资产收益率为因变量，利用门限面板模型来确定高管外部薪酬差距激励效应的结构突变点。研究发现，总体而言，中国上市公司高管外部薪酬差距不是过大，而是偏小。最后，利用分段回归原理来考察高管外部薪酬差距对投资效率影响的区间效应。研究发现，高管外部薪酬差距的激励效应表现出明显的门限特征；当外部薪酬差距达到临界值（2.6458）时，外部薪酬差距对公司高管的激励作用最大；而当外部薪酬差距超过临界值时，外部薪酬差距的激励作用呈现出边际递减规律，对企业投资效率的促进作用变弱。

第二，高管能力对外部薪酬差距与投资效率之间关系的影响，在外部薪酬差距结构突变点两侧存在差别。本书以第四章得出的高管外部薪酬差距结构突变点（门限值）作为分组依据，将高管外部薪酬差距划分为两个部分：高管外部薪酬差距小于门限值（低差距区间）与高管外部薪酬差距大于门限值（高差距区间）。在此基础上，研究了高管能力对外部薪酬差距与投资效率之间关系影响的差异性，研究表明：①在高管外部薪酬差距的结构突变点两侧，高管能力对外部薪酬差距与投资效率之间关系的影响存在显著差别。具体来说，在低差距区间，高管能力强化了外部薪酬差距对投资效率的促进作用；在高差距区间，高管能力对外部薪酬差距与投资效率之间关系的影响不显著。②进一步将各薪酬差距区间样本分别分为过度投资子样本和投资不足子样本进行分析，发现在低差距区间，高管能力增强了外部薪酬差距对企业过度投资的抑制作用，但对外部薪酬差距与企业投资不足之间的关系没有显著影响。在高差距区间，高管能力对外部薪酬差距与投资不足、投资过度之间关系的影响均不显著。③由于不同所有制企业的经理人市场发展程度存在差异，进一步分析发现，在低差距区间，高管能力对外部薪酬差距与企业过度投资之间关系的强化作用主要体现在非国有企业,而在国有企业则不显著。

第三,环境不确定性对外部薪酬差距与投资效率之间关系的影响,在外部薪酬差距结构突变点两侧存在差别。本书以第四章得出的高管外部薪酬差距结构突变点(门限值)作为分组依据,将高管外部薪酬差距划分为两个部分:高管外部薪酬差距小于门限值(低差距区间)与高管外部薪酬差距大于门限值(高差距区间)。在此基础上,首先从微观层面研究了经营环境不确定性对高管外部薪酬差距与投资效率之间关系影响的差异性。研究发现:①在高管外部薪酬差距的结构突变点两侧,经营环境不确定性对外部薪酬差距与投资效率之间关系的影响存在显著差别。具体来说,在低差距区间,经营环境不确定性强化了外部薪酬差距对投资效率的促进作用;在高差距区间,经营环境不确定性弱化了外部薪酬差距对投资效率的促进作用。②进一步将各薪酬差距区间样本分别分为过度投资子样本和投资不足子样本进行分析,结果显示,在低差距区间,经营环境不确定性强化了外部薪酬差距对企业过度投资、投资不足的抑制作用;在高差距区间,经营环境不确定性削弱了外部薪酬差距对企业投资不足的抑制作用,但对外部薪酬差距与企业投资过度之间关系的影响不显著。其次从宏观层面研究了经济政策不确定性对高管外部薪酬差距与投资效率之间关系影响的差异性。研究表明:①在高管外部薪酬差距的结构突变点两侧,经济政策不确定性对外部薪酬差距与投资效率之间关系的影响存在显著差别。具体来说,在低差距区间,经济政策不确定性弱化了外部薪酬差距对投资效率的激励效果;在高差距区间,经济政策不确定性对外部薪酬差距与投资效率之间关系的影响并不显著。②进一步将各薪酬差距区间样本分别分为过度投资子样本和投资不足子样本进行分析,发现在低差距区间,经济政策不确定性削弱了外部薪酬差距对过度投资的抑制作用,却强化了外部薪酬差距对投资不足的抑制作用;在高差距区间,经济政策不确定性对外部薪酬差距与投资不足、投资过度之间关系的影响均不显著。

本书的创新如下:

第一,构建了高管外部薪酬差距影响企业投资效率的理论分析框架。本书从理论层面分析了高管外部薪酬差距对企业投资效率的非线性影响机理,构建了高管外部薪酬差距影响企业投资效率的理论分析框架,充实了代理冲突和信息不对称下高管外部薪酬差距与投资效率之间关系的理论分析框架。

第二,率先利用门限面板模型研究了高管外部薪酬差距对投资效率的影响，发现了高管外部薪酬差距的激励作用具有门限效应，这是研究方法上的有益尝试。前期研究主要从线性视角探究高管外部薪酬差距对投资效率的影响，本书运用门限面板模型研究高管外部薪酬差距对投资效率的影响，研究模型更合理，研究结论更准确。本书不仅为高管外部薪酬差距影响投资效率的作用机制提供了经验证据，而且也为高管外部薪酬差距与投资效率之间关系的研究提供了新的视角。

第三，发现了在外部薪酬差距结构突变点（门限值）两侧，高管能力对外部薪酬差距与投资效率之间关系的影响存在差别。现有相关文献主要关注高管背景特征，忽视了最能体现高管异质性的能力差异。本书以高管外部薪酬差距门限值作为分组依据，研究了在不同的外部薪酬差距区间，高管能力在外部薪酬差距对投资效率影响中所起作用的差异性，厘清了高管能力影响外部薪酬差距与企业投资效率之间关系的内在机制，深化了企业管理层薪酬激励机制的研究。

第四，发现了在外部薪酬差距的结构突变点（门限值）两侧，环境不确定性对高管外部薪酬差距与投资效率之间关系的影响存在差别。前期研究高管外部薪酬差距与投资效率之间关系的文献，忽略了环境不确定性对两者关系的影响。然而，现实中企业的投资决策通常是在不确定条件下做出的。本书以高管外部薪酬差距门限值作为分组依据，分别从微观层面（经营环境不确定性）和宏观层面（经济政策不确定性），研究了在不同的外部薪酬差距区间，经营环境不确定性、经济政策不确定性分别在外部薪酬差距对投资效率影响中所起作用的差异性，揭示了经营环境不确定性、经济政策不确定性影响外部薪酬差距与投资效率之间关系的作用机理，为我国企业应对不同层面的环境不确定性、充分发挥高管外部薪酬差距对投资效率的正向影响提供了证据支持。

目录

第一章 导论 ... 1

第一节 研究背景、研究内容与研究意义 ... 1
一、研究背景 ... 1
二、研究内容 ... 5
三、研究意义 ... 6

第二节 文献综述 ... 8
一、高管外部薪酬差距经济后果的相关研究 ... 8
二、企业投资效率影响因素的相关研究 ... 11
三、高管外部薪酬差距对企业投资效率的影响 ... 27
四、相关研究述评 ... 27

第三节 核心概念界定 ... 29
一、高管 ... 29
二、高管薪酬 ... 29
三、高管外部薪酬差距 ... 31
四、企业投资效率 ... 32

第四节 研究思路与方法 ... 32
一、研究思路 ... 32
二、研究方法 ... 33

第五节 本书结构 ... 34

第二章 高管外部薪酬差距与投资效率的理论分析 ... 36

第一节 高管外部薪酬差距的相关理论 ... 36
一、社会比较理论 ... 36

二、经理人市场理论 …………………………………………… 37
　　三、人力资本理论 ……………………………………………… 38
　　四、最优契约理论 ……………………………………………… 39
　　五、参照点契约理论 …………………………………………… 39
　　六、管理者权力理论 …………………………………………… 40
　第二节　投资效率理论基础 ………………………………………… 41
　　一、委托—代理理论与企业投资效率 ………………………… 41
　　二、信息不对称与企业投资效率 ……………………………… 43
　第三节　高管外部薪酬差距与企业投资效率的理论分析 ………… 44
　　一、高管外部薪酬差距对投资效率的非线性影响机理分析 …… 44
　　二、高管能力影响外部薪酬差距与投资效率之间关系的机理
　　　　分析 …………………………………………………………… 46
　　三、环境不确定性影响外部薪酬差距与投资效率之间关系的
　　　　机理分析 ……………………………………………………… 48
　　四、高管外部薪酬差距与投资效率的理论分析框架 ………… 49

第三章　高管外部薪酬差距与投资效率的制度背景与现状分析 …… 52
　第一节　制度背景 …………………………………………………… 52
　　一、党的重要会议有关收入分配制度的决议 ………………… 52
　　二、企业经营者薪酬制度的发展 ……………………………… 54
　第二节　中国上市公司高管外部薪酬差距与投资效率现状分析 … 58
　　一、中国上市公司高管外部薪酬差距现状分析 ……………… 58
　　二、中国固定资产投资及投资效率现状分析 ………………… 69

第四章　高管外部薪酬差距对投资效率的非线性效应研究 ……… 80
　第一节　问题的提出 ………………………………………………… 80
　第二节　理论分析与研究假设 ……………………………………… 82
　第三节　研究设计 …………………………………………………… 85
　　一、样本选择与数据来源 ……………………………………… 85
　　二、变量定义 …………………………………………………… 85
　　三、描述性统计 ………………………………………………… 87
　第四节　实证分析 …………………………………………………… 89
　　一、高管外部薪酬差距对企业投资效率的非线性影响分析 … 89

二、高管外部薪酬差距对投资效率影响的门限效应分析 …… 93
　　三、稳健性和内生性检验 ………………………………… 100
　第五节　本章小结 ……………………………………………… 108

第五章　高管外部薪酬差距、高管能力与企业投资效率 ……… 110
　第一节　问题的提出 …………………………………………… 110
　第二节　理论分析与研究假设 ………………………………… 112
　第三节　研究设计 ……………………………………………… 115
　　一、样本选择与数据来源 ……………………………………… 115
　　二、模型设计与变量说明 ……………………………………… 115
　第四节　实证分析 ……………………………………………… 118
　　一、描述性统计 ………………………………………………… 118
　　二、回归结果分析 ……………………………………………… 120
　　三、稳健性和内生性检验 ……………………………………… 122
　　四、进一步的研究 ……………………………………………… 129
　第五节　本章小结 ……………………………………………… 132

第六章　高管外部薪酬差距、环境不确定性与企业投资效率 … 133
　第一节　问题的提出 …………………………………………… 133
　第二节　理论分析与研究假设 ………………………………… 136
　　一、经营环境不确定性下高管外部薪酬差距与企业投资效率 … 136
　　二、经济政策不确定性下高管外部薪酬差距与企业投资效率 … 138
　第三节　研究设计 ……………………………………………… 141
　　一、样本选择与数据来源 ……………………………………… 141
　　二、模型设定与变量说明 ……………………………………… 141
　第四节　实证分析 ……………………………………………… 145
　　一、描述性统计 ………………………………………………… 145
　　二、回归结果分析 ……………………………………………… 147
　　三、稳健性和内生性检验 ……………………………………… 152
　第五节　本章小结 ……………………………………………… 165

第七章 研究结论、政策建议、研究贡献、研究局限性与研究展望 ·············· 167

第一节 研究结论 ·············· 167
第二节 政策建议 ·············· 169
第三节 研究贡献 ·············· 170
第四节 研究局限性 ·············· 171
第五节 研究展望 ·············· 172

参考文献 ·············· 173

后　记 ·············· 196

图目录
List of Figures

图 1-1　本书的逻辑框架 …………………………………………… 35
图 2-1　高管外部薪酬差距影响投资效率的理论分析框架………… 51
图 3-1　不同行业高管薪酬增长差异 ……………………………… 61
图 3-2　不同地区高管薪酬增长趋势 ……………………………… 65
图 3-3　不同百分位高管薪酬增长趋势 …………………………… 66
图 3-4　全社会固定资产投资占 GDP 的比例的变化趋势 ………… 71
图 3-5　投资、消费对 GDP 的贡献 ………………………………… 73
图 3-6　2000~2016 年三大需求对 GDP 增长的贡献率 …………… 76
图 3-7　2000~2016 年增量资本产出率变动趋势 ………………… 79
图 4-1　单一门限的估计值与置信区间 …………………………… 96

表目录

Table Contents

表1-1	2009~2016年上市公司高管薪酬最高值与年度高管薪酬十分位值	3
表3-1	样本企业行业分布	59
表3-2	分年分行业高管薪酬均值比较	60
表3-3	2009~2016年行业间薪酬差距比较	62
表3-4	不同所有制上市公司高管薪酬年度均值比较	63
表3-5	不同地区上市公司高管薪酬年度均值比较	64
表3-6	不同规模上市公司高管薪酬均值比较	65
表3-7	高管外部薪酬差距地区差异分析	67
表3-8	不同规模上市公司高管外部薪酬差距比较（Mgap1）	67
表3-9	不同规模上市公司高管外部薪酬差距比较（Mgap2）	68
表3-10	不同所有制上市公司高管外部薪酬比较（Mgap1）	68
表3-11	不同所有制上市公司高管外部薪酬比较（Mgap2）	68
表3-12	不同业绩上市公司高管外部薪酬差距比较（Mgap1）	69
表3-13	不同业绩上市公司高管外部薪酬差距比较（Mgap2）	69
表3-14	2000~2016年全社会固定资产投资与GDP	71
表3-15	支出法GDP	72
表3-16	三大需求对GDP增长的贡献率和拉动	74
表3-17	2000~2016年投资—资本转化率	77
表4-1	描述性统计	88
表4-2	2009~2016年高管外部薪酬差距趋势分布	88
表4-3	高管外部薪酬差距与投资效率的回归结果	90
表4-4	门限变量（高管外部薪酬差距）的平稳性检验结果	95
表4-5	高管外部薪酬差距的门限效果自抽样检验	96

表 4-6	门限估计值和置信区间	96
表 4-7	2009~2016 年高管外部薪酬差距各区间公司分布	97
表 4-8	门限面板模型的参数估计结果	98
表 4-9	模型的参数估计结果	99
表 4-10	稳健性检验结果（采用高管总薪酬）	101
表 4-11	稳健性检验结果（重估投资效率）	103
表 4-12	投资效率方程的回归结果	106
表 4-13	高管外部薪酬差距方程的回归结果	107
表 5-1	主要变量界定	116
表 5-2	主要变量描述性统计	119
表 5-3	高管能力、外部薪酬差距与投资效率	120
表 5-4	高管能力十等分的稳健性检验	123
表 5-5	改变投资效率样本的稳健性检验	124
表 5-6	投资效率方程的回归结果	126
表 5-7	高管外部薪酬差距方程的回归结果	128
表 5-8	高管能力、外部薪酬差距与过度投资（国有与非国有）	131
表 6-1	主要变量界定	142
表 6-2	主要变量描述性统计	146
表 6-3	经营环境不确定性与高管外部薪酬差距对投资效率的影响	148
表 6-4	经济政策不确定性与高管外部薪酬差距对投资效率的影响	150
表 6-5	改变经营环境不确定性的稳健性检验	153
表 6-6	投资机会为 B/M 的稳健性检验	154
表 6-7	投资机会为 TobinQ 的稳健性检验	156
表 6-8	改变经济政策不确定性的稳健性检验	158
表 6-9	投资效率三分组的经济政策不确定性的稳健性检验	159
表 6-10	经营环境不确定性影响的内生性检验	162
表 6-11	经济政策不确定性影响的内生性检验	164

第一章

导 论

第一节 研究背景、研究内容与研究意义

一、研究背景

(一) 我国企业存在严重的非效率投资问题

企业投资效率不仅会影响企业价值和股东财富，而且会影响宏观经济增长。如何提高企业投资效率已经成为学术界和实务界的重要课题。已有研究发现，投资不足和投资过度等资源配置失当现象在我国企业中普遍存在（刘星等，2010；方红星和金玉娜，2013；徐倩，2014）。其中，国有企业存在严重的效率低下问题（刘小玄，2000；姚洋和章奇，2001；孙晓华和李明珊，2016；李艳和杨汝岱，2018），多数国有企业都要依赖政府的保护和救助才能存活下来，即使存在少数盈利的国有企业，也主要是依靠其特殊的垄断地位（刘瑞明和石磊，2010）。企业非效率投资行为可能是企业层面的代理问题造成的，也可能由管理者个人特质引发，但影响更大应该是制度层面（唐雪松等，2010；钱宁宇和郑长军，2015；李艳和杨汝岱，2018）。政府承担着发展经济的职责和各种社会性职能，其目标多元化，并且政府官员具有谋求政治晋升的个人诉求。因而，政府有强烈的动机通过行政权力影响市场资源配置，其中最直接、最有效的方式就是对国有企业的经营活动进行干预，使国有企业背负了提高就业水平、改善民

生福利、维护社会稳定等政策性负担,这可能会降低国有企业管理者工作努力程度。在信息不对称的情况下,这些负担还可能加重国有企业管理者的败德行为,导致国有企业非效率投资,不少企业甚至陷入困境。而地方政府对国有企业的依赖,迫使政府不断增加对业绩不佳企业的投入,通常会采取财政补贴、税收减免、追加投入、干预金融机构贷款等方式对国有企业实施救助(林毅夫和李志赟,2004),结果低效率的国有企业因政府的干预难以退出市场,进一步加剧了非效率投资。

政府出于多元化目标对企业经营活动的干预,是国有企业大量非效率投资行为的根源(Jin et al.,2005;Bai et al.,2006;赵静和郝颖,2014)。很难区分是承担了社会责任导致国有企业效率低下,还是管理者自利行为或管理者能力欠缺导致非效率投资(郝静等,2014)。效率低的国有企业通过获取大量的低息贷款、财政补贴等优惠来维持自身生存和发展。然而,资源是有限的,低效率的国有企业获得大量的资源配置,势必会挤占非国有企业获取资源的空间。因此,国有企业不仅自身效率低下,而且政府对国有企业的保护及预算"软约束",使国有企业处于市场竞争的有利位置,挤压非国有企业的生存空间,使投资效率较高的非国有企业无法获取所需资源,从而导致非国有企业投资效率的下降(刘瑞明和石磊,2010;喻坤等,2014)。

公司高管通常会对公司重要投资决策具有决定性作用。为了缓解公司高管和股东之间的代理冲突,有效的薪酬制度安排就成为解决问题的关键。从我国企业存在严重的非效率投资问题可以看出,我国上市公司薪酬制度没有真正满足期望。

(二)企业高管外部薪酬差距客观存在

随着中国经济快速发展和企业管理者薪酬制度的不断创新,不同企业间高管的薪酬差距问题客观存在。表1-1报告了2009~2016年中国上市公司高管薪酬最高值与薪酬最高的前三个高管薪酬平均值的十分位值。从表1-1可知,2009年上市公司高管薪酬最高值为2859万元,薪酬最高的前三个高管薪酬平均值的十分位值为12万元,前者是后者的238倍,2010~2016年这一倍数关系也在55~89倍,可见,与高管薪酬极大值相比较,企业间高管薪酬差距巨大。如果采用各年度上市公司高管薪酬最高值与高管薪酬最低值比较,这一倍数关系还要更大。此外,企业间同一岗位的高管薪酬差距也非常大,以在上市公司领取薪酬的董事长为例,2009年薪酬最高的是深发展A董事长法兰克·纽曼的1741万元，薪酬最低的是ST大水董事长刘刚的2.16万元，前者是后者的806倍；2015年薪酬最高的是方大特钢董事长钟崇武的2019万元，薪酬最低的是曲江文旅董事长贾涛的3.75万元，前者约为后者的538倍。

表1-1　2009~2016年上市公司高管薪酬最高值与年度高管薪酬十分位值

年份	姓名	公司简称	岗位	金额（万元）	薪酬最高的前三个高管薪酬平均值的十分位值（万元）	倍数
2009	梁家驹	中国平安	副总经理	2859	12	238
2010	张子欣	中国平安	执行董事	1067	14	76
2011	殷可	中信证券	副董事长	1601	18	89
2012	王石	万科A	董事长	1560	20	78
2013	钟崇武	方大特钢	董事长	1974	23	86
2014	钟崇武	方大特钢	董事长	2038	24	85
2015	钟崇武	方大特钢	董事长	2019	25	81
2016	林涌	海通证券	总经理助理	1549	28	55

注：笔者根据CSMAR数据库中的高管薪酬数据整理得到。

（三）不完备的经理人市场抑制了高管能力的发挥

国有企业高管大多由政府行政任命，而不是由企业董事会选聘，即使实行市场化选聘的独立性也不够。一些国有企业资产规模很大，但主要高管平均年龄只有20多岁，如总资产达120多亿元的山东省淄博市临淄区公有资产经营有限公司、总资产达400亿元的浙江省温岭市国有资产投资集团有限公司、总资产超过1000亿元的西安高新控股有限公司等。以西安高新控股有限公司为例，作为一家资产上千亿元的国有企业，这家企业三位新董事（包括董事长兼总经理）平均年龄居然只有27岁，其中两位董事刚刚大学毕业不久，董事长兼总经理之前只是普通职工，严重缺乏大中型企业管理经验。更有趣的是，面对社会上的质疑声，三位年轻的高管（董事长和两位分别只有23岁和25岁的董事）随即被停职。即使是市场化形式的选拔也可能存在以下问题：一是可能缺乏胜任相应职责的能力。二是可能只是"影子高管"，而且，高管职责权利明显不对等，三位新任董事居然都只拿着三四千元的月工资,明显与企业规模和职位不匹配,不可能对企业经营承担任何责任。可见,国有企业经理人市场还不完备,市场化选聘机制也有待完善。

已有文献普遍认为,非国有企业高管选聘机制市场化程度更高,不存在行政晋升的通道,因而更重视薪酬,而国有企业高管由政府任命,经理人市场流动机制和声誉机制均难以有效发挥作用,因而对国有企业高管无法起到激励作用。例如,黎文靖等(2014)采用2005~2012年我国上市公司数据,研究发现国有企业高管市场化流动机制不畅通,经理人市场的声誉机制无法发挥作用,而非国有企业的经理人市场则能够有效发挥激励作用。随着我国改革的不断深入,外部制度环境不断完善,经理人市场机制对国有企业高管行为的约束力将会不断增强。

2013年11月,党的十八届三中全会公报明确提出"建立职业经理人制度,更好发挥企业家作用","国有企业要合理增加市场化选聘比例"。2015年8月24日,中共中央、国务院印发《关于深化国有企业改革的指导意见》也明确提出国有企业要"推行职业经理人制度",同时,对市场化选聘的企业高管要"实行市场化薪酬分配机制"。2017年4月24日,国务院办公厅印发《关于进一步完善国有企业法人治理结构的指导意见》再次明确要"有序推进职业经理人制度建设","有序实行市场化薪酬"。2017年10月,党的十九大报告明确提出要"破除妨碍劳动力、人才社会性流动的体制机制弊端"。宏观制度环境的变革为经理人市场机制在国有企业发挥激励作用创造了有利条件。

在我国,国有企业高管缺乏独立性,责任机制不到位,激励制度市场化程度不高,很大程度上影响了高管能力的发挥。完善的市场化薪酬制度能够将高管责任和高管激励融合为一体,能使高管行为与企业整体利益更一致。因此,推进国有企业高管人才流动机制和薪酬制度市场化改革,对于激励高管充分发挥管理才能至关重要。

基于此,本书首先在探讨高管外部薪酬差距对投资效率的影响具有非对称性的基础上,考察高管能力在外部薪酬差距对投资效率非对称性影响关系中所起的作用。其次,分别从微观层面和宏观层面研究环境不确定性对高管外部薪酬差距与投资效率之间关系的影响。具体而言,本书首先探究经营环境不确定性对高管外部薪酬差距与投资效率之间关系的影响。其次,研究经济政策不确定性在高管外部薪酬差距与投资效率关系中所起的作用。

二、研究内容

学术界围绕高管外部薪酬差距对企业业绩的影响进行了广泛研究，成果丰硕。一些研究认为高管外部薪酬差距与企业绩效之间存在线性关系。例如，Core et al.（1999）利用薪酬决定模型，认为该模型回归残差可以反映高管薪酬偏离正常薪酬的程度，研究发现高管薪酬外部不公平和企业未来业绩存在负相关关系。然而，也有研究表明高管外部薪酬差距与企业绩效之间存在非线性关系。例如，祁怀锦和邹燕（2014）通过引入高管薪酬外部公平性指标的二次项，研究发现高管薪酬外部公平性对公司业绩具有正面激励效应，但过高或过低的外部薪酬差距会导致对高管激励过度或激励不足。可见，目前学术界对于高管外部薪酬差距与企业绩效之间究竟是何种关系，并未得出一致的研究结论。已有文献对于高管外部薪酬差距与投资效率之间的关系还缺乏清晰的认识。因此，高管外部薪酬差距与投资效率之间的关系还有待进一步研究。

既有研究高管外部薪酬差距对投资效率影响的文献很少，虽然王嘉歆和黄国良（2016）、王嘉歆等（2016）从线性视角考察了高管外部薪酬差距对企业投资效率的影响。然而，现有文献表明高管外部薪酬差距与企业绩效之间还存在着非线性关系（吴联生等，2010；黎文靖等，2014；黄辉，2012）。资本投资是连接高管薪酬激励与企业绩效的"中间桥梁"（辛清泉等，2007），高管外部薪酬差距可能并非简单线性地影响企业投资效率。在不同的外部薪酬差距区间，高管外部薪酬差距对企业投资效率的影响可能会存在差异。因此，有必要从非线性视角研究高管外部薪酬差距对投资效率的影响，确定外部薪酬差距的结构突变点，并考察在不同外部薪酬差距区间，外部薪酬差距对投资效率的影响是否存在差异。

从高管异质性视角考察外部薪酬差距对投资效率影响的文献较为少见，仅发现王嘉歆和黄国良（2016）从高管个体特征（高管年龄、性别、任期、高管自信）角度研究了高管薪酬外部不公平对企业非效率投资的影响。现有从高管异质性视角研究外部薪酬差距对投资效率影响的文献主要关注高管背景特征，但是高管异质性的最直接表现应该是能力上的差异，而鲜有文献从高管能力视角考察外部薪酬差距对投资效率的影响。在不同的外部薪酬差距区间，高管外部薪酬差距对企业投资效率的影响可能会存在差别。因此，有必要研究在不同的外部薪酬差距区间，高管能力对外部薪酬差距与投资效率之间关系的影响是否存在差异性。

现实中企业的投资决策通常是在不确定条件下做出的，环境不确定性可能会影响高管外部薪酬差距与投资效率之间的关系。环境不确定性可以分为微观层面的经营环境不确定性与宏观层面的经济政策不确定性，在不同层面的环境不确定性情形下，外部薪酬差距对投资效率的影响可能会存在差异。前期研究高管外部薪酬差距影响投资效率的文献，忽视了环境不确定性对两者关系的影响。而且，高管外部薪酬差距对企业投资效率的影响，在不同的外部薪酬差距区间可能会存在差别。因此，在不同的外部薪酬差距区间，经营环境不确定性、经济政策不确定性对外部薪酬差距与投资效率之间关系的影响值得关注。

由此，本书利用中国 A 股上市公司 2009~2016 年的数据，运用实证研究方法试图回答以下问题：①高管外部薪酬差距与企业投资效率有无关系？如果有关系，两者之间究竟是何种关系？高管外部薪酬差距如何影响企业投资效率？②高管能力如何影响外部薪酬差距与投资效率之间的关系？这种影响在投资不足样本和投资过度样本之间是否存在差异？国有企业和非国有企业之间有无差异？③环境不确定性如何影响外部薪酬差距与投资效率之间的关系？这种影响在投资不足样本和投资过度样本之间是否存在差异？本书在已有研究基础上，采用我国上市公司的数据试图为这些问题寻找答案。

三、研究意义

基于上述分析，本书采用文献研究法和实证研究法，研究高管外部薪酬差距对企业投资效率的非线性影响，有一定的理论价值和较强的实践价值。

（一）理论意义

第一，从非线性角度考察高管外部薪酬差距对企业投资效率的影响，拓宽了高管外部薪酬差距影响企业投资效率的研究视角。现有文献主要是从线性角度研究高管外部薪酬差距对投资效率的影响，鲜有文献从非线性角度考察高管外部薪酬差距对企业投资效率的影响。本书从非线性角度考察了高管外部薪酬差距对企业投资效率的影响，研究发现，高管外部薪酬差距与投资效率之间呈现倒"U"型关系，高管外部薪酬差距在其门限值两侧对投资效率的激励效应存在不对称性,为高管外部薪酬差距影响投资效率的研究提供了新的视角。

第二,从高管能力异质性角度考察高管外部薪酬差距对投资效率的影响,深化了企业管理层薪酬激励机制的研究。现有从高管异质性角度考察高管外部薪酬差距对投资效率影响的文献主要关注管理者背景特征,但是高管异质性的最直接表现应该是能力上的差异。本书考察了高管能力在外部薪酬差距对投资效率非对称性影响关系中所起的作用,发现在高管外部薪酬差距的结构突变点两侧,高管能力对外部薪酬差距与投资效率之间关系的影响存在差别,厘清了高管能力影响外部薪酬差距与投资效率之间关系的内在机制,深化了企业管理层薪酬激励机制的研究。

第三,从环境不确定角度研究高管外部薪酬差距对投资效率的影响,拓展了微观经营环境、宏观经济政策影响企业投资行为的研究。现有考察高管外部薪酬差距影响投资效率的文献,忽视了环境不确定性对两者关系的影响。然而,企业投资决策通常是在不确定条件下做出的。本书从微观层面和宏观层面,研究了环境不确定性对外部薪酬差距与投资效率之间关系的影响,发现在高管外部薪酬差距的结构突变点两侧,经营环境不确定性、经济政策不确定性分别对外部薪酬差距与投资效率之间关系的影响存在差异,揭示了环境不确定性影响外部薪酬差距与投资效率之间关系的作用机理,拓展了微观经营环境、宏观经济政策影响企业投资行为的研究。

(二) 实践意义

第一,为企业合理设置高管外部薪酬差距,提升企业投资效率提供了有价值的参考。本书的研究为企业从高管薪酬设计层面入手,最大限度地发挥高管能力提供了决策依据,为企业建立和完善经理人信息披露制度落实经理人市场化选聘提供了证据支持,也为企业根据环境不确定性程度灵活调整高管薪酬提供了经验证据。

第二,为政府有关部门制定和完善企业高管薪酬制度提供了理论依据。党的十六届四中全会以来的历次会议决议都将收入分配中的社会公平放到比效率更重要的高度来认识,明确指出要调节过高收入,逐渐扭转收入差距扩大的趋势,国务院及政府有关部门也发布了一系列收入分配改革的文件。本书的研究为决策者改革收入分配制度、宏观调控企业高管薪酬提供了新的思路,为政府有关部门制定和完善企业高管薪酬制度,尤其是国有企业高管薪酬制度提供了研究依据。

第三，为社会公众理解企业高管外部薪酬差距的现状及其经济后果提供了新的视角。本书的研究有助于社会公众更为理性和客观地看待高管薪酬和薪酬差距问题。

第二节 文献综述

本节将从以下三个方面进行文献回顾：①回顾高管外部薪酬差距经济后果的相关文献。②回顾投资效率影响因素的相关文献。③回顾高管外部薪酬差距影响投资效率的相关文献。

一、高管外部薪酬差距经济后果的相关研究

现有研究高管外部薪酬差距经济后果的文献，主要集中在企业业绩和高管行为两个方面。

（一）高管外部薪酬差距对企业业绩的影响

已有高管外部薪酬差距影响企业业绩的文献并未形成一致结论。从现有文献的研究思路看，主要有两种研究框架：一是基于线性关系框架考察高管外部薪酬差距与企业业绩之间的关系。例如，Pong（2010）发现 CEO 薪酬外部公平性激励 CEO 更重视利益相关者管理，有效的利益相关者管理有助于实现利益相关者的预期和目标，提高企业绩效。张丽平和杨兴全（2013）研究认为，高管外部薪酬差距显著影响企业业绩，外部薪酬差距越大，对高管的激励作用越大，而管理者权力降低了外部薪酬差距的激励作用。罗华伟等（2015）采用房地产企业的数据，研究表明高管薪酬外部不公平与公司业绩之间存在较弱的负相关关系，公司产权性质对这种关系的影响并不明显。Core et al.（1999）采用薪酬决定模型回归的残差衡量高管薪酬外部不公平，研究发现高管薪酬外部不公平和企业未来业绩存在负相关关系。常健（2016）研究表明，外部薪酬不公平性与公司绩效负相关，这种关系在国有上市公司以及发展前景好的上市公司表现更为显著。二是基于非线性关系框架考察高管外部薪酬差距与企业业绩之间的关系。例如，石永拴和杨红芬（2013）认为，高管团队内外部薪酬差距对企业未

来业绩的影响呈现倒"U"型特征。覃予和靳毓（2015）发现高管外部薪酬差距与公司业绩之间存在倒"U"型关系，并且这种关系受经济波动的影响明显。祁怀锦和邹燕（2014）发现，高管薪酬外部公平性对企业业绩的影响呈现倒"U"型特征，薪酬外部公平性对企业业绩具有激励作用，但存在区间效应，高管外部薪酬公平性指标超过0.905的临界值，表现为激励过度，企业业绩趋向降低。还有文献将外部薪酬差距进行分类，考察不同类型的外部薪酬差距对企业业绩影响的差异。例如，吴联生等（2010）基于社会比较理论，将超额薪酬分为正向额外薪酬与负向额外薪酬，研究发现无论是国有上市公司还是非国有上市公司，负向额外薪酬与企业业绩都不存在显著相关性；而正向额外薪酬显著正向影响非国有企业业绩，对国有企业业绩则不具有显著影响。黄辉（2012）研究了高管外部薪酬差距对公司业绩以及内部薪酬差距激励效果影响，发现高管薪酬正向外部不公平显著负向影响企业业绩，而高管薪酬负向外部不公平显著正向影响企业业绩；高管薪酬外部不公平降低了正向外部不公平企业内部薪酬差距的激励效果，高管薪酬外部不公平与正向外部不公平企业内部薪酬差距激励效果之间是替代关系。黎文靖等（2014）应用经理人市场理论解释外部薪酬差距的激励效应，而管理者权力理论和行业薪酬基准理论用于解释外部薪酬差距难以起到激励作用的现象，研究发现当高管薪酬低于行业平均薪酬时，无论国有上市公司还是非国有上市公司，外部薪酬差距都无法对企业业绩发挥激励效应；而当高管薪酬高于行业平均薪酬时，外部薪酬差距与非国有上市公司业绩呈显著正相关，而与国有上市公司业绩不存在显著相关关系。

(二) 高管外部薪酬差距对高管行为的影响

现有研究高管外部薪酬差距对高管行为影响的文献，主要集中在高管离职、在职消费、高管投资行为、高管风险承担水平四个方面。

(1) 高管外部薪酬差距对高管离职的影响。在高管外部薪酬差距与高管离职的关系上，已有研究都认为高管外部薪酬差距是影响高管离职的一个重要因素。Allen et al.（2003）发现薪酬公平性有助于增强员工的组织支持感，降低员工离职的概率。Kale et al.（2014）研究表明，当高管薪酬低于内部同行或外部同行时，薪酬不公平都是高管离职的重要因素；高管离职率随薪酬不公平程度的提升而增加。徐细雄和谭瑾（2014）认为同行业基准薪酬比较产生的薪酬差异会引发高管对薪酬公平与否的心理感知,对公司高管的主动离职行为有重要影响。当高管薪酬水平低于行业基准薪酬时,公司高管会产生利益受损的消极心理感知,企业高管自愿离职的可能性会显著增加。李济含和刘淑莲(2016)发现国企高管薪酬水平与外部同行薪酬水平差距较大时,极容易引发高管离职。

(2)高管外部薪酬差距对高管在职消费的影响。已有研究发现,契约参照点会影响企业制定高管薪酬契约(Bizjak et al., 2008; Albuquerque et al., 2013)。根据契约参照点理论,同行高管的薪酬水平会影响高管对自身薪酬水平的感知,如果高管发现自己的薪酬水平低于同行高管,心理上就会有不平衡感,为了满足其心理上的平衡,就会寻求在职消费、职务侵占等替代性补偿(Hart and Moore, 2008)。徐细雄和谭瑾(2014)研究表明,当上市公司高管薪酬水平低于同行业、本地区高管薪酬均值时,高管通过在职消费途径寻求替代性补偿的动机明显增强。在职消费可以分为非正常在职消费与正常在职消费,前者是高管利用职权谋取超出后者的那一部分额外的在职消费。非正常在职消费作为一种代理成本,具有较高的隐蔽性,成为高管谋取私人收益的手段,一般被认为是高管隐性的腐败(徐细雄和刘星,2013)。Hart(2001)认为,非正常在职消费会给高管带来高额私有收益,必然也会给企业带来效率损失。

高管外部薪酬差距可能负向影响高管在职消费,也可能正向影响高管在职消费,有关文献没有形成一致观点。一种观点认为高管外部薪酬差距可以减少高管在职消费。例如,张丽平和杨兴全(2013)按照"高管外部薪酬差距——高管行为——企业业绩"的研究思路,研究发现,高管外部薪酬差距有助于抑制高管在职消费水平,从而降低代理成本,提高公司业绩。另一种观点则认为高管外部薪酬差距会加剧高管在职消费。例如,刘宝华等(2016)从权力异化的视角研究高管外部薪酬差距对在职消费的影响,发现高管外部薪酬差距对高管在职消费具有显著正向影响,并且这种正向影响并不因企业产权性质的不同而有所差异;高管权力强化了外部薪酬差距对高管在职消费的正向影响。

(3)高管外部薪酬差距对高管投资行为的影响。关于高管外部薪酬差距影响高管投资行为的文献并不多。杨坚(2017)研究发现高管正向额外薪酬对企业研发投资具有显著负向影响,高管负向额外薪酬对企业研发投资具有显著正向影响,并且这些关系在非国有上市公司表现更为明显。王嘉歆等(2016)基于嫉妒心理视角,研究发现高管薪酬外部不公平促使其产生嫉妒心理,从而使高管产生非效率投资行为倾向。王嘉歆和黄国良

(2016) 研究表明，高管个体特征（年龄、性别、任期、高管自信）对高管薪酬外部不公平性与非效率投资之间的正相关关系具有显著调节作用。

（4）高管外部薪酬差距对高管风险承担水平的影响。Guay（1999）研究指出现金薪酬高的企业高管能够采用资产组合的方式来分散风险，其风险承担水平较高。何威风等（2016）研究表明，管理者薪酬激励有助于抑制管理者的厌恶风险行为。张瑞君等（2013）发现，高管风险承担水平会随着高管货币薪酬的提高而增强；货币薪酬激励对高管风险承担水平的正向影响在成长性较低的企业和国有企业较弱；高管风险承担水平在货币薪酬激励与企业绩效之间起中介作用。张志宏和朱晓琳（2018）研究发现，如果高管薪酬比行业均值大，扩大高管外部薪酬差距对高管风险规避倾向有抑制作用，有助于提升高管的风险承担水平。金静和汪燕敏（2018）认为，高管外部薪酬差距对企业风险承担水平具有显著的正向影响，扩大高管外部薪酬差距有助于管理者提升风险承担水平；不同所有制企业高管外部薪酬差距对企业风险承担水平的影响存在明显差异。张洪辉和章琳一（2017）发现不管高管薪酬过高还是过低，当高管薪酬契约无效时会提升高管的风险承担水平。

二、企业投资效率影响因素的相关研究

已有文献主要从三个角度展开：一是探究影响企业投资效率的内部因素；二是考察影响企业投资效率的外部因素；三是研究影响企业投资效率的管理者特质因素。为此，本书将从企业内部因素、企业外部因素、管理者特质三个方面对有关文献进行具体回顾。

(一) 企业内部因素影响投资效率的研究

（1）企业财务特征对投资效率的影响。已有文献从自由现金流量、负债融资、盈利能力、企业规模、发展能力等企业财务特征方面，考察了其对投资效率的影响。结合本书的研究内容，本节重点从自由现金流量、负债融资两个方面进行回顾。

（2）自由现金流对投资效率的影响。Jensen（1986）提出了自由现金流量过度投资理论，认为管理者存在构建"商业帝国"动机，当企业可以支配的自由现金流量过多时，管理者可能将资源投入净现金流量为负的投资项目，从而导致过度投资。此后，投资—现金流敏感性得到大量经验研

究的支持。Myers and Majluf（1984）认为由于信息不对称的存在，股价被低估的企业不愿意发行股票，而尽管股价被高估的企业很乐意发行股票，但投资者视股票发行为坏消息进行逆向选择，从而影响企业的投资决策，内部资金不足的企业可能存在投资不足。Stigliz and Weiss（1981）研究了信息不对称对信贷资源配置的影响，认为银行提高利率会导致借款人逆向选择，低风险的借款企业会退出借贷市场，而高风险的借款企业会涌入借贷市场，而且获得借款的企业为承担较高的借贷成本，更可能将资金投向高风险项目，导致银行可能获得的收益更低，因此，银行为避免借款企业的逆向选择和道德风险，更倾向选择低风险的借款企业，宁愿获得较低的收益，也不愿意为能提供较高利率的借款企业融资，结果导致具有投资价值的高风险项目筹措不到所需资金，从而造成投资不足。Stulz（1990）认为管理层基于自利动机而有可能将企业超额现金投向净现值为负的投资项目，拥有大量现金的企业更可能过度投资。Opler and Titman（1994）认为哪怕面临的投资项目不够好，拥有富余资金的企业仍然偏好进行更多投资与并购。Stein（2003）认为由于自有资金的限制，管理者即使有构建商业帝国的偏好，也不一定会造成企业过度投资，而可能造成投资不足。Richardson（2006）通过建立投资模型测算实际投资额与预期投资额的差距来反映企业非效率投资，认为代理冲突会引发自由现金流充裕的企业投资过度，信息不对称导致的外部融资成本高使得自由现金流缺口大的企业投资不足。Almeida et al.（2014）研究表明企业内部现金流、外部融资成本都会影响企业投资行为。Fazzari et al.（1988）指出由于融资约束的存在，企业投资主要取决于内部现金流量状况，从而对投资效率产生影响。郝颖等（2014）发现信息不对称所致的融资约束是导致上市公司投资不足的重要原因。喻坤等（2014）认为国有企业占用了大量的信贷资源，压缩了非国有企业的融资空间，使其难以获得发展所需的信贷支持，导致非国有企业的投资效率反而比原本投资效率较低的国有企业还要低，且所处行业外部融资依存度越高，这种关系越明显。

（3）负债融资对投资效率的影响。关于负债融资影响企业投资行为的理论主要有两种：一种理论基于股东和债权人之间的利益冲突。这种理论建立在股东与高管利益一致的基础上，为了追求自身利益最大化，股东在投资决策时会选择那些有助于增加股权价值但可能减少债权价值的项目，或拒绝那些有利于增加债权价值但可能减少股权价值的项目，由此造成过度投资或投资不足（Jensen and Meckling，1976；Myers，1977；Smith and

Warner, 1979)。另一种理论基于管理者和股东之间的利益冲突。这种理论把负债融资看成是一种公司治理机制，由于管理者存在谋求升迁机会、获得较高薪酬的自利动机，偏好规模快速扩张，而负债减少了可供管理者支配的自由现金流，能够约束管理者通过扩张企业规模谋求私利行为，同时，负债的按期偿还义务使管理者面临更多的监督，提高了企业因经营不善而导致的破产风险，因此，负债能够起到抑制企业过度投资的作用（Jensen, 1986; Heinkel and Zechner, 1990）。Lang et al.（1996）、Ahn and Denis（2004）发现负债可以有效抑制公司高管的过度投资行为。Stulz（1990）认为，负债融资有助于减少经理人自利动机引发的过度投资与投资不足行为。童盼和陆正飞（2005）研究发现企业负债比例越高，投资规模越小，并且二者之间的这种负相关关系会受到当前企业风险以及新增项目风险大小的影响，风险越低，影响程度越深；不同来源负债与企业投资规模之间的关系存在明显差异。黄乾富和沈红波（2009）发现负债率有助于抑制企业过度投资行为，与长期债务相比，短期债务更容易抑制企业过度投资行为。江伟（2011）研究发现上市公司身上银行贷款与过度投资之间存在显著的负相关关系，银行贷款越多，银行对公司的监控就越严格，破产风险对公司的威慑力就越大，因而银行贷款显著抑制了公司过度投资，并且这种效果在民营上市公司身上更为显著。

(二) 企业内部治理因素对投资效率的影响

从企业内部治理对投资效率影响的有关文献来看，现有研究主要集中于会计信息质量、内部控制质量、企业股权结构、董事会治理、薪酬契约等方面。

(1) 会计信息质量。第一，高质量的财务报告信息有助于提高资本配置效率，从而提高企业决策效率。Biddle et al.（2009）认为高质量的财务报告降低了企业和外部投资者之间以及管理者和外部投资者之间的信息不对称程度，从而有助于约束资源配置中的逆向选择，降低投资者的监督成本和企业融资成本。已有文献认为，财务信息透明度越高，越有助于缓解企业过度投资和投资不足（Biddle and Hilary, 2006; McNichols and Stubben, 2008; Biddle et al., 2009）。Bushman and Smith（2001）、Chen et al.（2011）认为高质量会计信息有助于减少投资者的逆向选择行为、流动性风险和信息风险，引导资本配置于净现值为正的高回报项目，缓解投资不足。Diamond and Verrecchia（1991）、Easley and O'Hara（2004）、Lambert

et al.（2007）的研究也证实了这一观点。Verdi（2006）认为财务报告质量差会增加外部投资者和企业之间的信息不对称性，提高企业的融资成本。Chen et al.（2011）采用世界银行公司层面的数据，研究发现，新兴市场国家私人企业的财务报告质量提高了投资效率，且随着银行融资的增加而增强，随着最小化应税收益而减弱。李青原（2009）认为高质量的会计信息便于企业通过资本市场获取融资，从而缓解资金不足，提高企业投资效率。

第二，高质量的财务报告有助于降低代理成本。会计信息披露作为一种治理机制，能够抑制管理者通过损害投资者或债权人价值来获取私利（Fama and Jensen，1983）。Bushman and Smith（2001）指出高质量会计信息能够强化投资者对管理者的监督、评价与控制，促使管理者减少非效率投资行为。Biddle and Hilary（2006）研究认为高质量的会计信息弱化了股东与管理层之间的信息不对称，通过有效监督减少了代理成本，提高了投资效率，而低质量的会计信息则增加了股东与管理层之间的信息不对称，股东难以对管理者实施有效监督，从而会加剧管理者道德风险所产生的非效率投资行为。Verdi（2006）认为财务报告质量差会增加投资者和管理者之间的信息不对称性，提高投资者对管理层的监督成本。

第三，高质量的会计信息为管理者投资决策提供依据，有助于管理者以及投资者识别投资机会的优劣，因而提高投资效率（Bushman and Smith，2001）。McNichols and Stubben（2008）指出管理者投资决策与否取决于其对投资收益的预期，而投资收益又依赖于对企业未来成长性和产品需求的预期。高质量的会计信息有助于管理者形成准确的预期，能够识别好的投资机会，因而高质量的会计信息有助于管理者提高投资决策效率。McNichols and Stubben（2008）发现过多的盈余管理会降低企业投资决策时会计信息的可靠性，进而使投资效率降低。刘慧龙等（2014）的研究也支持了高质量会计信息的积极作用，鼓励企业改善会计信息披露质量。

第四，会计稳健性会影响会计信息质量，一些学者从会计稳健性的角度考察了会计稳健性与投资效率的关系。Francis and Martin（2010）研究表明企业会计处理越稳健，越能做出更多获利的并购项目，并尽早放弃业绩差的并购项目。Bushman et al.（2011）认为会计稳健性减少了管理者的过度投资行为，提高了投资效率。通过及时确认损失，推迟确认收益，会计稳健性使差的投资决策效果很快得以显现，有助于约束管理者投资于净现值为负的项目的冲动，并促使管理者较早放弃表现欠佳的项目（Ball and

Shivakumar，2005）。因而，会计稳健性有助于约束管理者行为，促使管理者避免投资于净现值为正但风险高的项目，而选择投资于净现值为正的低风险项目（Bushman et al.，2011）。已有研究主要关注会计稳健性对过度投资的影响，在此基础上，Lara et al.（2016）进一步深入研究，认为会计稳健性能缓解企业因遭受融资约束而产生的投资不足，还能约束管理者的过度投资行为。具体而言，会计稳健性主要通过以下两种渠道来达到提高投资效率的效果：一种是弱化债权人与股东之间的利益冲突，使易于投资不足的企业更容易获得债务融资并投资于净现值为正的低风险项目，尤其是当企业信息不对称程度较高时更为明显，有效缓解了企业投资不足；另一种是减少了外部投资者与管理者之间信息不对称的不利影响，促进利益相关者对管理者投资决策的监督与控制，降低了代理成本。

第五，还有学者从非财务信息质量角度考察了其对企业投资效率的影响。Chen et al.（2017）发现高质量的分析师预测信息有助于改善对管理者的监督，提高企业投资效率，这种影响在机构投资者持股比例较低或信息不对称程度较高的情形下更明显。程新生等（2012）的研究结果表明，非财务信息的自愿性披露使企业更容易获得外部融资，导致投资支出增加，表现为能缓解企业投资不够好的一面，但也会造成企业过度投资不利的一面，这种结果因外部制度环境的差异而有所不同。

（2）内部控制质量。多数文献研究发现，高质量内部控制提高了企业投资效率。Kang et al.（2010）考察了2002年的《萨班斯—奥克斯利法案》（Sarbanes-Oxley Act）实施对企业投资行为的影响，研究表明，2002年以后美国企业管理者进行项目投资评估决策时所采用的折现率显著提高，而英国企业采用的折现率未发生明显改变。李万福等（2010，2011）发现内部控制质量差不仅难以约束代理问题，甚至还可能加剧企业的非效率投资程度，高质量的内部控制有助于降低企业内部以及内外部之间的信息不对称，进而缓解投资不足问题，并且降低过度投资程度。方红星和金玉娜（2013）根据非效率投资的发生机理，将管理者自利动机导致的非效率投资定义为意愿性非效率投资，将具体项目实施环节引发的非效率投资定义为操作性非效率投资，研究发现，内部控制和公司治理对非效率投资的抑制作用存在分工效应，内部控制更有助于抑制操作性非效率投资，而公司治理更有助于抑制意愿性非效率投资。Cheng et al.（2013）研究了企业按照《萨班斯—奥克斯利法案》的要求，披露企业自身内部控制弱点前后投资效率的差异，研究结果表明，与内部控制弱点信息披露之前相比，在信息披露后企业投资效率有了明显改善。借鉴 Cheng et al.（2013）的研究，张超和刘星（2015）从中国的制度环境出发，考察了内部控制缺陷信息披露影响投资效率是否存在时序上的动态差异，研究发现，在内部控制缺陷信息披露前后，上市公司过度投资程度差异显著，内部控制缺陷信息的披露有助于约束过度投资行为，并有利于审计监督较弱、信息披露不够充分的上市公司缓解投资不足，抑制过度投资。然而，也有文献发现，内部控制质量与投资效率关系并不显著，如于忠泊和田高良（2009）发现高质量内部控制并没有起到抑制企业非效率投资的作用。

（3）企业股权结构。股权集中现象在很多国家的企业中都比较常见（La Porta et al., 1999; Claessens, 2000）。股权高度集中导致了大小股东之间的代理冲突。大股东对公司资本配置效率的影响存在正反两方面的效应：一是"利益趋同效应"。公司股权的集中强化了股东对管理者的监督，使管理者和股东利益趋向一致，缓解了管理者与股东之间的代理问题，提高了投资效率（Shleifer and Vishny, 2000）。二是"掏空效应"。掌握控制权的大股东进行资本投资决策时，基于资源控制激励、风险容忍度提高、投资门槛降低等因素的权衡，有动机选择能给自身带来私有收益的项目，而不是选择使企业价值最大化的项目，从而攫取小股东利益，造成严重的非效率投资（Johnson et al., 2000）。Maury and Pajuste（2005）认为多个大股东共享收益产生分配过程中的讨价还价可能造成企业效率的损失，并可能产生严重的投资不足问题。Fan et al.（2007）指出政府通过多层级控制链条最终控制国有上市公司的经营决策是造成公司低效率资本配置的主要原因。

国内有关研究主要集中于股权集中和股权制衡对投资效率的影响。饶育蕾和汪玉英（2006）研究支持了股权集中导致的利益趋同效应，郝颖等（2009）、刘星和窦炜（2009）的研究则支持了掏空效应的存在。李增泉等（2004）研究认为，我国上市公司普遍存在大股东侵占公司资金的现象，造成公司连正常投资也难以进行，最终投资不足。李青原等（2010）从会计信息质量视角考察了最终控制权性质对企业投资效率的影响。俞红海等（2010）认为股权集中是造成公司过度投资的重要原因，控制权和所有权分离使控股股东更容易利用控制权谋求个人私利，从而造成企业过度投资。罗琦和王寅（2010）认为控股股东对企业高控制权与流动性资产的偏好造成了企业投资不足，这种结果在弱投资者保护情形下更明显。窦欢等（2014）发现企业集团内部大股东监督能力的增强有助于约束下属上市公司的过度投资行为。郑志刚（2015）认为国有上市公司管理者通过多层级的委托代理链条控制企业经营管理行为，导致代理成本长期居高不下，进而导致企业无效率投资。

（4）董事会治理。董事会治理作用主要体现在两个方面：一方面是对管理者进行监督，以确保管理者不会损害股东利益；另一方面是为企业发展提供所需资源（Johnson et al.，1996；Hillman and Dalziel，2003），董事会治理通过董事会人力资本与社会资本发挥作用（Hillman and Dalziel，2003）。董事会成员人力资本、社会资本有助于其更好识别企业遭遇的投资机会与风险，从而能更有效应对面临的复杂投资问题，减少非效率投资行为。董事会治理对企业投资效率影响的研究大多基于董事会结构特征，如董事会规模、成员构成及其独立性、董事会权力配置、董事会社会关系网络等。许为宾和周建（2017）发现董事会资本具有资源效益和监督效应，提升企业董事会资本水平有助于提高企业投资效率。刘慧龙等（2012）认为董事会独立性有助于缓解代理问题导致的过度投资行为。叶康涛等（2007）认为独立董事能够在一定程度上抑制内部人控制问题，并能有效约束大股东的利益侵占，从而有助于抑制管理者的过度投资。郑立东等（2013）发现，独立董事在性别、年龄及财务专业背景等方面与企业投资不足和投资过度显著相关。陈运森和谢德仁（2011）认为独立董事的社会关系网络有助于其发挥监督和建议作用，能够提高企业投资效率。徐明亮和袁天荣（2018）发现交错董事会条款对上市公司的投资效率具有显著影响。

银行关联董事更便于增加银行对企业的熟悉程度，使企业更容易获得银行贷款（Faccio，2006；Ciamarra，2012；刘浩等，2012），并且融资成本更低（Ciamarra，2012），进而引导企业投资于能创造价值的项目（Guner et al.，2008）。Mitchell and Walker（2008）则发现银行关联董事可能会更多考虑银行的收益与风险，因而，在投资决策时会放弃高风险、高收益的投资项目，接受低风险、低收益的投资项目。翟胜宝等（2014）研究认为银企关系能够提高民营上市公司的投资效率，这种效果在市场化程度低的地区更显著。祝继高等（2015）认为，产业政策会影响银行关联董事对企业投资决策的监督效果，银行关联董事对不受产业政策支持行业企业投资决策的监督效果更好。

拥有政治关联的董事使得企业与政府之间的沟通更顺畅，使企业更容易获得政府给予的政策扶持、财政补贴、税收优惠、土地优惠及融资便利等政策性资源（田伟，2007；吴文峰等，2009；李维安等，2015），从而对企业投资行为产生影响。已有研究表明，存在政治关系的民营企业更容易获得银行信贷资金，且金额更高、期限更长（余明桂和潘洪波，2008），其投资支出明显更多（蔡卫星等，2011）。杜兴强等（2011）发现在有政治关联的国有企业，其过度投资程度更严重。张功富（2011）研究发现政治关联抑制了企业过度投资，缓解了企业投资不足，认为政治关联是法律保护的一种替代，能够保护企业产权不受政府伤害。

（5）薪酬契约。根据最优契约理论，最优的薪酬契约能够促使高管按照股东利益最大化原则行事，在投资决策上更富有效率，从而可以降低代理成本，提高企业投资效率。设计良好的管理者薪酬契约，是协调股东与管理者利益冲突的有效手段（Jensen and Meckling，1976）。Rogerson（1997）认为 EVA 评价指标可以促使企业管理者投资于有利于增加企业价值的项目。张先治和李琦（2012）认为设计合理的 EVA 评价体系有助于缓解管理者与股东的代理冲突，引导管理者按照股东利益最大化原则进行投资决策，从而有效降低企业过度投资。刘凤委和李琦（2013）发现 EVA 评价促使中央企业的管理者重视企业资本成本，从追求投资规模转向关注效率，有助于抑制过度投资行为。迟国华等（2013）也发现 EVA 考核有助于抑制企业过度投资行为，进而提升其企业价值。Aggarwal and Samwick（2006）认为股权激励有助于管理者接受风险高的项目，从而增加资本投资。如果管理者薪酬激励设计不够合理，造成管理者的才能和努力难以通过薪酬得到足够补偿，管理者可能出于自利动机进行规模扩张，导致企业过度投资，也可能引起管理者懒惰或安享舒适生活，导致投资不足（辛清泉等，2007）。吕长江和张海平（2011）发现股权激励计划有助于约束高管的自利行为，从而降低企业投资不足和过度投资程度。

（三）企业外部因素影响投资效率的研究

现代企业生存和发展离不开所处的外部环境，外部环境的变化势必会影响企业投资效率。LLSV（1997，1999，2000，2002）开创了"法与金融"研究领域，发现投资者法律保护制度等外部治理环境对公司经营决策具有重要的影响。外部治理环境指的是公司治理所处外部环境状况，是一系列用来规范、监督和制约公司经营活动的基本的政治、社会及法律制度安排，市场主体的交易成本受制度安排的制约，从而影响公司的生产经营活动。外部治理环境应至少包括产权保护、政府治理、法制水平、市场竞争、信用体系和契约文化等方面（夏立军和方轶强，2005）。已有研究主要从宏观经济政策、外部治理环境（政府干预程度、法制水平、市场化水平和市场竞争）、环境不确定性等方面研究外部因素对公司投资行为的影响。

（1）宏观经济政策对投资效率的影响。已有研究表明，产业政策会影响企业投资效率。何熙琼等（2016）研究表明，与未受产业政策支持的公司相比，受产业政策支持的公司获得了更多的银行信贷资金支持，而更多的信贷资金支持有效缓解了企业融资约束，进而影响公司投资效率，并且产业政策对公司投资效率的影响随外部市场竞争环境的不同而存在差异。与之不一致的是，尽管产业政策引导了更多的银行信贷资金流向政策支持行业的企业，然而企业投资效率并没有得到提升。黎文靖和李耀淘（2014）研究表明，受产业政策激励行业的民营企业比未受产业政策激励行业的民营企业投资支出更多，其投资效率却显著下降，而国有企业受产业政策的影响并不显著。孙晓华和李明珊（2016）认为政府为摆脱2008年金融危机推出的四万亿的一揽子投资计划，虽然避免了GDP的大幅下滑，但也导致了大量的过度投资。张新民等（2017）研究结果显示，产业政策的发布指引上市公司盲目地将资源投向产业政策支持的行业，银行信贷资金对产业政策支持行业的倾斜并没有缓解企业面临的融资约束，因而降低了公司投资效率。王克敏等（2017）研究表明，与未受产业政策支持或者未受产业政策重点扶持的公司相比，受产业政策支持或者重点扶持的公司更容易获得政府补助、银行长期信贷融资，导致公司投资水平更高，公司投资效率更低，过度投资更严重。此外，还有文献发现货币政策会影响企业投资效率。靳庆鲁等（2012）以民营企业为研究样本，发现宽松的货币政策便于民营企业为好的投资机会进行融资，因而提高了投资效率。喻坤等（2014）发现在外部融资依存度高的行业，非国有企业的投资效率显著低于国有企业，而宽松的货币政策有助于缓解这一现象。

（2）外部治理环境对投资效率的影响。企业外部治理环境主要包括政府干预程度、法制水平、金融发展水平和市场竞争等方面。

在政府干预程度方面，有关政府干预企业经营活动的经济后果，存在"掠夺之手"和"帮助之手"两种假说。"掠夺之手"假说认为，政府为了实现财政收入和经济增长、维持社会稳定、改善民生福利等政策性目标，以及政府官员为了谋求政治晋升等个人利益，通过行政权力影响市场资源配置，干预企业投资活动，造成企业无效率投资，损害了股东利益和企业价值。"帮助之手"假说认为,企业逐利活动有时具有一定的盲目性,政府政策倾斜、优惠待遇扶持等干预行为可以帮助企业发展(Frye and Shleifer,1997)。政府有强烈的动机干预企业的投资行为,政府对国有企业和国有银行可以施加直接影响,而且政府还掌握着土地的控制权,因此,企业投资决策很大程度上会受到政府干预的影响(田伟,2007),政府干预投资的结果是促进企业扩大了投资规模。

政府干预是影响企业效率的关键(钱宁宇和郑长军,2015)。学者们对政府干预影响企业投资效率的作用机理进行了大量研究,研究结论基本一致。Bai et al.(2006)从就业与税收的视角研究发现,政府干预导致国有企业目标多元化是造成国有企业大量非效率投资行为的根源,政府干预程度越深,承担的社会性职能就越多,就越可能引发企业非效率投资。Jin et al.(2005)从销售税费和地方财政收入角度进行了研究,发现政府出于非经济因素目标对国有企业经营活动进行干预,驱动其进行大量非效率投资。管理层自利动机引发的权力寻租以及政府干预所产生的政策性负担都会使国有企业过度投资,但两者之间存在替代关系(白俊和连立帅,2014),与私营企业相比,政府控股的企业存在更为严重的过度投资问题(俞红海等,2010)。金宇超等(2016)认为国企高管有动机基于政治晋升造成过度投资,基于回避政治风险产生投资不足。赵静和郝颖(2014)认为地方政府干预加剧企业过度投资,地方国有企业受地方政府干预的影响比其他企业要严重,但地方政府干预对地方国有企业投资不足起到了明显的缓解作用。唐雪松等(2010)发现政府对国有企业的干预是造成国有企业过度投资最重要的因素,其影响超过了委托代理问题或高管过度自信。孙晓华和李明珊(2016)也认为政府干预减损了国有企业投资效率,政府干预越多,国有企业过度投资越严重。覃家琦和邵新建(2015)发现政府干预使交叉上市公司的投资效率更低。

在法制水平方面,已有研究结果表明,在公司治理环境好的国家企业投资效率更高(Gugler et al.,2004)。万良勇(2013)考察了法治环境对我国企业投资效率的影响,研究认为完善法治环境能够提高上市公司投资效率,法治水平越高,上市公司过度投资程度越低,上市公司投资不足程度也越低。李延喜等(2015)研究发现地方法制水平的提升促进了企业投资效率的改善。

在市场化水平方面,已有文献认为,金融发展有助于缓解企业的融资压力和融资约束,减少企业交易成本,提升资本配置效率(Rajan and Zingales，1998）。沈红波等（2010）研究发现金融发展降低了企业投资现金流的敏感性，金融发展水平越高，这种效果越显著，金融发展对缓解民营企业融资约束效果更显著。江伟（2011）发现产权性质影响金融发展治理效应的发挥，这种治理效应在民营企业表现为过度投资减少，而在国有企业则不明显。李延喜等（2015）研究发现提升地区金融发展水平能够提高上市公司投资效率。李培馨等（2012）认为海外上市借助制度绑定有助于削弱信息不对称程度，提高投资效率。

在市场竞争方面，已有研究表明，市场竞争通过降低代理成本、弱化企业内外部的信息不对称来影响管理者的投资决策行为（Stigler，1958），激烈的市场竞争使好的投资机会稍纵即逝，迫使管理者面临好的投资项目时及时做出投资决策（Akdoğu and MacKay，2009），从而减少了投资不足。陈信元等（2013）发现企业所处行业的市场竞争越激烈，越能够减少企业内部的代理问题，从而抑制企业非效率投资行为。李云鹤（2014）研究发现产品市场竞争对管理者代理与过度自信两类行为引起的过度投资都有抑制作用，但对管理者过度自信引起的过度投资行为的抑制作用更显著。黎来芳等（2013）发现市场竞争越激烈，负债对过度投资的抑制作用越强。赵纯祥和张敦力（2013）研究发现产品市场竞争有助于抑制管理者权力引发的企业过度投资。刘凤委和李琦（2013）研究表明市场竞争明显影响EVA评价对过度投资的抑制作用，市场竞争越激烈，EVA评价的抑制作用越显著。

（3）经济政策不确定性对投资效率的影响。目前学术界的有关研究结论还存在一定分歧。大多数文献认为经济政策不确定性会使企业降低资本投资。一些文献采用各级政府换届、官员更替衡量经济政策不确定性，国外文献如：Julio and Yook（2012）研究发现选举结果的可预测性越低，企业投资率的下降幅度越大，选举结果公布当年的企业投资率明显下降。国内的大量文献都表明，企业投资受到官员更替导致的经济政策不确定性的影响（贾倩等，2013；徐业坤等，2013；吴一平和尹华，2016）。贾倩等（2013）发现，政府官员变更产生的政策不确定性使企业投资支出减少，省级国有企业受到的影响比较明显，如果管理层不具有政治身份或者经济处于上行期，官员变更引起的经济后果会更显著。徐业坤等（2013）研究发现，当政治不确定性高时，民营企业会明显减少投资支出，并且该影响不会滞后或提前；政治不确定性对政治关联企业投资支出的影响比非政治关联企业更严重。但在消除政治不确定性后，政治关联企业的投资支出水平要比非政治关联企业高。吴一平和尹华（2016）发现政府换届所引发的政策不确定性与企业投资支出负相关，这种负面影响仅存在于政企关系相对较弱的企业之中，即非国有企业、总经理为非政府任命的企业、非生产性支出相对较少的企业。

自 Baker et al.（2013）发布中国经济政策不确定性指数以来，很多学者采用这一指数进行了研究，结果表明企业投资支出随经济政策不确定性程度提高而减少（Wang et al., 2014; Kang et al., 2014; Gulen and Ion, 2016; 韩国高，2014; 李凤羽和杨墨竹，2015）。韩国高（2014）研究还发现投资不可逆性使得经济政策不确定性与投资之间的负向关系表现更加强烈，经济周期会影响经济政策不确定性对企业投资的抑制程度。李凤羽和杨墨竹（2015）则进一步发现经济政策不确定性对企业投资的抑制效应与企业投资不可逆程度、学习能力、所有权性质、机构持股比例、股权集中度息息相关。陈国进和王少谦（2016）发现资金成本和资本边际收益率是经济政策不确定性影响企业投资的两种渠道。然而，也有研究发现经济政策不确定性会促进企业增加投资。例如，顾夏铭等（2018）采用中国经济政策不确定性指数，研究发现经济政策不确定性对上市公司 R&D 投入和专利申请量有显著的正向影响。

已有文献在经济政策不确定性影响企业投资效率的方向方面并不一致。有文献发现经济政策不确定性对企业投资效率有正向影响。例如，饶品贵等（2017）利用 Baker et al.（2016）发布的中国经济政策不确定性指数，研究发现随着经济政策不确定性上升，尽管企业投资水平会下降，但会提升企业投资效率，这一效应在受政策因素影响大的企业群体中更为明显。然而，同样采用中国经济政策不确定性指数，杨志强和李增泉（2018）的研究结果正好相反，发现经济政策不确定性与投资效率显著负相关，即企业过度投资程度或投资不足程度随经济政策不确定性程度的提高而降低。

（4）经营环境不确定性对企业投资及投资效率的影响。杨志强和李增泉（2018）将企业微观层面的环境不确定性称为经营环境不确定性，本书沿用这一概念。已有研究表明，企业投资支出随环境不确定性增加而降低。例如，Minton and Schrand（1999）认为企业投资决策时，会在环境不确定性提高的情形下压缩投资支出。何凌云等（2018）采用 141 家可再生能源企业 2010~2016 年的季度面板数据，研究发现环境不确定性对可再生能源投资有抑制作用，该抑制作用受外部融资难易程度的影响。也有文献显示，企业投资支出随环境不确定性增加而增加。如 Baum et al.（2006）认为环境不确定性可能导致投资支出增加。还有研究认为经营环境不确定性与企业投资之间是非线性关系。如袁建国等（2015）研究表明环境不确定性与企业技术创新之间呈现倒"U"型关系；企业规模在环境不确定性对技术创新的影响中有负向调节作用，而企业盈利能力有正向调节作用。还有研究认为企业投资水平不受环境不确定性的影响。如 Leahy and Whited（1996）指出企业投资规模不因环境不确定性不同而存在差异。国内有部分学者在考察财务柔性、家族涉入、税收优惠、管理层自信等对企业投资的影响时，考虑了环境不确定性的作用。例如，陈非和韩晓宇（2018）采用 2011~2016 年中小板企业数据，发现财务柔性对研发投资的积极作用随环境不确定性变化。毕立华等（2018）采用中小板及创业板 2007~2012 年上市家族企业为研究样本，研究表明，环境不确定性在家族涉入对技术创新影响中起调节作用。杨旭东（2018）运用 2012~2015 年我国中小上市公司数据，研究得出，相对于环境不确定性较低企业，税收优惠对环境不确定性较高的企业技术创新投入的促进作用更加有效。严若森和华小丽（2017）采用社会网络分析方法，研究发现环境不确定性在高科技上市公司连锁董事网络位置与企业创新投入之间起调节作用。翟淑萍和毕晓方（2016）研究表明，提高环境不确定性强化了管理层自信程度对企业探索式创新投资的促进作用；提高环境不确定性增强了管理层自信异质性对企业探索式创新投资的抑制作用。朱丽娜等（2017）发现环境不确定性在"穷困"与企业研发投入之间起部分正向调节作用。

企业投资效率会受到经营环境不确定性的影响，与现有经验证据并不完全一致。现有文献大多认为经营环境不确定性会导致企业非效率投资，可能造成企业过度投资，也可能导致企业投资不足。例如，申慧慧等（2012）发现环境不确定性会导致非国有企业投资不足，国有企业则过度投资。徐倩（2014）发现环境不确定性会恶化企业非效率投资；而股权激励措施可以抑制环境不确定所引起的管理者非效率投资行为。廖义刚和邓贤琨（2016）认为，企业投资效率随环境不确定性增强而下降；好的内部控制可以降低这种负面影响。王东清和刘静静（2018）发现较高的环境不确定性会使企业投资效率下降；而会计稳健性有助于削弱这种不利影响。然而，也有文献发现环境不确定性减少了企业非效率投资。例如，李胜楠等（2015）研究发现，民营企业高管权力引致的过度投资随环境不确定性提高而减少。杨志强和李增泉（2018）运用 2001~2015 年中国 A 股上市公司数据，研究表明，企业面临的经营环境不确定性越大，企业投资不足程度越低，这种作用因股权混合安排而变弱。

(四) 管理者特质对投资效率的影响

根据"高层梯队理论"，高管投资决策行为由于其自身认知结构和价值观等方面的局限性，具有异质性。高管异质性的有关研究主要从高管个体特征差异和高管能力两个方面展开，而高管个体特征又可以细分为高管内在性格特征和外在背景特征两个方面，前者指心理上学角度的高管乐观主义与过度自信等，后者指人口统计学角度的高管背景特征，如性别、年龄、教育背景、工作经历、任期等（Zahra and Pearce，1989）。大量文献考察了高管外在背景特征、高管内在性格特征、高管能力等异质性特征对企业投资效率的影响，本书围绕这三个方面进行回顾。

(1) 高管外在背景特征对投资效率的影响。高管外在背景特征主要包括性别、年龄、教育背景、工作经历和任期等。有部分学者研究了高管外在背景特征对企业投资效率的影响，例如，姜付秀等（2009）研究发现高管平均年龄及教育水平对过度投资行为影响明显，而董事长学历、年龄、教育背景、工作经历对过度投资存在显著影响。李焰等（2011）研究发现国有企业高管年龄越大、任期越长，企业投资规模越小，并且这种投资行为显著降低了国有企业的投资效率，而高管性别、学历和教育专业与企业投资效率之间不存在显著相关关系。李培功和肖珉（2012）主要检验了CEO任期与投资效率的关系，研究发现国有企业CEO既有任期、预期任期都与过度投资存在显著正相关关系，而非国有企业则不存在这种效应。林朝南和林怡（2014）发现高管团队平均年龄与企业非效率投资负相关，而高管团队年龄差异性与企业非效率投资正相关。卢馨等（2017）研究得出高管平均任期、平均年龄提高了企业投资效率，而高管性别、学历对投资效率不具有显著影响。李莉等（2018）发现地方国有企业高管任期越短、年龄越小对政治晋升越敏感，企业过度投资程度越高。张兆国等（2013）发现管理者学历越高、任期越长，越有助于增强管理者晋升激励对过度投资的抑制作用，但管理者年龄增长使晋升激励与过度投资呈倒"U"型关系。代昀昊和孔东民（2017）通过收集整理上市公司高管海归特征数据，实证考察了高管海归特征对公司投资效率的影响，研究表明高管具有海外经历特征的公司其投资效率更高，这种效果主要体现在抑制公司的过度投资水平，而在缓解公司投资不足上作用并不明显。俞俊利等（2015）研究发现董事长和总经理之间存在的地缘关系会影响公司投资效率,地缘关系越密切,公司投资效率越低。

(2)高管内在性格特征对投资效率的影响。现有相关文献主要集中于高管的心理特征方面,如高管过度自信、风险规避偏好和"羊群行为"等引起的行为偏差。

高管过度自信是指高管通常会盲目乐观,高估自己的知识和能力,夸大投资机会及其预期收益,低估投资失败的可能性。在高管过度自信方面,已有理论分析认为,当自由现金流充裕时,过度自信的高管通常会高估投资项目收益,因而误将坏的项目视为投资机会,结果投资过度,而当企业必须通过发行风险证券为新项目进行外部融资时,过度自信的高管会认为企业风险证券被市场低估,外部融资成本过高,因而宁愿放弃好的投资项目,也不愿为新项目进行外部融资,导致投资不足(Heaton,2002)。大量研究证实了高管过度自信是造成企业投资行为扭曲的重要因素。例如,Malmendier and Tate(2005)发现与理性的CEO相比,过度自信的CEO会导致企业投资现金流敏感性更高。郝颖等(2005)发现与其他高管相比,过度自信高管的投资水平更高,并且投资现金流的敏感性也更高。Huang et al.(2010)研究发现过度自信管理者的投资现金流敏感性更高,并且对国有企业的影响要比民营企业更显著。王霞等(2008)研究表明过度自信的高管更可能过度投资,将现金流区分为自由现金流和融资现金流后,发现融资现金流越多,企业过度投资越严重,而自由现金流水平不会对企业过度投资产生明显影响。王艳林和薛鲁(2014)研究也证实了管理者越自信,其企业投资水平、投资现金流敏感度性也越高。姜付秀等(2009)将企业总投资分为对内投资和并购,研究发现过度自信管理者的总投资和对内投资更高,并因现金流充裕程度不同而存在差异,而并购投资则并无明显不同。李云鹤(2014)以现金流充裕公司为样本,将其分为高成长组和低成长组,实证检验了管理者代理和管理者过度自信对企业过度投资的不同影响,研究发现,管理者代理导致了低成长组企业的过度投资行为,而管理者过度自信导致了高成长组企业的过度投资行为。Goel and Thakor(2008)发现即使在拥有可靠信息的条件下,过度自信的CEO仍有可能导致投资不足。然而,过度自信的管理者对项目投资成功有更高的预期,促使管理者更认真地甄别和利用那些高风险高收益的投资机会,对项目的付出和努力更多,对高风险项目的承受能力也更强(Baker and Wurgler,2012;余明桂等,2013),因而,管理者过度自信可能会降低管理者规避风险造成的投资不足问题（Hackbarth, 2009; Gervais et al., 2010）。余明桂等（2013）实证研究表明，过度自信管理者的风险承担水平更高，进而有助于提高企业投资效率。

在风险规避偏好方面，已有研究表明，当面临不确定环境时，管理者的风险偏好会影响企业的投资决策。Amihud and Lev（1981）认为管理者在项目投资上的成本与收益不对等，管理者承担了项目所需的全部成本，却只能取得投资产生的部分收益，还可能因投资失败付出声誉代价，因此，管理者可能会基于自利动机规避风险而采取保守的投资策略，从而导致投资不足（Eisenmann, 2002; Mishra, 2011）。不少研究也证实厌恶风险的高管会拒绝部分有利可图的项目，从而导致投资不足（Holmstrom and Weiss, 1985; Grenadier and Wang, 2006; Chronopoulos et al., 2011）。Bo and Sterken（2007）研究认为风险规避的管理者可能会更多地削减资本投资，而风险偏好的管理者则展现出积极的投资意愿。

"羊群行为"是指由于获取信息不足、维护个人声誉、逃避责任等原因，管理者选择从众投资决策的现象。投资中的"羊群行为"带来的后果是特定时期特定领域的投资过度，同时，由于资源挤占效应，也必然会导致另外某些领域的投资不足。Scharfstein and Stein（1990）研究发现，具有一定声望的管理者无法对投资决策进行决断时，会选择从众投资，以免在其他企业投资获得成功时自身声誉蒙受损害，导致无法对一些具有长远发展前景的项目进行投资，造成投资不足。方军雄（2012）发现在应对不确定环境下投资决策时，管理者信息获取不足或不利用自身掌握的信息，而是通过观察行业中其他企业的投资行为做出投资决策，结果导致行业产能过剩。叶玲和李心合（2012）研究也认为企业盲目地跟风投资，是导致我国一些行业投资过热的重要原因。

（3）高管能力对投资效率的影响。Dermerjian et al.（2012）首次运用数据包络分析法（DEA）来测算高管能力，证明该指标明显优于间接度量高管能力的指标。随后，一些学者采用这一高管能力指标来研究其对投资效率的影响，从已有文献的研究结果来看，研究结论存在分歧。有文献研究发现高管能力对投资效率有正向影响。例如，Attig and Cleary（2014）认为能力强的高管能够有效应对资金缺乏引起的投资不足，善于打造管理文化，从而有助于抑制企业过度投资。Andreou et al.（2017）研究发现能力强的高管在金融危机期间能以较低的利率获得更多融资，从而缓解公司投资不足。唐国平等（2014）研究表明高管能力对过度投资行为的影响受到融资约束的制约,在自由现金流充裕的情况下,高管能力抑制了企业的过度投资。张敦力和江新峰(2015)研究发现高管能力能有效抑制公司投资的羊群行为。李延喜等(2018)研究发现高管能力对公司投资效率具有显著正向影响,高管能力越强,公司投资效率越高,在区分过度投资与投资不足以后,高管能力的这种影响仍然显著,高管能力不但能够抑制公司过度投资行为,而且有助于缓解公司投足不足的问题。雷光勇等(2017)研究也发现较高的高管质量有助于改善公司投资效率,这种影响主要体现在抑制国有企业过度投资方面。但也有文献研究表明,高管能力对投资效率有负向影响。如 Habib and Hasan(2017)研究发现与能力不太强的同行相比,有能力的高管更偏爱过度投资。潘前进和李晓楠(2016)研究发现能力强的高管更倾向于过度投资。

三、高管外部薪酬差距对企业投资效率的影响

目前,国内外直接研究高管外部薪酬差距与投资效率之间关系的文献很少。仅发现王嘉歆和黄国良(2016)基于嫉妒心理视角,采用线性回归模型考察了高管外部薪酬差距与非效率投资之间的关系,发现高管薪酬外部不公平与非效率投资之间是正相关关系;高管外在背景特征,如年龄、任期、性别对高管薪酬外部不公平性与非效率投资之间的正相关关系具有显著调节作用,而学历的影响并不显著;高管内在性格特征,如过度自信、乐观主义对高管薪酬外部不公平性与非效率投资之间的正相关关系具有显著调节作用;制度环境特征(产权性质、宏观经济环境、地区经济发展水平)对薪酬外部不公平与非效率投资之间关系有显著调节作用。可见,已有研究虽然从心理学视角研究了高管薪酬外部不公平对企业非效率投资的影响,但由于影响企业投资效率的因素很多,既有管理者个人特质方面的因素,也有企业内部因素和企业外部因素,既有宏观层面的因素,也有微观层面的因素等,并且这些因素的作用机理还不够清楚,因而还存在很大的研究空间。

四、相关研究述评

通过上述对相关文献的回顾可以看出,高管外部薪酬差距的经济后果、投资效率的影响因素的相关文献较为丰富。然而,将两者结合的研究

仍然较少，这一主题还存在一定的研究空间。

第一，现有文献对高管外部薪酬差距的经济后果展开了众多研究，已有研究主要聚焦高管外部薪酬差距对企业绩效的影响，然而鲜有文献直接探讨外部薪酬差距对投资效率的非线性影响。既有高管外部薪酬差距对企业绩效影响的文献中，有研究发现高管外部薪酬差距与企业绩效之间是线性关系，也有研究认为两者之间是非线性关系。高管外部薪酬差距与企业绩效之间究竟是何种关系，既有研究并未得出一致的结论。尽管极少数文献研究了高管薪酬外部不公平对非效率投资的影响，但是这类研究是从线性视角展开的。然而，不少文献认为高管外部薪酬差距与企业绩效之间是非线性关系（吴联生等，2010；黎文靖等，2014；黄辉，2012；祁怀锦和邹燕，2014），而资本投资是连接高管薪酬激励与企业绩效的"中间桥梁"（辛清泉等，2007），高管外部薪酬差距与投资效率之间可能并非是简单的线性关系。因此，高管外部薪酬差距与投资效率之间究竟是何种关系尚需研究。

第二，现有从管理者异质性角度研究高管外部薪酬差距对投资效率影响的文献主要关注管理者背景特征，并且是在高管外部薪酬差距与投资效率是线性关系的前提下，考察了高管背景特征对两者关系的影响。高管外部薪酬差距与投资效率之间可能并非简单的线性关系，在不同的外部薪酬差距区间，高管背景特征对两者关系的影响可能存在差别。高管异质性的最直接表现应该是能力上的差异，而鲜有文献研究高管能力对高管外部薪酬差距与投资效率之间关系的影响，以及在不同的外部薪酬差距区间这种影响是否存在差异。

第三，前期研究高管外部薪酬差距与投资效率之间关系的文献，忽视了环境不确定性对两者关系的影响。由于企业经营活动所处的外部环境是不确定的，高管的投资决策通常是在不确定条件下做出的（姜付秀等，2009），环境不确定性会通过影响高管投资决策，进而对投资效率产生影响。当企业面临的环境不确定性程度不同时，高管外部薪酬差距对企业投资效率的影响可能会有所不同。环境不确定性包括宏观层面的不确定性和微观层面的不确定性（屈文洲和崔峻培，2018），宏观层面和微观层面的环境不确定性对高管外部薪酬差距与投资效率之间关系的影响可能有所不同。因此，有必要从微观和宏观层面研究环境不确定性对高管外部薪酬差距与投资效率之间关系的影响。

第三节 核心概念界定

一、高管

在研究高管外部薪酬差距之前,应先弄清楚哪些人才算"高管"。目前学术界对我国企业高管的界定并没有形成一致的认识,在已有文献中,对高管的具体界定主要有以下几种做法:①将总经理视为高管(吴联生等,2010;苏冬蔚和熊家财,2016)。②由于中国国情,董事长往往才是企业的最高决策者,因此将董事长作为高管(Kato and Long,2006;方军雄,2012)。③将总经理和董事长都作为高管(朱红军,2002;吴文锋等,2009;陈仕华等,2015)。④泛指企业的高级管理者,研究对象包括董事会成员、总经理、总裁、副总经理、副总裁、财务总监、董事会秘书和监事会成员等(李维安和李汉军,2006;姜付秀等,2009;何威风和刘启亮,2010)。⑤将薪酬最高的前三位管理者界定为高管(辛清泉等,2007;陈信元等,2009;黎文靖等,2014;方芳和李实,2015)。⑥将薪酬最高的管理者界定为高管(林浚清等,2003;李琦,2003)。

在我国上市公司,企业的重要决策往往受到少数关键高管的影响,一些学者将之称为核心高管,企业核心高管通常对企业的重要投资决策具有决定性影响。柴才等(2017)将核心高管界定为货币薪酬最高的前三位高管。辛清泉等(2007)采用货币薪酬最高的前三位高管为研究对象,检验了高管未预期薪酬对投资效率的影响。黎文靖等(2014)也采用货币薪酬最高的前三位高管来研究高管外部薪酬差距对企业业绩的影响。参考上述与本书研究主题相关度较高的文献的做法,本书根据责、权、利对等的原则,将上市公司年报中披露的薪酬最高的前三位高级管理人员界定为高管。

二、高管薪酬

从薪酬范围讲,高管薪酬存在广义和狭义之分。广义的高管薪酬是指高管从企业所获得的一切形式的报酬,包括直接或间接取得的、显性或隐性的、货币形式和非货币形式的薪酬。狭义的高管薪酬仅指高管获得的货币形式的报酬,包括直接获得的货币报酬(如以现金支付的工资、奖金、津贴、补贴等)以及可以转化为货币的报酬(如业绩股票等)。狭义的高管薪酬一般指基本薪酬、当期绩效薪酬和长期激励薪酬,其中,长期激励薪酬指的是高管获得的长期补偿,如股票期权、股票增值权、限制性股票、业绩奖励股份等。2015 年中共中央、国务院《关于深化国有企业改革的指导意见》规定,国有企业高管薪酬包括基本年薪、绩效年薪和任期激励收入,这属于狭义的高管薪酬。

高管总薪酬包括权益薪酬和现金薪酬,但很难采用现金形式准确估算出高管权益薪酬在会计报告年度的价值。已有研究采用不同的做法测算权益薪酬。如:Bergstresser and Philippon(2006)采用权益薪酬和现金薪酬之和度量高管总薪酬,采用年末高管持有的股份与获得的股票期权份额之和与年末公司股票收盘价的乘积,再乘以 0.01 的系数得到高管权益薪酬。柴才等(2017)在衡量高管总薪酬时,忽略了上述权益薪酬估算公式中 0.01 的系数,即高管总薪酬等于年末高管持有的股份与获得的股票期权份额之和与年末公司股票收盘价的乘积,再加上现金薪酬。苏冬蔚和林大庞(2010)则直接采用 Bergstresser and Philippon(2006)的方法计算中国上市公司高管总薪酬,进行相关研究。可见,如何科学合理地估算包括货币薪酬与权益薪酬在内的高管总薪酬仍是目前高管薪酬研究需要解决的一个重要问题。

已有文献采用考虑了权益薪酬的高管总薪酬来开展相关研究,为深入研究高管薪酬提供了思路。但 Bergstresser and Philippon(2006)基于美国的上市公司提出的高管权益薪酬测算方法,并不适用中国上市公司。

由于我国上市公司高管持股比例较低,采用货币薪酬来研究高管外部薪酬差距的经济后果有其合理性(祁怀锦和邹燕,2014;黎文靖等,2014)。鉴于此,本书研究的高管薪酬仅指高管获得的货币薪酬,数据来源于上市公司年报中披露的高级管理人员的年度报酬。结合前面对高管的界定,本书研究的高管薪酬是指企业薪酬最高的前三位高管所获得的货币薪酬的平均值。

考虑到有些上市公司高管的主要收益来自权益薪酬而不是货币薪酬,因而,本书采用的高管薪酬可能会影响研究结论的普适性。高明华等(2018)提供了 2016 年各上市公司薪酬最高的前三位高管所获得的货币薪酬与股票期权折算的现金薪酬之和的平均值数据,但文中并没有说明如何将股票期权折算为现金薪酬。本书第四章对采用高明华等（2018）计算的高管总薪酬数据进行了稳健性检验，发现结果并不发生改变，这表明采用货币薪酬研究高管外部薪酬差距的经济后果是适当的。

三、高管外部薪酬差距

本书研究的是企业高管与其他企业高管在薪酬方面存在的差异。基于社会比较的视角，国内有关文献主要采用高管外部薪酬差距（张丽平和杨兴全，2013；黎文靖等，2014）、高管薪酬外部公平性（吴联生等，2010；祁怀锦和邹燕，2014；覃予和靳毓，2015）、高管薪酬外部不公平性（黄辉，2012；王嘉歆等，2016）等概念展开研究。

关于高管外部薪酬差距的测度，现有文献主要采用两种思路：第一种思路是采用薪酬决定模型的回归残差，即超额薪酬来代表高管薪酬外部不公平性。超额薪酬绝对值越大，说明高管实际薪酬偏离其应得薪酬越多，薪酬外部不公平性越高。这种方法最大的缺点是对模型设定具有很强的依赖性，而且模型回归残差衡量的只是实际薪酬与预期薪酬之差，并不是对高管薪酬进行社会比较的结果，因而并不能全面计量高管外部薪酬差距。第二种思路是直接将特定企业高管薪酬与行业基准薪酬进行比较，包括绝对值比较和相对值比较，现有文献多采用相对值比较。根据比较的基准不同，主要有两种做法：①采用高管薪酬相对分位数，即采用企业高管薪酬与同年度同行业高管薪酬最大值的比值。高管薪酬相对分位数表示高管薪酬外部公平性，这一指标越接近1，表示高管薪酬外部公平性越高；反之，则表示高管薪酬外部公平性越低，即外部不公平。也有文献采用这一指标的倒数形式，即采用同年度同行业高管薪酬最大值与企业高管薪酬的比值，表示高管薪酬外部不公平性，这一比值越大，高管薪酬外部不公平程度越高。②采用企业高管薪酬与同年度同行业高管薪酬中位数（或平均值）的比值，常直接用来作为高管外部薪酬差距的代理变量。这一指标越大，说明企业高管薪酬高出行业高管薪酬中位数（或平均值）越多，对企业高管的激励作用越大。由于行业高管薪酬最大值为极端值，可能不具有代表性，而且采用行业高管薪酬最大值作为评价标准，存在拉高外部公平性薪酬水平的嫌疑。因此，本书选择同年度同行业高管薪酬中位数（或平均值）作为比较基准，即高管外部薪酬差距=企业高管薪酬/同年度同行业高管薪酬中位数（或平均值）。

四、企业投资效率

学术界测度企业投资效率主要采用三种模型：Richardson（2006）残差模型、Biddle et al.（2009）残差模型和 Chen et al.（2011）投资支出—投资机会敏感性模型。我国学者大多采用残差模型来分析企业投资效率，考虑到 Biddle et al.（2009）残差模型借鉴了 Richardson（2006）残差模型，而投资支出—投资机会等敏感性分析并不能很好地反映过度投资（或投资不足）的程度。因此，本书选择 Richardson（2006）残差模型来测度企业投资效率。

Richardson（2006）将企业的新增投资分解为预期的正常投资与非预期投资两部分，前者由投资机会、融资约束、企业规模及所属行业等多种因素决定，即 Richardson（2006）模型估计的拟合值，后者等于实际投资减去预期的正常投资的差额，即 Richardson（2006）模型估计的残差。若残差越趋近于 0，则企业投资效率越高；若残差为正表示实际投资额超过了预期的正常投资额，即企业投资过度；若残差为负表示实际投资额低于预期的正常投资额，即企业投资不足。

借鉴 Richardson（2006）的研究，本书将投资效率界定为：企业实际投资偏离最优投资的幅度。该指标值越小，说明实际投资越趋近于最优投资水平，投资效率越高。如果企业实际投资高于最优投资水平，说明投资过度；如果实际投资低于最优投资水平，说明投资不足。企业投资过度或投资不足都称为非效率投资。

第四节　研究思路与方法

一、研究思路

本书首先基于高管外部薪酬差距的相关理论、委托代理理论和信息不对称理论，从理论层面分析高管外部薪酬差距对投资效率的非线性影响机理，建立高管外部薪酬差距与企业投资效率之间关系的理论分析框架。其次，应用实证研究方法验证高管外部薪酬差距对企业投资效率的非线性影响。这具体包括三个方面：①检验外部薪酬差距与企业投资效率之间是否存在倒"U"型关系；如果存在，再以总资产收益率为因变量，利用门限面板模型来确定高管外部薪酬差距激励效应的结构突变点，进而利用分段回归原理来考察高管外部薪酬差距对投资效率影响的区间效应。②从管理者异质性视角，以外部薪酬差距的结构突变点作为分组依据，研究高管能力对外部薪酬差距与投资效率之间关系的影响在外部薪酬差距结构突变点两侧是否存在差异。③从环境不确定视角，以外部薪酬差距的结构突变点作为分组依据，分别从微观层面和宏观层面，研究环境不确定性对外部薪酬差距与投资效率之间关系的影响在外部薪酬差距结构突变点两侧是否存在差别。最后，对本书的实证结果进行归纳总结，提出相关政策建议，并指出研究局限及研究空间。

二、研究方法

本书主要采用文献研究法和实证研究法开展研究。具体如下：

(一) 文献研究法

在对国内外相关文献资料进行全面检索、认真阅读的基础上，本书详细回顾了高管外部薪酬差距的经济后果、投资效率的影响因素的相关文献，特别关注了高管外部薪酬差距对投资效率影响的相关文献。系统梳理了高管外部薪酬差距和投资效率的相关理论，并回顾改革开放以来我国不同发展阶段企业经营者收入分配指导思想的变化以及我国关于高管薪酬制度改革的发展历程。通过上述回顾与评述，厘清关键概念和核心变量，进而提出本书的研究重点。

(二) 实证研究法

首先通过对比，对高管薪酬绝对值指标进行年度/行业均值差异分析、产权性质差异分析、地区差异分析和规模差异分析，对高管外部薪酬差距指标进行产权性质差异分析、地区差异分析、规模差异分析和企业业绩差异分析。其次，对投资总额及其对 GDP 的贡献的变化趋势、投资对 GDP 增长的贡献及其拉动作用的变化趋势以及投资—资本转化率和增量资本产出率变化趋势进行分析。再次，通过引入高管外部薪酬差距的二次项，考察外部薪酬差距与投资效率之间是否存在倒"U"型关型，并采用门限面板模型估计门限变量（外部薪酬差距）的结构突变点，进而运用分段回归原理讨论高管外部薪酬差距对投资效率影响的非对称性。最后，以外部薪酬差距的结构突变点作为分组依据，考察高管能力、环境不确定性分别在外部薪酬差距结构突变点两侧的作用是否存在差异。

第五节　本书结构

本书的主要内容包括导论、理论分析、制度背景与现状分析、实证分析和政策建议五个方面，具体的研究内容分为以下七个部分：

第一章是导论。本章主要介绍本书的研究背景与研究意义、研究思路与方法、研究框架与内容，并对核心概念进行了界定，对现有研究进行了回顾与评述。

第二章是高管外部薪酬差距与投资效率的理论分析。本章在回顾高管外部薪酬差距、投资效率相关理论的基础上，从理论层面分析了高管外部薪酬差距非线性影响投资效率的机理，建立了高管外部薪酬差距与投资效率之间关系的理论分析框架。

第三章是高管外部薪酬差距与投资效率的制度背景与现状分析。首先，回顾改革开放以来党的重要会议有关收入分配制度的决议和政府部门有关经营者薪酬的主要法规，明确国家关于企业经营者收入分配改革的指导思想，阐述高管薪酬制度改革的发展历程。其次，采用我国2009~2016年上市公司数据，分别对上市公司高管薪酬绝对值和高管外部薪酬差距指标进行比较分析。最后，采用我国2000~2016年宏观经济数据分析了中国固定资产投资及投资效率现状。

第四章是高管外部薪酬差距对投资效率的非线性效应研究。采用两种非线性回归方法，实证了考察高管外部薪酬差距与投资效率的非线性关系。首先，采用直接在计量模型中增加高管外部薪酬差距二次项的方法，实证检验了外部薪酬差距与企业投资效率之间是否存在倒"U"型关系。其次，以总资产收益率为因变量，利用门限面板模型来测算高管外部薪酬差距激励效应的结构突变点，确定门限值。最后，利用分段回归原理来考察高管外部薪酬差距对投资效率影响的区间效应。

第五章是高管外部薪酬差距、高管能力与企业投资效率。首先，以第四章研究得出的高管外部薪酬差距的结构突变点（门限值）作为分组依据，将高管外部薪酬差距划分为两个部分：低差距区间（高管外部薪酬差距小于门限值）与高差距区间（高管外部薪酬差距大于门限值）。其次，从管理者异质性视角，研究了高管能力对外部薪酬差距与投资效率之间关系的影响，并区分投资不足与过度投资样本进行了分组检验。最后，考察了不同产权性质下高管能力对外部薪酬差距与投资效率之间关系影响的差异性。

第六章是高管外部薪酬差距、环境不确定性与企业投资效率。以第四章研究发现的高管外部薪酬差距结构突变点作为分组依据，分别从微观层面和宏观层面考察环境不确定性对外部薪酬差距与投资效率之间关系的影响。首先，从微观层面考察经营环境不确定性对外部薪酬差距与投资效率之间关系的影响，并区分投资不足与过度投资样本进行了分组检验。其次，从宏观层面研究经济政策不确定性对高管外部薪酬差距与企业投资效率之间关系的影响，并区分投资不足与过度投资样本进行了分组检验。

第七章是研究结论、政策建议、研究贡献、研究局限性与研究展望。作为本书的总结，在最后归纳相关研究结论，提出政策建议，并指出研究的主要贡献及可能存在的不足，在此基础上提出未来可能存在的研究空间。

本书的逻辑框架如图 1-1 所示。

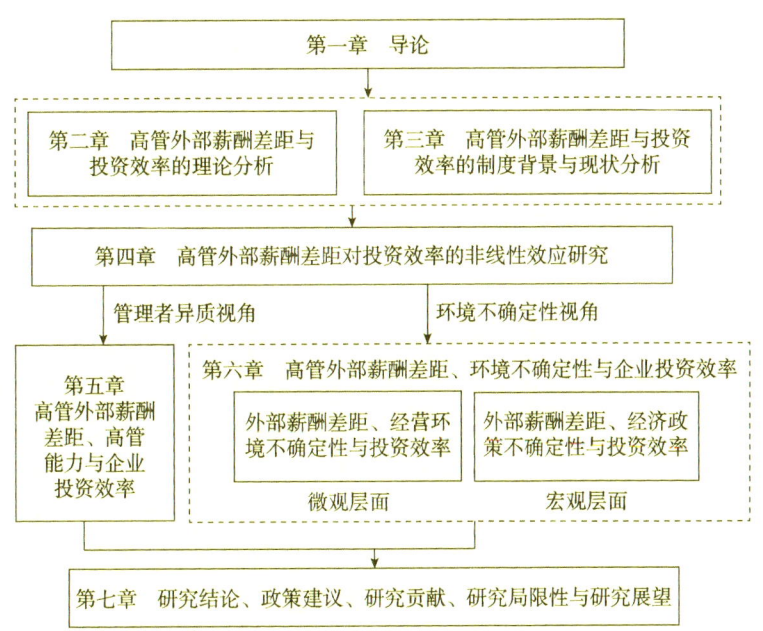

图 1-1 本书的逻辑框架

第二章

高管外部薪酬差距与投资效率的理论分析

本章阐述了高管外部薪酬差距的相关理论,以及基于代理冲突、信息不对称的投资效率理论。在此基础上,从理论层面分析了外部薪酬差距影响投资效率的作用机理,建立了外部薪酬差距与投资效率的理论分析框架,为本书第四章、第五章及第六章的实证研究奠定理论基础。

第一节 高管外部薪酬差距的相关理论

一、社会比较理论

Festinger(1954)提出了社会比较理论。根据这一理论,个体希望自己的观点和能力得到合理评价;在个体缺乏直接自然评价标准的情况下,会通过与他人的比较来评价自我。人们通过社会比较形成公平性的认知(Ambrose et al., 1991)。邢淑芬和俞国良(2006)指出,社会比较按照其方向可分为两种:上行比较(与比自己优秀的人比较)和下行比较(与比自己差的人比较)。已有文献表明,个体自我评价有可能与比较目标不一致,如果下行比较的结果使个体自我评价水平得以提升,或者上行比较的结果使个体自我评价水平下降,这就是对比效应(Blanton, 2001)。然而,个体自我评价也有可能与比较目标趋于一致,如果下行比较的结果使个体自我评价水平降低,或者上行比较的结果使个体自我评价水平提高,这就是同化效应（Blanton，2001）。还有研究结果显示，个体面对同一社会比较目标时，其自我评价还可能同时产生对比效应和同化效应。如Mussweiler and Strack（2000）。Lyubomirsky and Ross（1997）认为社会比较对个体自我评价的影响更多取决于个体运用社会比较的方式和社会比较发生的具体社会情境，而较少依赖其社会比较的方向。Stapel and Koomen（2000）发现，如果个体偏好于寻找自身和比较对象的不同之处，对比效应就会发挥作用；如果个体偏好于寻找自身和比较对象的共性，同化效应就会起作用。企业间高管薪酬比较的结果通常是背离比较目标（Stapel and Koomen，2000）。根据社会比较理论，当企业高管发现自己的薪酬水平高于同行业其他高管时，高管的下行比较就可以提升自我评价水平，此时高管薪酬契约就能够发挥激励作用。也就是说，公司提供的高管薪酬越高，高管个人与外部经理人市场进行薪酬比较的优越感就越明显（Shin，2016），觉得自己的努力得到了应有的回报，更有动力努力工作以维持薪酬比较优势，进而提升企业绩效；反之就会认为自己遭受了不公平对待而心生不满，这将挫伤企业高管的工作积极性，抑制企业绩效的改善。

二、经理人市场理论

经理人市场理论表明，高管外部薪酬差距能否发挥激励作用，关键在于经理人市场机制（包括声誉机制、流动机制）是否完善。如果经理人市场是完善的，那么，职业经理人应该可以自由地流动，能力强的职业经理人有机会通过跳槽来获取更高的收入，因而会更加重视培育自己好的职业声誉。Fama（1980）、Fama and Jensen（1983）指出，在完备的经理人市场，职业经理人只要有良好的声誉，就能获得更高的报酬。正因为如此，在完备的经理人市场，职业经理人积累的声誉越好，就越可能积极工作，创造优异的经营业绩，结果反过来又增进了个人声誉，增强了自己在市场中的议价能力。企业能否从市场中获得优秀的职业经理人，很大程度上取决于企业能够提供的薪酬水平。Bizjak et al.（2008）认为企业间高管的薪酬差距是企业薪酬政策是否具有市场竞争力的直观体现。

经理人市场与高管外部薪酬差距激励效应之间的逻辑关系体现在以下两方面：一方面，当经理人市场健全且有效时，薪酬高的高管能够借助历史贡献获得良好声誉，维持自身薪酬在市场中的优势地位，但高额薪酬又会增加原有高管被更换、被解聘的风险，原因在于高额薪酬会激励企业其他高管参与现有职位的竞争。这样,企业原有高管在面临市场竞争威胁时,为了保证自己的高薪不受影响,会通过更加努力地工作来维护和提升个人声誉,从而产生积极的激励效果。另一方面,当经理人市场健全且有效时,市场为那些希望自己未来的薪酬水平能够获得提升的高管提供了通道,这些高管有机会利用声誉机制,通过创造好的业绩来争取高薪职位,可以通过跳槽的方式来实现,即使不跳槽,薪酬议价能力的提升也有助于实现薪酬的增长,由此也会带来积极的激励效果。因此,完善的经理人市场有助于高管外部薪酬差距发挥激励效应。

经理人市场主要通过声誉机制和代理权竞争来影响企业投资行为。一方面,高管良好的个人声誉有利于提高其在经理人市场上的竞争力,从而抑制高管的机会主义行为,激励高管努力工作。另一方面,代理权竞争机制可以降低高管和股东之间的信息不对称程度,增加那些业绩不佳的高管的工作压力,提高他们被更换的风险,使股东基于长期利益考虑对高管行为监督的有效性增加,由此缓解代理问题,促使企业非效率投资下降。

三、人力资本理论

人力资本理论表明,优秀的职业经理人是稀缺的,企业要想优秀的职业经理人加盟(或留任),就必须给经理人提供至少等同于经理人人力资本价值的报酬。由于难以有效评估经理人的人力资本价值,采用比较基准就成为决定经理人薪酬的一种有效方式(Holmstrom and Kaplan,2003)。为了获得管理者的人力资本,企业在制定管理者薪酬契约时,采用比较基准给管理者提供竞争性的薪酬。Bizjak et al.(2008)、Faulkender and Yang(2009)研究表明,企业往往选择同行业或者同规模企业管理者薪酬的平均值或中位值作为比较基准,将企业管理者的薪酬定为等于或者高于参照标准。因此,在高管有条件进行薪酬社会比较的市场环境中,高管都不乐意接受自身薪酬低于行业平均薪酬的薪酬合约,原因是这表明高管自身能力不如同行,才会降低其人力资本定价。对于高管而言,如果其薪酬水平过低,即使之后薪酬水平有所增长,也难以对高管产生积极的激励效应,因为高管会认为增长后的薪酬只不过是对自己能力的补偿,在这种情形下,高管外部薪酬差距的提高,也很难带来企业业绩的提升。

四、最优契约理论

Bebchuk and Fried（2003）提出的最优契约理论认为，股东能够控制董事会，并按照管理层与股东之间的代理成本最小化和股东利益最大化原则设计管理层薪酬契约。最优契约理论主要关注经理人缔约后的道德风险行为。通常认为，高管薪酬激励是缓解管理者和股东之间的代理冲突的有效手段（Jensen and Murphy，1990；Smith and Watts，1992），因此，精心设计的薪酬契约可以弥补董事会无法有效监督 CEO 决策的缺陷，促使管理者按照股东利益最大化的方式行事，可以有效降低代理成本，提高企业投资效率。如何设计最优的薪酬契约，就成为最优契约理论的核心问题。竞争性市场环境下的薪酬契约，具有有效性和合理性。根据最优薪酬契约理论，在设计高管最优薪酬契约时，往往将高管薪酬与企业业绩挂钩，即企业业绩越好，高管薪酬越多，最终实现股东和高管共赢。

有部分文献在最优契约理论框架下分析或检验了高管激励契约对投资决策的影响。例如，Rogerson（1997）认为 EVA 评价指标可以促使企业管理者投资于有利于增加企业价值的项目。刘凤委和李琦（2013）研究发现 EVA 评价促使中央企业的管理者重视企业资本成本，从追求投资规模转向关注效率，有助于抑制过度投资行为。Hall and Murphy（2003）认为对管理者进行期权激励是一种有效的激励方式，管理者只有在公司股价优于行权价的情形下才可以取得激励报酬，因而这种薪酬制度安排能给管理者带来积极的激励效果，促使管理者更倾向于接受风险较高的项目，在一定程度上有助于降低管理者过度风险规避而造成的投资不足问题，提高企业投资效率。

五、参照点契约理论

Hart and Moore（2008）、Fehr et al.（2009，2011）提出的参照点契约理论认为在现实中契约是不完全的，契约可以作为缔约各方判断合约履行会给自身带来何种影响的一种比较标准。缔约各方签订的契约决定其权利得失的心理感知，即契约是缔约方判断权利得失的唯一标准。缔约人权利感受状况会影响缔约人的行为，而缔约人权利感受状况又取决于缔约人获得的结果和缔约人权利参照点之间的比较。具体到高管薪酬契约领域，当高管发现自身的薪酬水平低于参照基准时，就会有利益被侵蚀的消极心理感知，为了弥补其在正式薪酬契约中所遭受的损失，高管可能会寻求在职消费、低效扩大投资构建企业帝国、职务侵占等替代性补偿。因而，企业董事会（或者薪酬委员会）在订立高管薪酬契约时，通常会倾向于将薪酬水平锚定在一个参照区间，在实践中往往依据同行业竞争对手的薪酬水平来确定参照区间。为了能够有效激励高管，在设定高管薪酬时，企业董事会通常将其设定在同行竞争对手的平均水平或者稍高一点。

六、管理者权力理论

高管薪酬契约是解决企业代理问题的内部治理机制，但 Bebchuk and Fried（2003）提出的管理者权力理论认为，最优契约设计的竞争性市场环境和董事会公平缔约假设存在局限性，由于管理者权力的存在，管理者具有影响自己薪酬的能力，可以运用权力寻租，因而高管薪酬契约不再是合理有效地解决代理问题的最佳途径，管理者薪酬本身可能也是管理者获取控制权私利的一种手段。由于管理者权力的存在和监督机制的缺失，管理者可以控制其薪酬契约的制定与实施，使得最优薪酬契约不再是解决委托代理问题的治理机制，其自身就是委托代理问题的一部分。当企业所有权和控制权分离时，企业的管理者掌握着控制权，在董事会成员改选时，企业的管理者尤其是 CEO 对董事会成员能否再次被任命具有重要的提名权，本应对管理者履行监督职能的董事会成员出于自身的声誉以及在位时可以得到丰厚报酬的考虑，他们会附庸企业管理者的控制权，于是管理者就能够借助自己所掌握的控制权对董事会制定管理者薪酬契约施加影响，为自己谋取控制权私利，获得超额薪酬。Main et al.（1993）指出部分企业的 CEO 控制了董事的提名过程。Main et al.（1995）研究发现外部董事通常更愿意增进与 CEO 的合作，而不是从客观公正的立场对 CEO 的业绩进行评价。Core et al.（1999）发现较差的企业治理很难限制 CEO 的权力，CEO 运用权力操纵自身薪酬的能力就越强。然而，Bebchuk and Fried（2003）也指出，良好的公司治理结构可以在一定程度上制约管理者对自身薪酬契约的影响力。因而，管理者借助提高自己的薪酬来谋求控制权私利的行为也会因为治理机制的存在而有所减弱。Faulkender and Yang（2010）研究表明，管理者为了给提高自身的薪酬提供辩护，在选择薪酬的比较基准时，一般会选择薪酬比较高的企业。在治理结构较弱的企业，管理者影响薪酬契约的能力就会越强,从而管理者选择薪酬高的企业作为比较基准来谋取私人利益就会越明显。由于管理者具有自利的特征,因而有强烈的动机利用自身拥有的权威、资源配置权力和关系网络等途径来影响甚至扭曲薪酬方案的制定,从而采用自定薪酬的方式主动寻租(权小锋等,2010;方军雄,2011)。

综上所述,根据社会比较理论、经理人市场理论和人力资本理论,当高管薪酬水平高于同行业其他高管时,高管薪酬就能够发挥激励作用,这三种理论本质上凸显了高管人力资本价值,因此,本书将这三种理论统称为管理者人力资本理论;而根据管理者权力理论和参照点契约理论,高管薪酬激励作用为零甚至为负。这两类理论是本书研究高管外部薪酬差距对投资效率的非线性效应的理论基础。根据最优契约理论,设计良好的薪酬契约可以缓解管理者和股东之间的代理问题,而参照点契约理论认为现实中契约是不完全的。

第二节 投资效率理论基础

早期的投资理论是在一系列严格假设下提出的,研究影响投资支出的最重要因素,例如,Clark(1917)提出的加速器投资理论,认为企业的投资支出是由产出水平变动决定的。Tobin(1969)提出的衡量投资机会的 Q 值理论,认为企业未来的投资机会决定投资规模。由于这些理论的假设过于严格,使得这些理论无法解释现实中存在的投资不足或投资过度现象。随着代理理论和信息经济学的发展,一些学者开始运用代理理论、信息不对称理论解释现实中的投资过度或投资不足问题,从而分别形成了基于代理冲突、信息不对称的投资理论。

一、委托—代理理论与企业投资效率

根据现代公司理论,现代公司中所有权与经营权分离,公司所有者通过与经营者签订契约的方式授予经营者代行其权力,这种契约关系就是委托代理关系,公司的所有者是委托人,公司的经营者为代理人。在公司委托代理关系中,公司的所有者与经营者之间的权利是不对称的,公司的所

有者拥有剩余索取权,而经营者拥有剩余控制权;公司所有者与经营者的目标效用函数不同;公司所有者与经营者之间的信息是不对称的,通常公司经营者处于信息优势地位,而所有者处于信息劣势地位。由于公司所有权与经营权分离导致股东和管理者利益不一致,从而产生委托代理问题。Jensen and Meckling(1976)认为公司所有权与经营权分离的情况下,由于股东与管理者的利益目标不一致,两者之间容易产生利益冲突,导致股东与管理者之间存在代理成本,信息不对称会加剧两者之间的代理成本。根据 Jensen and Meckling(1976)的研究,股东与管理者之间的代理成本可分为:监督成本、担保成本和剩余损失。其中,监督成本是指股东监督或观察管理者行为的成本;担保成本指管理者自我约束,并为股东利益尽职勤勉的成本;剩余损失则是指股东因管理者代行决策而产生的价值损失,包括在职消费、管理者偷懒引致的隐形损失、决策失误或者内部控制缺陷导致的显性损失等(李寿喜,2007)。

在委托—代理关系中,如果双方拥有的信息完全一致,但利益诉求不同,则委托人可以通过设计最优契约解决代理问题。如果双方拥有的信息并不一致,但利益诉求相同,则不存在代理问题。如果双方拥有的信息不一致,并且利益诉求也不相同,那么,代理人的自利动机就可能引发道德风险,而信息不对称为代理人攫取个人私利创造了条件。

对企业投资决策来说,根据委托—代理理论,由于委托人与代理人之间存在利益冲突,企业管理者基于自身利益的最大化进行投资决策,而该投资决策可能并不符合股东财富最大化,并且,信息不对称会加剧管理者偏离委托人利益行事的程度和频度。股东主要是索取企业的剩余收益,而管理者则是获取私人收益,包括享受宁静生活、在职消费等。在信息不对称的情况下,当企业管理者不拥有全部剩余索取权时,管理者需要承担企业经营所需付出的全部成本,但只能获得努力经营后的部分收益。如果企业管理层为了寻求个人私利而偏离最大化股东价值,只需要承担部分成本就可以得到其全部收益。因而,企业管理者有谋取在职消费等私人收益的动机,从而产生代理问题。在企业投资决策中,代理问题一般会导致企业管理层在做投资决策时更多地从自身利益出发,投资那些净现值小于零的项目或是拒绝净现值大于零的项目,导致企业的非效率投资(Stulz,1990)。已有研究发现,企业管理层构建"商业帝国"(Jensen,1986)、规避经营风险(Narayanan,1985)、提高自身声誉(Holmstrom and Costa,1986)、巩固职业地位(Shleifer and Vishny,1989)等动机都是其追求私利，偏离企业最优化投资水平的原因。

二、信息不对称与企业投资效率

信息经济学认为在现实经济中，交易双方的信息并不是完全相同的，收集和处理信息需要耗费成本。信息不对称是指交易双方拥有的信息不对称，一方掌握的信息比另一方多。依照信息不对称产生的时间，可以将信息不对称划分为两类：交易行为发生前的信息不对称和交易行为发生后的信息不对称，前者可能引发逆向选择问题，后者可能导致道德风险问题。逆向选择一般发生在委托—代理双方所掌握的有关代理人个人信息不同的情形下，代理人完全了解自己的个人信息，而委托人掌握的代理人信息要比代理人少。由于企业所有权与经营权分离，股东掌握的经理人信息较少，如果支付给经理人的薪酬只是经理人市场的平均薪酬，可能导致能力高的经理人逐步退出经理人市场，最后经理人市场只留下能力弱的经理人。

委托—代理双方存在信息不对称，委托人所掌握的关于代理人能力的信息明显要比代理人少，由于委托人和代理人的目标不一致，为了激励代理人以委托人利益最大化为目标，公司需要设计合理的代理人薪酬契约。在委托人与代理人签订契约之前，由于委托人掌握的信息更少，委托方与代理方之间存在信息不对称，代理人有利用自己所掌握的信息谋取私利的动机，委托人有采取措施使信息不对称程度降低的动机。在委托方与代理方签订契约以后，由于委托人无法取得代理人行为的全部信息，代理人就会有为了私利而进行机会主义行为的动机。现实经济中，委托人为了实现自身利益最大化，总是希望代理人能够最大限度地努力工作。由于委托人不能获得代理人努力程度的信息，也无法排除外部因素对代理人行为结果的影响，因而为了诱导代理人朝着能使委托人利益最大化的方向行事，实现委托人与代理人利益的共融，委托人需要给代理人设计一套能使代理人努力工作的预期收益大于预期成本的契约。

相对于投资者而言，高管具有绝对的信息优势，为其在企业投资决策中利用控制权追逐私人收益提供了便利。由于委托—代理关系的存在，一方面，在契约签订之前，高管会利用自身信息优势，隐瞒真实信息甚至提供"肮脏信息"，误导投资者做出有利于高管但不利于他们自身的投资决策，获得高管控制权的私人收益，引发逆向选择问题。另一方面，在签订契约以后，由于信息不对称，股东很难完全监督高管行为，因此，高管为了追求私人收益最大化，必然会利用控制权实施不利于投资者的非效率投资行为。总之，高管与投资者之间的信息不对称，为企业高管追逐控制权私人收益提供了基础。而且，高管与投资者之间信息不对称程度越高，越有利于高管利用控制权最大化私人收益。

综上所述，根据委托—代理理论，由于委托人与代理人之间存在利益冲突，从而产生委托—代理问题。企业高管出于自身利益考虑，通常会采取非效率投资（投资过度或投资不足）方式来谋求自身利益最大化，导致股东利益受损，信息不对称会加剧高管偏离股东利益行事的程度和频度。在高管与股东拥有的信息不一致、利益诉求也不相同的情形下，股东可以借助合理有效的薪酬契约安排，引导高管以股东利益最大化为目标进行投资决策，降低企业的非效率投资。委托—代理理论和信息不对称理论为后文研究高管外部薪酬差距影响企业投资效率的作用机理奠定了理论基础。

第三节 高管外部薪酬差距与企业投资效率的理论分析

一、高管外部薪酬差距对投资效率的非线性影响机理分析

根据委托—代理理论，股东和高管的利益诉求会存在差异，从而产生代理问题。由于信息不对称，高管拥有不易被委托人获取的私有信息，高管追求私人收益最大化时会偏离委托人的利益最大化目标，损害委托人的利益。委托人为了保障自己的利益，就需要设计合理的薪酬契约对高管进行激励。在现实中个体行为通常与公平偏好紧密联系（Fehr and Schmidt, 1999）。对于企业高管来说，高管不仅会关心自己的薪酬水平，更在意其与同行薪酬之间的差距。因此，外部薪酬差距会影响高管薪酬契约的激励效果。

现有文献表明，高管通常会选择行业薪酬均值（或中位数）作为与外部同行比较的标准，高管薪酬偏离行业薪酬均值（或中位数）的方向和程度会影响薪酬激励作用的发挥（Bizjak et al., 2008, 2011）。根据社会比较

理论，个体会通过社会比较形成公平性的认知（Ambrose et al.，1991）。当企业高管发现自己的薪酬水平高于同行业其他高管时，高管的下行比较将提升自我评价水平，增强高管与外部同行进行薪酬比较的优越感（Shin，2016），提升高管的努力程度，促进企业绩效的改善；反之，则会让高管感觉自己遭受了不公平对待而心生不满，这将挫伤企业高管的工作积极性，最终给企业业绩造成不利影响。管理者人力资本理论承认人力资本的异质性，高管能力不同，薪酬水平也该相应拉开差距，而外部薪酬差距正是高管才能市场化配置的体现（张车伟，2006）。经理人市场理论认为，经理人的自由流动机制和声誉机制的有效性可以为经理人提供压力与机遇，有良好声誉的经理人可以通过市场获得更高的报酬（Fama and Jensen，1983）。因此，一方面，代理权竞争机制强化了业绩不佳的经理人的工作压力，提高了其被更换的风险，为了保住位置，经理人就必须努力获得好的业绩。另一方面，经理人为了提高其在经理人市场上的竞争力，维护个人良好声誉，他们也会主动减少机会主义行为，这有利于缓解代理问题，降低企业的非效率投资。黎文靖等（2014）认为虽然社会比较理论和管理者人力资本理论可以解释高管外部薪酬差距现象，但两者本质上同属经理人市场理论，因此其极力强调经理人市场理论对高管外部薪酬差距现象的解释能力，并用该理论对中国上市公司实际存在的高管外部薪酬差距进行了实证检验。

代理冲突的存在使企业有必要精心设计有效的高管薪酬契约来降低代理成本，提高企业投资效率。最优契约理论关心的正是如何设计最优的薪酬契约，最终实现股东和高管的共赢。通常的思路是将高管薪酬与企业业绩挂钩，企业业绩越好，高管薪酬越高。根据最优契约理论，股东能够控制董事会，并按照高管与股东之间的代理成本最小化以及股东利益最大化原则来设计高管薪酬安排。良好的薪酬契约有助于缓解高管自利行为引发的代理问题（Jensen and Murphy，1990；Smith and Watts，1992）。因此，扩大高管外部薪酬差距，可以使高管个人利益与企业利益趋于一致，促使高管更加努力工作，在企业投资决策方面体现为高管会以企业的长期利益为导向，从而降低因代理冲突而导致的非效率投资。同时，根据经理人市场理论，随着高管外部薪酬差距的加大，企业高管职位的潜在竞争强度也会不断增加，使现任高管遭受更大的外部竞争压力，这都会进一步促使高管更努力工作，进行有利于企业长期发展的投资，以此来证明自己的管理才能，建立良好的声誉，获得更好的职业发展。另外，当高管外部薪酬差距较小（高管薪酬低于行业平均薪酬）时，高管会理解为企业的一种警示信号或惩罚，这意味着企业业绩低于同行业水平，高管就会通过更加努力工作来提高业绩，从而实现薪酬的增长。在投资决策上，高管就会放弃无利可图的投资项目，或增加对有利可图的项目的投资，提升企业的投资效率。

然而，高管外部薪酬差距的激励效应具有边际递减效应。当薪酬领先的高管对薪酬的需求达到饱和状态后，其获得的边际效应渐趋于零甚至为负（邹燕和刘超，2012）。已有研究表明，过大的高管外部薪酬差距会导致激励过度（祁怀锦和邹燕，2014；覃予和靳毓，2015）。管理者权力理论和参照点契约理论一定程度上可以用于解释高管外部薪酬差距激励无效现象。管理者权力理论认为，企业管理者具有影响自己薪酬的能力，因而高管薪酬激励契约不再是合理有效地解决代理问题的最佳途径，管理者薪酬本身可能也是管理者获取控制权私人收益的一种手段。由于管理者权力的存在和监督机制的缺失，管理者可以控制其薪酬契约的制定与实施，使得薪酬契约自身就是委托—代理问题的一部分，而不再是解决委托代理问题的治理机制。根据参照点契约理论，当高管薪酬低于行业平均水平时，高管会利用权力根据参照点提高薪酬，这与基于业绩的最优薪酬契约的设计理念相悖，因而也难以起到激励高管的作用。这在黎文靖等（2014）的研究中得到了证实。实际上，高管根据参照点调整薪酬的过程，是高管谋求私人收益的体现，产生了新的代理问题（Faulkender and Yang，2010）。

基于以上分析可以推测，高管外部薪酬差距对企业投资效率的影响可能是非线性的，即当高管外部薪酬差距低于一定临界值时，扩大高管外部薪酬差距可以提高投资效率，而当高管外部薪酬差距高于一定临界值时，高管外部薪酬差距对投资效率提升的促进作用将会弱化。

二、高管能力影响外部薪酬差距与投资效率之间关系的机理分析

管理者人力资本理论认为，高管人力资本具有异质性。高管异质性最直接的表现是能力上的差异，高管能力是高管异质性的本质特征（谢建等，2015）。高管能力会影响企业投资效率。能力强的管理者可以更好地整合内外部信息，做出更准确的企业决策（Dermerjian et al.，2012），从而提高企业投资效率。

能力强的高管提高企业投资效率的主要途径有：①提供高质量的会计信息。能力强的高管通过提供高质量的会计信息，降低公司内外部的信息不对称程度（Francis et al.，2008），减少投资者的监督成本和公司融资成本（Verdi，2006），有助于企业高管更好地识别净现值为正的投资机会。②拥有良好的社会资源和声誉资本。能力强的高管拥有着较丰富的社会资源和良好的职业声誉，在企业通过内部盈利能力不足以支撑投资机会时，更容易获得有利的贷款合同，降低企业的融资成本（Chemmanur et al.，2009；Francis et al.，2016）。③建立健全的内部控制制度。能力强的高管能够提高企业内部控制质量，高质量的内部控制制度有助于抑制企业非效率投资行为（李万福等，2011；Cheng et al.，2013；张超和刘星，2015）。

然而，现实经济中，由于股东与管理层目标函数不一致，以及高管薪酬激励不足等原因，能力强的管理者不一定会充分发挥其才能，高管能力可能会存在发挥效率问题和配置效率问题（杜雯翠和高明华，2015）。发挥效率问题是指高管只将部分能力发挥出来。配置效率问题指的是高管将能力配置在非生产性领域，相对减少生产性努力。高管对其才能的配置领域取决于高管进行生产性活动和非生产性活动所获得的相对回报（Acemoglu，1995；庄子银，2007），并且会受到制度水平的影响，当制度水平较低时，高管可能倾向于将能力配置在非生产性领域（Murphy et al.，1991；唐国华，2012）。已有研究表明，企业家将能力从生产领域错配到非生产领域，将对企业家能力产生"挤出效应"，不利于企业创新（王健忠和高明华，2017）。薪酬社会比较会影响高管能力的发挥水平（杜雯翠和高明华，2015），因此，高管外部薪酬差距会影响高管能力的发挥程度。

高管能力对外部薪酬差距与投资效率之间关系的影响主要表现在以下两个方面：一方面，当高管认为外部薪酬差距公平时，高管会充分发挥其管理才能，高管能力越强，越有助于提高企业投资效率。另一方面，当高管认为外部薪酬差距不公平时，高管会感觉自身的管理才能没有获得应有的回报，高管能力存在发挥效率问题和配置效率问题。高管会降低生产性努力程度，甚至利用权力来寻租，如自定薪酬、在职消费等，或者只发挥部分管理才能，从而导致投资效率下降。高管能力越强，其获取和控制的资源也就越多，在自利动机的驱动下，更可能产生非效率投资行为。何威风等（2016）发现高管能力越强，越有可能回避高风险的项目，接受低风险的项目，导致高风险的项目投资不足，而低风险的项目投资过度。

综上所述,根据管理者人力资本理论,企业高管能力存在差别。高管外部薪酬差距会影响高管能力的发挥程度,这将直接影响投资效率。当高管认为外部薪酬差距公平时,高管会充分发挥其管理才能,且高管能力越强,越有助于提高企业投资效率。当高管认为外部薪酬差距不公平时,高管能力的发挥存在被抑制及扭曲配置的问题,能力强的高管可能只发挥部分管理才能,或者利用权力来寻求替代性补偿,这都会增加企业的非效率投资。

三、环境不确定性影响外部薪酬差距与投资效率之间关系的机理分析

行为经济学认为个体是"有限理性的经济人",在行为决策时,受自身认知能力不足以及价值观不健全等因素的限制,个体无法对所处环境进行全面认识和准确判断,因而个体的行为决策是个体特征与外界环境共同作用的结果(Camerer et al.,2004)。对于企业高管的投资决策来说,企业所处的外部环境会影响高管投资决策,由于企业外部环境具有不确定性,因此,环境不确定性会对企业高管的投资决策产生影响。

高管薪酬契约是解决股东与管理层之间代理问题的重要激励机制,高管外部薪酬差距会通过影响高管投资决策,进而影响投资效率。而环境不确定性会影响高管投资决策,因此,环境不确定性可能会对外部薪酬差距与投资效率之间的关系产生影响。具体来说,一方面,较高的环境不确定性会恶化信息环境,加剧信息不对称程度,加大股东、外部人监督企业的难度,降低高管谋求私利所需的成本,降低高管通过机会主义行为谋求私有收益以及决策失误被发现的概率,同时也为高管卸责提供了借口。行为经济学的相关研究表明,现实中的人们不仅有经济偏好,而且还具有社会比较偏好,这意味着人们在关注自身收益的同时,通常还会将他人损益视为外在参照点,并且是公平偏好和损失厌恶的(Kahneman and Tversky,1979)。具体到高管薪酬契约领域,高管对薪酬的主观心理感知不仅取决于高管薪酬,而且还会受到外部契约参照点的潜在影响(Hart and Moore,2008)。由于企业会在一定程度上参照行业薪酬基准制定高管薪酬,高管通常也会选择行业薪酬基准作为参照点进行外部比较。因此,当高管薪酬低于行业平均薪酬时,高管可能产生自我利益被侵蚀的心理感知,更有动机通过包括构建企业帝国在内的机会主义行为需求替代补偿,而当高管薪

酬高于行业平均薪酬时，高管可能会通过"羊群投资行为"使自己免遭投资失败带来的降薪或离职惩罚。另一方面，较高的环境不确定性增加了企业经营面临的风险，进而影响高管对外部公平薪酬水平的认知，高管投资决策面临的风险水平越高，其对外部公平薪酬的期望值会越大，管理者会对风险与薪酬进行权衡来调整其管理行为，从而影响企业投资效率。由于企业高管财富分散化程度较低（Wright et al., 1996）基于收入和职位安全（何威风等, 2016）和人力资本专用性与职业前景（Kempf et al., 2009）等方面的考虑，在不确定性环境下，高管更可能会拒绝那些风险较高但净现值为正的投资项目（John et al., 2008）。扩大高管外部薪酬差距，使之与不确定性环境下高管承担的风险相匹配，有助于增进股东与管理层之间利益的一致性，减少股东与管理层之间的代理问题，从而提升高管的风险承担水平（Raviv and Sisli-Ciamarra, 2013）。张志宏和朱晓琳（2018）研究发现，无论是高管薪酬高于还是低于行业均值，扩大企业高管外部薪酬差距，都会增强企业高管的追求风险以改变现状的动机，从而提高企业的风险承担水平。众多研究发现，提高企业风险承担水平可以提高企业经营效率（Hirshleifer et al., 2012；李彬和郑雯, 2018）。余明桂等（2013）研究表明，高管更高的风险承担水平有利于提高企业的资本配置效率。苏坤（2015）发现提高企业的风险承担水平有助于企业充分利用投资机会，从而提高资本配置效率。

综上所述，环境不确定性会影响高管投资决策。较高的环境不确定性加剧信息不对称程度，增加高管通过机会主义行为谋求私有收益以及投资决策失误被识别的难度，同时也为高管的非效率投资卸责提供了借口。在环境不确定性程度不同时，企业经营面临的风险存在差别。高管外部薪酬差距会通过影响高管的风险承担水平，进而影响企业投资效率。因此，环境不确定性会影响高管外部薪酬差距与企业投资效率之间的关系。

四、高管外部薪酬差距与投资效率的理论分析框架

委托—代理理论认为，企业所有权与经营权的分离将导致股东和高管的利益目标发生偏离，引发代理问题，诱使高管基于自利动机开展非效率投资。根据信息不对称理论，由于存在信息不对称，股东难以对高管的投资行为实施有效监督，高管更可能出于机会主义动机做出无效投资决策。

在最优契约假说下，良好的薪酬契约有助于减少高管因自利行为引发的代理问题。

根据社会比较理论，当高管薪酬高于行业基准薪酬（通常为行业薪酬均值或中位数）时，扩大外部薪酬差距有助于提高投资效率。而管理者权力理论和参照点契约理论则认为，扩大外部薪酬差距对企业投资效率的激励作用并不明显，有时甚至为负。因此，高管外部薪酬差距对企业投资效率的影响可能是非线性的，即当高管外部薪酬差距处于低区间范围时，扩大高管外部薪酬差距可以提高投资效率，而当高管外部薪酬差距处于高区间范围时，过大的外部薪酬差距对投资效率的提升将会产生不利影响，只有适度的高管外部薪酬差距才能够提高企业投资效率。

根据管理者人力资本理论，企业高管能力存在差别。当高管认为外部薪酬差距公平时，高管会充分发挥其管理才能，高管能力越强，越有助于提高企业投资效率。当高管认为外部薪酬差距不公平时，高管能力会存在发挥效率问题和配置效率问题，能力强的高管可能只发挥部分管理才能，或者利用权力来寻求替代性补偿，这都会增加企业的非效率投资。不同能力的高管对外部薪酬差距有着不同的看法，外部薪酬差距通过影响高管能力的发挥程度，进而影响企业投资效率。因此，高管能力会影响外部薪酬差距与企业投资效率之间的关系。

行为经济学理论认为，高管投资决策会受到环境不确定性的影响。在不确定性条件下投资行为选择意味着要进行风险决策，高管外部薪酬差距会通过影响高管的风险承担水平，进而影响企业投资效率。较高的环境不确定性加剧了信息不对称程度，增加了高管通过机会主义行为谋求私有收益以及投资决策失误被识别的难度，同时也为高管的非效率投资卸责提供了借口。因此，环境不确定性会影响高管外部薪酬差距与企业投资效率之间的关系。

基于以上分析，本书认为高管外部薪酬差距对投资效率的影响可能是非线性的。另外，根据管理者人力资本理论和行为经济理论，高管外部薪酬差距对投资效率的影响还会受到高管能力和环境不确定性的制约。有鉴于此，本书拟从非线性视角出发，着重考察高管外部薪酬差距对投资效率的非线性影响，进而探究在不同的外部薪酬差距区间，高管能力对外部薪酬差距与投资效率之间关系影响的差异，以及环境不确定性对外部薪酬差距与投资效率之间关系影响的差别。具体分析框架如图2-1所示。

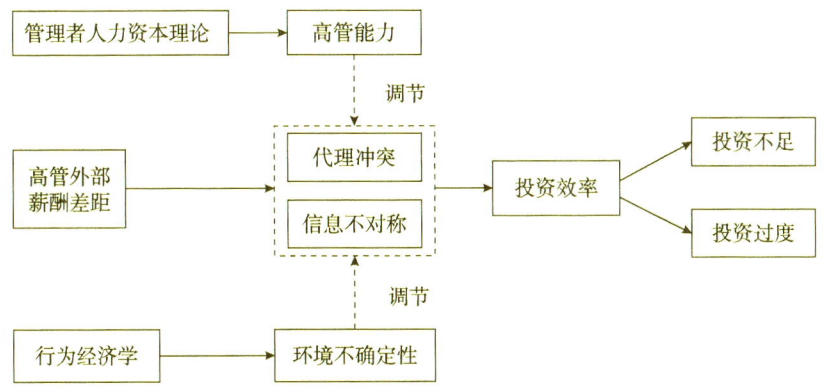

图 2-1 高管外部薪酬差距影响投资效率的理论分析框架

第三章

高管外部薪酬差距与投资效率的制度背景与现状分析

本章首先阐述了改革开放以来我国高管薪酬制度改革历程。其次，分析了中国上市公司高管薪酬现状和中国固定资产投资现状，为后文研究高管外部薪酬差距对企业投资效率的影响奠定了基础。

第一节 制度背景

改革开放以来，我国政府非常重视对企业经营者的薪酬激励，历届党的中央全会都对收入分配制度做了明确规定。而我国的收入分配制度改革又与国有企业改革息息相关。因此本书从两条线来回顾改革开放以来企业经营者收入分配制度的发展变迁：一条线是党的重要会议中有关收入分配制度的决议，为企业经营者收入分配改革确定了指导思想；另一条线是政府部门有关经营者薪酬制度改革的具体法规。

一、党的重要会议有关收入分配制度的决议

改革开放之前，中国实行计划经济体制，社会主义按劳分配的原则并没有落实到位，在收入分配上执行的主要是集中管理统一分配，体现为重视精神表彰、行政晋升，轻视物质奖励，导致收入分配上严重的平均主义，干与不干、干多干少、干好干坏都一个样，难以调动经营者的积极性。

1978年12月中央召开工作会议重点讨论经济问题，邓小平提出要打破"大锅饭"和平均主义，收入分配上允许合理拉开差距，让一部分人、一部分企业先富起来，为随后召开的党的十一届三中全会奠定了思想。党的十一届三中全会有关收入分配改革的重点虽然在农村，但强调各级经济组织都应落实按劳分配。1984年10月党的十二届三中全会通过了进行经济体制改革的决议，明确指出了平均主义分配方式对企业发展的危害，赋予了企业根据经营状况自主决定职工工资奖金的权力，允许经济效益好的企业、职工可以获得较高的工资，拉开不同企业的职工之间的收入差距，同时鼓励在企业内部分配上拉开档次，扩大工资差距，使企业职工工资奖金也充分体现出个人劳动贡献的差别。这次会议的召开，使企业彻底摒弃了平均主义分配方式。

随着经济体制改革的不断深入，1987年党的十三大报告首次提出按劳分配为主体，多种分配方式为补充的收入分配制度，明确指出分配政策鼓励"合理拉开收入差距"，并"在促进效率提高的前提下体现社会公平"，在注重质量和效益的前提下"积极推行计件工资制和定额工资制"。1992年，党的十四大报告提出收入分配要"兼顾公平和效率"。1993年11月党的十四届三中全会又提出"效率优先，兼顾公平"。随后历届会议直到2003年党的十六届三中全会都坚持了这一提法。1999年9月党的十五届四中全会通过的《国有企业改革和发展若干重大问题的决定》提出少数企业可以试行厂长经理年薪制度、持有股权等分配方式。2002年党的十六大确立了管理作为生产要素参与分配的原则。然而，随着改革的不断深入，收入分配中一些不合理、不公平的现象越来越突出，收入分配差距呈现出不断扩大趋势，由于收入差距扩大引起的不公平问题，在很大程度上影响了企业生产效率的提高。党的十六届四中全会开始把注重社会公平放到一个新的高度来认识。2007年党的十七大报告改变以往初次分配重效率、再分配重公平的提法，强调初次分配与再分配过程中都必须处理好效率与公平的关系，收入分配的指导思想从偏重效率转向更加重视社会公平，认为"合理的收入分配制度是社会公平的重要体现"。

洪银兴（2018）认为我国收入分配制度改革的指导思想经历两次重大变革，一是富起来时代重视效率，二是强起来时代更重视社会公平。改革开放前，由于长期执行平均主义分配制度，极大地压抑和束缚了企业经营管理者的生产积极性，导致企业效率低下。因此，打破平均主义，允许拉开收入分配差距，收入分配上偏重效率，并且管理可以作为生产要素参与收入分配,能够充分调动经营者的积极性,促进了企业生产效率的提高和我国经济的快速发展。而随着经济的不断发展,人们的收入水平也在逐步提高,与此同时,收入分配差距也呈现出不断扩大的趋势,收入分配中一些不规范、不合理的问题显现出来,损害了企业效率,对社会公平正义有不利影响,因此,这一阶段收入分配改革强调更有序、更合理,更注重分配中的公平正义。

二、企业经营者薪酬制度的发展

1978年改革开放以来,人们尤其是政府部门逐渐意识到企业经营管理人才对企业发展的重要作用,企业经营管理者的薪酬制度出现了一系列变化。大致可以分为四个阶段:

第一阶段为1978~1985年,调整国家与企业的关系,赋予企业自主决定工资分配的权力。1978年5月国务院发布的《关于实行奖励和计件工资制度的通知》明确了按劳动分配的浮动工资制度和相应奖励制度。从此,开始由集中统一分配的等级工资制转向以行政晋升为主导、物质奖励为辅助的浮动工资制度,打破了工资分配上的平均主义。1985年1月,国务院颁布了《关于国营企业工资改革问题的通知》,规定国有企业实行浮动工资制度,职工工资总额根据经济效益按比例进行浮动,企业可以根据实际经营状况自主决定内部工资分配。同一时期,国家对企业实行企业经济责任制、放权让利、利改税等一系列措施,企业可以选择浮动工资制、结构工资制等各种形式的工资制度,一定程度上激发了企业活力,但企业经营者的工资制度和职工工资制度一样,并没有明显差异。

第二阶段为1986~1992年,探索经营承包制度、厂长经理负责制度。1986年国务院出台了《关于深化企业改革增强企业活力的若干规定》,允许全面完成任期任务的经营者的收入高出职工收入1~3倍,贡献特别突出的经营者,其收入还可以更高一些。这表明对企业经营者的激励转向以物质激励为主、行政晋升和荣誉表彰为辅,开始探索有别于职工工资制度的企业经营者收入分配制度,将企业经营者收入与其经营业绩挂钩。1988年国务院出台了《全民所有制工业企业承包经营责任制暂行条例》,将经营承包责任制制度化,并且将企业经营者收入与其经营业绩的关系作了细化规定。经营者承包制的实施,能够给企业经营者带来更多的物质回报,一定程度上增强了企业经营者的工作积极性。然而,经营者承包制也存在较大的弊端，企业经营者往往只关注承包期内能够获得的利益，不顾企业长期发展，因而对企业经营者的激励作用仍然是比较有限的。

第三阶段为1992~2002年，推行企业经营者年薪制。随着发展市场经济的改革大潮，在收入分配效率优先指导思想的指引下，我国企业管理者收入分配制度在不断创新。1992年，我国企业经营管理者薪酬激励制度有了较大突破，上海率先开始试行企业经营者年薪制。1994年，深圳发布《企业董事长、总经理年薪制试点办法》，将企业经营者年薪制制度化。随后，四川、江苏、北京等地也积极开展企业经营者年薪制试点。在此基础上，国家劳动部发布了《企业经营者年薪制试行办法》，各地也陆续出台相应的试行办法，年薪制试点逐渐铺开，这在一定程度上调动了企业管理者的积极性和创造性。然而，由于当时我国市场经济体制并没有完全建立起来，企业产权关系不明晰，国有企业经营者多由上级任命，存在严重的多头管理问题，经营者责、权、利不统一，各界尤其是企业主管部门对企业管理者才能的特殊作用认识不够，没有形成市场化的企业经营者薪酬决定机制，一些企业甚至出现管理者对合理收入、奖金也不敢认领的现象，而且经营者的年薪水平普遍偏低，国家统计局的企业调查信息显示，1998年我国企业在设计薪酬制度时通常都将管理者基本年薪设定在职工年均收入3倍以内，而当年美国高管人员收入是普通工人的419倍，因而较低的经营者年薪水平难以充分发挥对经营者的激励作用。在这种背景下，1998年1月，劳动部被迫宣布暂停年薪制试点工作。

为了使年薪制对经营者具有长期激励效力，一些企业如深圳万科集团（1993年）、上海仪电集团（1997年）等先后分别在非国有企业和国有企业尝试引入股票期权等作为年薪的兑现形式，对企业经营者薪酬结构进行了有意义的实践。随后一些企业也开始探索对经营者实行长期激励的分配办法，在不断实践探索取得一定经验的基础上，1999年以后，党和政府多次审慎提出国有企业经营者可以继续实行年薪制，为年薪制的全面铺开奠定了基调。2000年劳动和社会保障部发布的《进一步深化企业内部分配制度改革的指导意见》规定管理者持股数额保持在企业职工平均持股数的5~15倍比较合适，企业股份不宜过度集中在管理者手中。2001年原国家经济贸易委员会、原人事部、原劳动和社会保障部在《关于深化国有企业内部人事、劳动、分配制度改革的意见》中提出可以对管理者实行股份激励、股票期权等分配办法。由于年薪制实施过程中存在诸多问题，尤其是国有企业存在严重的多头管理，极大地削弱了年薪制本身的积极作用。2002

年，国有企业全面开始实施高管年薪制，国务院发文规定国有企业高管年薪不能超过企业职工平均工资的12倍。同一时期，我国证券市场建立和发展，以及相关制度不断健全，如中国证监会1996年发布的《关于加强对上市公司董事、监事、经理持有本公司股份管理的通知》、1999年的《关于上市公司总经理及高层管理人员不得在控股股东单位兼职的通知》、2000年的《关于上市公司2000年年度报告披露工作有关问题的通知》、2001年修订的年度报告的内容与格式准则等，这些法规对高管持股、高管薪酬信息披露等都做了明确规定，如要求披露高管薪酬总额、金额最高的前三名董事的薪酬总额、金额最高的前三名高级管理人员的薪酬总额；总经理必须专职，不得在控股股东单位兼任董事之外的其他职位，总经理和高层管理人员必须在上市公司领取薪酬。这些法规的陆续颁布，使得企业高管薪酬制度不断完善。

第四阶段为2003年以来，不断创新国有企业管理者薪酬制度。由于国有企业出资人权利分散、多头管理造成国有企业所有者形同虚设，针对这一状况，2003年4月，国务院组建国有资产监督管理委员会（以下简称"国资委"），代表国家履行出资人职责。国资委成立后，十分重视国有企业管理者的薪酬制度安排。在政府明确提出要不断完善国有企业经营者年薪制的背景下，国资委陆续颁布了一系列规范国有企业高管薪酬的文件。

2003年出台的《中央企业负责人经营业绩考核暂行办法》，将国企高管薪酬与经营业绩考核相挂钩，将考核目标分为年度目标（主要指标包括年度利润总额、净资产收益率）和任期目标（主要指标包括国有资产保值增值率、任期主营业务收入年均增长率），2006年修订时鼓励企业试行经济增加值指标进行考核。针对企业片面追求经营规模、账面业绩，忽视资本成本的现实，2009年又进行了第二次修订，全面采用经济增加值指标取代净资产收益率指标进行年度考核，凸显价值创造的重要性。2012年再次修订，将原来的任期考核目标主营业务收入年均增长率改为总资产周转率，完善考核奖惩措施，增强考核激励效果，如将绩效薪酬当期支付比例增加10%。

与业绩考核相配套，2004年国资委发布《中央企业负责人薪酬管理暂行办法》，规定国企高管薪酬与经营业绩考核相挂钩，对薪酬构成、薪酬兑现都进行了明确规定。2006年国资委又颁布《关于印发〈国有控股上市公司（境内）实施股权激励试行办法〉的通知》《关于印发〈国有控股上市公司（境外）实施股权激励试行办法〉的通知》，允许国有控股上市公司以企业业绩为基础对企业高管进行股权激励。国有企业在经营环境上具有天然的制度优势，因而对国有企业高管人员实行与经营业绩相挂钩的绩效薪酬制度，这在很大程度上推动了国有企业高管人员的薪酬大幅度上涨。为此，2007年国资委发布《关于加强中央企业负责人第二业绩考核任期薪酬管理的意见》规定薪酬增长与企业效益一致，薪酬增长不得超过企业效益增长幅度。2008年、2009年国资委又陆续发布《关于整体上市中央企业董事及高管人员薪酬管理的意见》《董事会试点中央企业高级管理人员薪酬管理指导意见》，进一步对高管人员薪酬进行了规范。与此同时，中国证监会也出台了政策，对上市公司管理者薪酬进行了规定。如2005年出台的《上市公司股权分置改革的指导意见》规定完成了股权分置改革的上市公司可以对管理层实施股权激励。同年，再次修订的年度报告的内容与格式准则要求上市公司必须在年度报告中详细披露每一位高管报告期内从上市公司获得的薪酬信息。这些法规的相继出台，完善了我国上市公司高管薪酬信息披露制度。

随着社会经济的快速发展，经济结构转型不断深入，国有企业高管年薪远远超出了所在单位职工平均工资12倍的规定，行业间收入差距巨大，尤其是金融行业高管收入一直处于领跑地位，这一现象引起了政府主管部门的高度关注。规范高管收入、落实社会分配的公平性被政府部门提上议事日程。为此，财政部于2009年2月先发布《金融类国有及国有控股企业负责人薪酬管理办法（征求意见稿）》将国有金融企业负责人薪酬总额限制在280万元以内，4月又颁布《财政部规范国有金融机构高管人员薪酬分配秩序》，明确规定2008年国有金融机构高管人员薪酬实际支付不得超过2007年薪酬的90%，如果2008年业绩下降，相应金融机构高管人员的薪酬还要下调10%。随后，国务院六部门于2009年9月颁布《关于进一步规范中央企业负责人薪酬管理的指导意见》。这一法规对中央企业负责人的薪酬水平、薪酬结构等方面都做出了规定，如国企高管年薪上限不超过在岗职工平均工资的20倍（黎文靖和胡玉明，2012），使国有企业高管薪酬水平更适当、结构更合理。2010年，财政部发布《中央金融企业负责人薪酬审核管理办法》进一步规范国有金融机构高管薪酬。此后，原银监会和原保监会又陆续分别发布《商业银行稳健薪酬监管指引》和《保险公司薪酬管理规范指引（试行）》。2013年2月，发展和改革委员会、财政部、人力资源和社会保障部制定的《关于深化收入分配制度改革的若干意见》要求对所有企业高管的过高收入进行严格管控，国有企业根据高管来源不同实行差异化薪酬，明确国有企业高管收入增长要低于职工平均工资增长水平。

2014年8月，中共中央发布《中央管理企业负责人薪酬制度改革方案》《关于合力确定并严格规范中央企业负责人履职待遇、业务支出的意见》，进一步深化了高管薪酬制度改革，以建立科学合理的国有企业高管薪酬制度。通过对国有企业高管薪酬总额进行限高和薪酬结构调整优化，并从制度上根除职务消费，有力地制约了国有企业高管的自利空间，触及其实质性利益，薪酬制度改革获得实质性突破。2015年8月24日，中共中央、国务院发布《关于深化国有企业改革的指导意见》明确提出"对市场化选聘的职业经理人实行市场化薪酬分配机制"。2016年国务院国有资产监督管理委员会在对原《中央企业负责人经营业绩考核暂行办法》（2003年修订，2006年修订，2009年修订，2012年修订）修改完善的基础上，重新发布《中央企业负责人经营业绩考核办法》，根据企业功能定位不同进行分类考核，细化了绩效年薪和任期激励收入对企业负责人的激励约束机制。2017年4月24日，国务院颁布《关于进一步完善国有企业法人治理结构的指导意见》，再次明确国有企业要"扩大职业经理人队伍，有序实行市场化薪酬"。

综上所述，这一时期关于国有企业高管薪酬改革密集的制度安排大致可分为两类，一是逐步完善国有企业高管薪酬经营业绩考核制度；二是针对日益突出的收入差距问题，不断强化对国有企业高管过高收入、非正常消费的管控，以此来规范高管薪酬水平和薪酬结构，实现"水平适当、结构合理、管理规范、监督有效"的目标。

第二节　中国上市公司高管外部薪酬差距与投资效率现状分析

一、中国上市公司高管外部薪酬差距现状分析

为了研究我国上市公司高管外部薪酬差距的现状，本书以2009～2016年我国A股上市公司为研究样本进行分析。高管薪酬数据均来自国泰安

CSMAR 数据库，除极少数高管薪酬数据缺失的样本外，还删除了行业公司数量过少的三个行业的 63 个观测值（居民服务、修理和其他服务业 29 个观测值，教育业 7 个观测值，卫生和社会工作 27 个观测值），最后得到 8 年 16 个行业共 19647 个观测值，2009~2016 年各年样本数分别为 1736 个、2093 个、2323 个、2463 个、2509 个、2623 个、2794 个、3106 个，样本行业分布如表 3-1 所示，下面以此为基础进行分析。高管薪酬指的是薪酬最高的三个高管的平均薪酬，即高管薪酬（TOP3）= 薪酬最高的前三个高管薪酬之和/3。高管外部薪酬差距根据比较的基准不同分为两种：Mgap1 = TOP3/同年度同行业高管薪酬均值；Mgap2 = TOP3/同年度同行业高管薪酬中位数。

表 3-1 样本企业行业分布

行业名称	行业代码	数量	占比（%）
农、林、牧、渔业	A	324	1.65
采矿业	B	499	2.54
制造业	C	12447	63.35
电力、热力、燃气及水生产和供应业	D	639	3.25
建筑业	E	486	2.47
批发和零售业	F	1101	5.60
交通运输、仓储和邮政业	G	636	3.24
住宿和餐饮业	H	91	0.46
信息传输、软件和信息技术服务业	I	1076	5.48
金融业	J	352	1.79
房地产业	K	1015	5.17
租赁和商务服务业	L	207	1.05
科学研究和技术服务业	M	118	0.60
水利、环境和公共设施管理业	N	170	0.87
文化、体育和娱乐业	R	197	1.00
综合	S	289	1.47
合计		19647	100

(一) 上市公司高管薪酬总体分析

1. 高管薪酬绝对值年度/行业均值差异分析

表3-2报告了高管薪酬绝对值年度/行业均值分布情况。表3-2显示，从高管薪酬行业均值总体来看，金融业高管薪酬均值为2920470元，在全部行业中持续保持领先地位，房地产行业紧随其后，高管薪酬均值为1084508元。农、林、牧、渔业高管薪酬均值为417312元，在全部行业中最低，排名倒数第二的是电力、热力、燃气及水生产和供应业，高管薪酬均值为522310元。薪酬最高的金融业的高管薪酬均值约为排名第二房地产行业的2.7倍，分别是排名最后两位（电力、热力、燃气及水生产和供应业、农、林、牧、渔业）的5.6倍和7倍。

表3-2 分年分行业高管薪酬均值比较

行业	2009年	2010年	2011年	2012年	2013年	2014年	2015年	2016年	均值
A	301030	315805	365844	393232	399225	407162	519405	595468	417312
B	515506	602935	640383	756731	667760	677739	659572	677733	658305
C	399301	464588	517141	544385	589143	638194	701471	740709	592155
D	391396	415856	451923	512782	532665	554593	592309	646475	522310
E	483057	580002	640628	604426	642421	674005	675152	716083	641962
F	524615	659922	738575	710342	800843	777918	827717	905761	757849
G	496702	577242	608766	663903	654789	694304	742068	729827	651154
H	384284	425173	482682	476978	509539	505544	567978	937949	537002
I	406452	486499	526507	592887	621869	664326	750188	800551	636285
J	3021940	2929308	2822304	2507525	2901050	2808405	3357053	2950872	2920470
K	696951	739402	867028	989888	1086885	1186140	1365229	1636755	1084508
L	475566	536915	666171	718477	884659	973624	974888	1061234	819351
M	444489	442033	495270	611241	623622	811826	857094	751064	686868
N	467459	480227	478483	433939	508896	500070	593077	633030	530628
R	502115	512308	541101	663195	667583	741903	870096	866283	734542
S	415679	474912	560444	556089	559438	627768	671811	781656	546569
均值	475929	539616	594734	625146	673189	713010	787173	836704	

从全行业高管薪酬各年均值总体来看，高管薪酬总体上保持持续上涨趋势。高管薪酬从2009年的475929元增加到2016年的836704元，增长了75.80%，年均增长率为8.39%。具体到每一行业来看，除金融业一直处于优势地位，呈现小幅度负增长外，其他行业都保持上涨态势，高管薪酬全部实现增长。2009~2016年，在高管薪酬实现增长的行业中，住宿和餐饮业增长最快，增长了144.08%，年均增长率为13.60%，次之是房地产业增长了134.85%，年均增长率为12.97%，增速最慢的是采矿业，增长了31.47%，年均增长率仅为3.99%，再次之是水利、环境和公共设施管理业，增长了35.42%，年均增长率为4.43%。为了更直观地展现各行业高管薪酬年均增长速度，图3-1绘制了2009~2016年每一行业的年均增长情况。

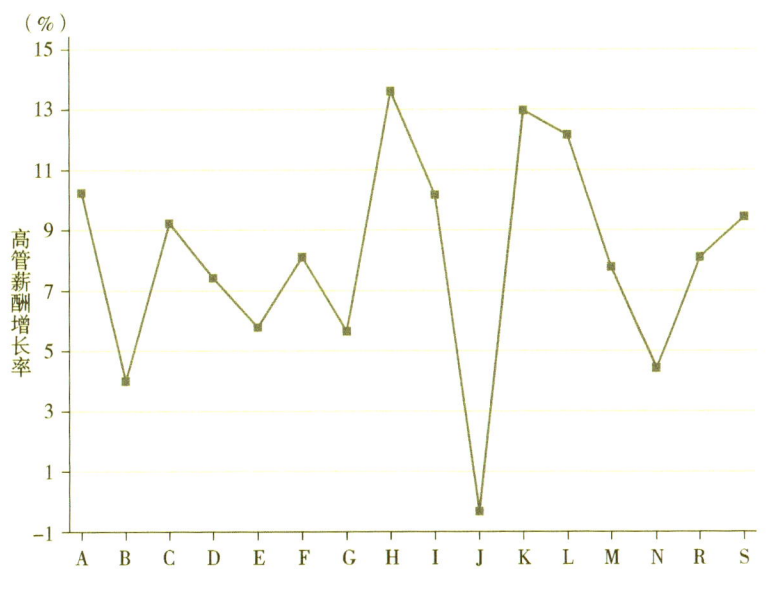

图3-1 不同行业高管薪酬增长差异

从表3-2还可以看出，历年农、林、牧、渔业的高管薪酬在各行业中垫底。为了更清晰地了解各年行业间高管外部薪酬差距的大小，本书以表3-2中各年农、林、牧、渔业高管薪酬均值为基准，设定为1，将其他行业当年的高管薪酬均值换算为该行业的倍数，表示行业间的外部薪酬差距。比较结果如表3-3所示。可以看出，平均而言，2009~2016年金融行业高管外部薪酬一直处于高位，外部薪酬差距值为7.00，其他行业外部薪酬差距值在1.25~2.60。具体分年度看，除金融业始终一枝独秀外，2009年其他行业外部薪酬差距值在1.28~2.32；2010年其他行业外部薪酬差距值在1.32~2.34；2011年其他行业外部薪酬差距值在1.24~2.37；2012年其他行业外部薪酬差距值在1.10~2.52；2013年其他行业外部薪酬差距值在1.27~2.72；2014年其他行业外部薪酬差距值在1.23~2.91；2015年其他行业外部薪酬差距值在1.09~2.63；2016年其他行业外部薪酬差距值在1.06~2.75。总体而言，2009~2016年行业间外部薪酬差距有小幅增长但增幅不大，一定程度上维持了行业格局的稳定。由于作为比较对象的农、林、牧、渔业高管薪酬均值一直处于增长状态，行业间绝对薪酬的差距仍然在不断扩大。值得注意的是，一直处于领先优势的金融业外部薪酬差距反而呈现出明显下降的趋势，从2009年的10.04下降至2016年的4.96，这与国家对金融业高管薪酬进行严格限制相一致。

表3-3 2009~2016年行业间薪酬差距比较

行业	2009年	2010年	2011年	2012年	2013年	2014年	2015年	2016年	均值
A	1.00	1.00	1.00	1.00	1.00	1.00	1.00	1.00	1.00
B	1.71	1.91	1.75	1.92	1.67	1.66	1.27	1.14	1.58
C	1.33	1.47	1.41	1.38	1.48	1.57	1.35	1.24	1.42
D	1.30	1.32	1.24	1.30	1.33	1.36	1.14	1.09	1.25
E	1.60	1.84	1.75	1.54	1.61	1.66	1.30	1.20	1.54
F	1.74	2.09	2.02	1.81	2.01	1.91	1.59	1.52	1.82
G	1.65	1.83	1.66	1.69	1.64	1.71	1.43	1.23	1.56
H	1.28	1.35	1.32	1.21	1.28	1.24	1.09	1.58	1.29
I	1.35	1.54	1.44	1.51	1.56	1.63	1.44	1.34	1.52
J	10.04	9.28	7.71	6.38	7.27	6.90	6.46	4.96	7.00
K	2.32	2.34	2.37	2.52	2.72	2.91	2.63	2.75	2.60
L	1.58	1.70	1.82	1.83	2.22	2.39	1.88	1.78	1.96
M	1.48	1.40	1.35	1.55	1.56	1.99	1.65	1.26	1.65
N	1.55	1.52	1.31	1.10	1.27	1.23	1.14	1.06	1.27
R	1.67	1.62	1.48	1.69	1.67	1.82	1.68	1.45	1.76
S	1.38	1.50	1.53	1.41	1.40	1.54	1.29	1.31	1.31

2. 高管薪酬绝对值产权性质差异分析

企业性质的不同会对上市公司高管薪酬产生影响。表 3-4 比较了 2009~2016 年国有上市公司与非国有上市公司高管薪酬的变化情况。由表 3-4 可知，国有上市公司高管薪酬与非国有上市公司高管薪酬都多年持续上涨，具体而言，国有上市公司高管薪酬从 2009 年的 489394 元增长到 2016 年的 820956 元，增长了 68%，非国有上市公司高管薪酬从 2009 年的 459162 元增长到 2016 年的 844595 元，增长了 84%。在国有企业高管薪酬改革背景下，国有上市公司高管薪酬增长受到了一定程度的限制，但由于高管薪酬增长受到约束的只是政府任命的国企高管，而国有企业正大力推进职业经理人市场化改革，通过市场化机制选聘的高管，其薪酬由市场机制决定，应该是后者在推动国有企业高管薪酬持续上涨中起了很大的作用。

表 3-4　不同所有制上市公司高管薪酬年度均值比较

年份	2009	2010	2011	2012	2013	2014	2015	2016
国有	489394	578189	668564	691083	734486	766279	801835	820956
非国有	459162	504221	538240	575372	631252	679005	745585	844595
T 值	0.90	2.72***	4.73***	4.14***	3.45***	2.91***	1.70*	-0.75

注：回归系数括号内为 t 值，***、**、* 分别表示在 1%、5%、10% 水平上显著，下同。

从表 3-4 还可以看出，2009~2015 年国有上市公司高管薪酬均值均高于非国有上市公司，除 2009 年不够显著外，其余各年差异都很显著。而 2016 年出现了反转，非国有上市公司高管薪酬均值大幅上扬，开始高于国有上市公司，但差异不显著。2016 年非国有上市公司高管薪酬反超国有上市公司，原因可能在于：一方面是非国有企业经理人市场相对完善，另一方面源自国有企业高管薪酬改革产生的约束效果。

3. 高管薪酬绝对值地区差异分析

表 3-5 是分地区对我国上市公司高管薪酬进行了描述性统计。参照王小鲁和樊纲（2004）、王小鲁等（2017），本书将 31 个省、自治区、直辖市分为东部地区（含北京、天津、河北、上海、江苏、浙江、福建、广东、山东、海南、辽宁）、中部地区（含湖北、湖南、河南、山西、安徽、江西、吉林、黑龙江）、西部地区（含重庆、四川、贵州、云南、广西、陕西、甘肃、青海、宁夏、新疆、西藏、内蒙古）。从表 3-5 可以看出，

2009~2016年，三个地区高管薪酬均值都持续上涨，东部地区高管薪酬均值一直稳居首位，中部地区和西部地区高管薪酬均值差别则很小，东部地区高管薪酬均值在1%水平上显著高于西部地区。进一步分析还发现，广东、上海、北京三地高管薪酬均值持续保持全国领先水平，但三地之间的薪酬差距逐渐缩小。总体而言，上市公司所处地区的不同是造成东部地区高管薪酬均值显著高于中部和西部地区的重要原因。

表3-5 不同地区上市公司高管薪酬年度均值比较

年份	2009	2010	2011	2012	2013	2014	2015	2016
西部地区	323376	393811	462846	497213	541697	576394	686244	725519
东部地区	561589	611746	660358	682589	736458	772913	837859	895659
中部地区	337806	410147	462030	510137	537434	588267	666585	677468
T值	-7.44***	-7.05***	-6.36***	-6.10***	-5.89***	-5.82***	-3.18***	-3.64***

注：T值为西部地区与东部地区比较。

从增长趋势看，西部地区高管薪酬均值的涨幅最大，2009~2016年，西部地区高管薪酬均值增长了124.36%，年均增长率为12.24%，中部地区次之，高管薪酬均值增长了100.55%，年均增长率为10.45%，东部地区高管薪酬均值增长则最慢，增长了59.49%，年均增长率为6.90%。从三个地区高管薪酬均值增长速度可以看出，地区间高管薪酬差距正在逐步缩小。为了直观看出三个地区各年的薪酬水平的增幅，根据表3-5绘制了2010~2016年的高管薪酬增长趋势图，如图3-2所示。图3-2显示，东部地区增速总体上低于中部和西部地区，三个地区高管薪酬的增速总体上呈现出下降的趋势，但值得注意的是，2016年东部地区高管薪酬的增速为6.90%，而西部地区增速为5.72%，比东部地区低了1.18个百分点，中部地区增速更低，仅为1.63%，比东部地区低了5.27个百分点，可见，逐步缩小地区间高管薪酬差距的任务仍然比较艰巨。

4. 高管薪酬绝对值规模差异分析

首先，本书根据上市公司年末总资产的大小，对2009~2016年共计19647个观测值进行排序。其次，根据年末总资产从小到大，将全部观测值分为10组，其中1~9组中每组有1965个观测值，第10组有1962个观测值，然后分别计算每个组内高管薪酬的平均值。最后，分别计算相邻两

第三章 | 高管外部薪酬差距与投资效率的制度背景与现状分析

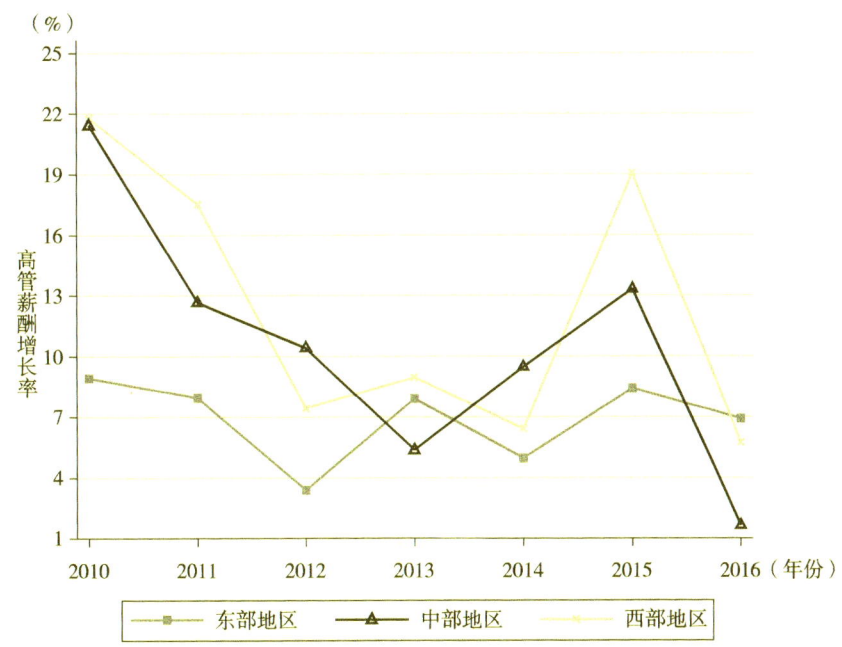

图3-2 不同地区高管薪酬增长趋势

组差异的显著性，统计结果如表3-6所示。从表3-6可以看出，企业规模越大，高管薪酬越高，而且高管薪酬组间差异都在1%的水平上显著，说明企业规模是影响高管外部薪酬差距的重要影响因素。

表3-6 不同规模上市公司高管薪酬均值比较

	q1	q2	q3	q4	q5	q6	q7	q8	q9	q10
均值	326257	403483	449791	519540	555705	591361	675521	762592	932633	1520476
T值	9.45***	4.89***	6.56***	2.86***	2.65***	5.95***	4.76***	7.08***	14.39***	

注：T值数据为组间均值差异检验。

为了了解高管外部薪酬差距的变化趋势，本书还将2009~2016年每一年的高管薪酬按规模从小到大分为10组，分组原理同上。首先计算每一分组2009年、2012年、2013年、2016年各年度高管薪酬的平均值。其次将样本按时间分为2009~2012年、2013~2016年两个区间，分别计算每一分组2009~2012年、2013~2016年的薪酬增长率。最后，判断高管外部薪酬差距的变化。如果低薪酬增长速度高于高薪酬增长速度，则说明高管外部薪酬差距在缩小，反之则在扩大。图3-3报告了高管外部薪酬差距的变化趋势。

在图3-3中，两条增长曲线分别表示2009~2012年、2013~2016年不同规模企业的高管薪酬增长幅度。前者显示除规模最大一组薪酬增幅明显减缓外，其余规模较大的企业仍然保持了较高的薪酬增长幅度，尤其是到了第9分组，高管薪酬增长幅度达到最高点46.63%。后者则呈现出明显的差异，高管薪酬在第2分组至第6分组都保持了较高的增长幅度，从第7分组开始，高管薪酬增长幅度明显减慢，这说明近几年高管外部薪酬差距总体在缩小。但值得注意的是，从第7分组开始，高管薪酬增幅虽然变缓，但却呈现上升趋势，表明抑制过高收入、逐步缩小收入差距是一个渐进的过程，不可能一蹴而就。

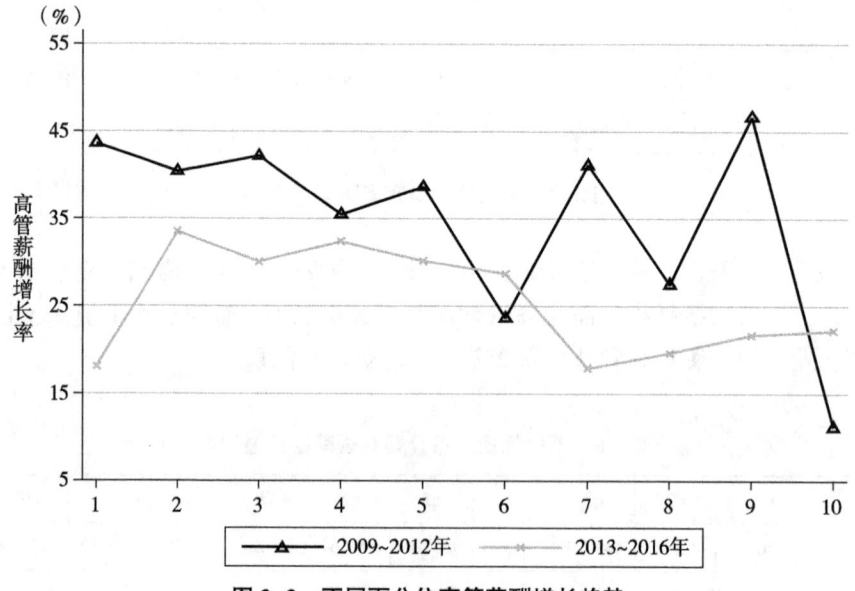

图3-3　不同百分位高管薪酬增长趋势

（二）基于高管外部薪酬差距指标的比较分析

1. 不同地区上市公司高管外部薪酬差距差异分析

表3-7报告了地区之间的外部薪酬差距。从表3-7可以发现，无论是Mgap1还是Mgap2，东部地区高管外部薪酬差距均值都要在1%的置信水平上显著高于中部地区和西部地区。以Mgap1为例，东部地区的高管外部薪酬差距均值为1.084，中部地区和西部地区分别为0.842和0.806，说明东

部地区平均而言，高管外部薪酬差距高于行业平均水平，而中部地区和西部地区则低于行业平均水平，地区差异明显。值得注意的是，从极大值来看，中部地区高管外部薪酬差距最大，说明除地区差异会显著影响高管外部薪酬差距外，还存在其他重要因素会影响高管外部薪酬差距。

表3-7 高管外部薪酬差距地区差异分析

	变量	样本量	均值	p75	p50	p25	最小值	最大值	标准差	T值
西部地区	Mgap1	2755	0.806	0.949	0.639	0.424	0.032	9.570	0.702	17.66***
东部地区	Mgap1	13282	1.084	1.284	0.843	0.549	0.022	13.885	0.958	15.18***
中部地区	Mgap1	3610	0.842	0.996	0.657	0.441	0.037	16.365	0.819	
均值		19647	1.001	1.189	0.775	0.506	0.022	16.365	0.910	
西部地区	Mgap2	2755	1.051	1.194	0.826	0.547	0.043	13.318	0.952	17.01***
东部地区	Mgap2	13282	1.414	1.640	1.083	0.717	0.029	19.262	1.293	14.93***
中部地区	Mgap2	3610	1.096	1.286	0.854	0.574	0.047	22.269	1.087	
均值		19647	1.304	1.521	1.000	0.658	0.029	22.269	1.224	

2. 不同规模上市公司高管外部薪酬差距差异分析

表3-8和表3-9报告了不同规模上市公司高管外部薪酬差距比较结果，规模分组同表3-6。表3-8和表3-9报告的结果显示，除第5分组和第6分组之间的差异不够显著外，其余分组之间高管外部薪酬差距都存在明显差异，企业规模越大，高管外部薪酬差距越大。以Mgap1为例，企业规模最大的一组的高管外部薪酬差距均值为1.658，企业规模最小的一组的高管外部薪酬差距均值仅为0.566，前者是后者的2.93倍。这与表3-6采用高管绝对薪酬比较的结论一致，进一步支持了企业规模是影响高管外部薪酬差距的重要因素。

表3-8 不同规模上市公司高管外部薪酬差距比较（Mgap1）

	q1	q2	q3	q4	q5	q6	q7	q8	q9	q10
Mgap1	0.566	0.692	0.774	0.868	0.920	0.954	1.061	1.172	1.345	1.658
T值	9.23***	5.07***	5.37***	2.54**	1.58	4.81***	4.02***	4.98***	7.02***	

注：T值数据为组间均值差异检验。

表 3-9　不同规模上市公司高管外部薪酬差距比较（Mgap2）

	q1	q2	q3	q4	q5	q6	q7	q8	q9	q10
Mgap2	0.737	0.899	1.008	1.131	1.199	1.239	1.376	1.529	1.752	2.175
T值	9.01***	5.17***	5.32***	2.49**	1.41	4.72***	4.16***	4.75***	6.89***	

注：T值数据为组间均值差异检验。

3. 不同所有制上市公司高管外部薪酬差距差异分析

表 3-10 和表 3-11 报告了不同所有制上市公司高管外部薪酬差距的比较结果。表 3-10 和表 3-11 报告的结果显示，2009~2014 年，国有上市公司高管外部薪酬差距在不同程度上均高于非国有上市公司，而 2015~2016 年则出现了反转，尤其是 2016 年非国有上市公司高管外部薪酬差距显著高于国有上市公司。这与表 3-4 采用高管薪酬绝对值比较的结论略有不同，主要体现为非国有上市公司与国有上市公司之间高管外部薪酬差距差异的显著性有所不同，更为重要的是，不同所有制企业外部薪酬差距关系发生逆转的时间提前为 2015 年，且 2016 年差异很显著。这与 2014 年颁布更为严格的"限薪令"的时间节点相吻合，说明限制国有上市公司高管过高收入的政策起了一定效果。

表 3-10　不同所有制上市公司高管外部薪酬比较（Mgap1）

年份	2009	2010	2011	2012	2013	2014	2015	2016
国有	1.016	1.042	1.074	1.056	1.038	1.022	0.977	0.952
非国有	0.982	0.963	0.943	0.960	0.976	0.988	0.992	1.025
T值	0.76	1.97**	3.39***	2.60***	1.71*	0.99	-0.44	-2.43**

表 3-11　不同所有制上市公司高管外部薪酬比较（Mgap2）

年份	2009	2010	2011	2012	2013	2014	2015	2016
国有	1.373	1.350	1.340	1.324	1.316	1.315	1.276	1.246
非国有	1.350	1.273	1.207	1.223	1.259	1.305	1.328	1.355
T值	0.36	1.41	2.65***	2.08**	1.18	0.21	-1.10	-2.68***

4. 不同业绩上市公司高管外部薪酬差距差异分析

首先，本书对 2009~2016 年共计 19647 个观测值，根据上市公司总资产收益率的大小进行排序。其次，根据总资产收益率从小到大，将全部观测值分为 10 组，其中第 1 分组至第 9 分组每组 1965 个观测值，第 10 组 1962 个观测值，然后，分别计算每个组内高管外部薪酬差距的平均值。最后，分别计算相邻两组差异的显著性，统计结果如表 3-12 和表 3-13 所示。从表 3-12 和表 3-13 可以看出，除第 6 分组和第 7 分组之间的差异为负且不显著外，其余分组之间高管外部薪酬差距都存在明显差异，上市公司总资产收益率越大，高管外部薪酬差距越大，说明总资产收益率是影响高管外部薪酬差距的重要影响因素。以 Mgap2 为例，总资产收益率最高的一组的高管外部薪酬差距均值为 1.745，总资产收益率最低的一组的高管外部薪酬差距均值仅为 0.897，前者是后者的 1.95 倍。

表 3-12　不同业绩上市公司高管外部薪酬差距比较（Mgap1）

	q1	q2	q3	q4	q5	q6	q7	q8	q9	q10
Mgap1	0.688	0.781	0.876	0.926	0.992	1.058	1.052	1.104	1.202	1.331
T 值	4.94***	4.16***	1.98**	2.52**	2.29**	-0.20	1.66*	3.00***	3.65***	

注：T 值数据为组间均值差异检验。

表 3-13　不同业绩上市公司高管外部薪酬差距比较（Mgap2）

	q1	q2	q3	q4	q5	q6	q7	q8	q9	q10
Mgap2	0.897	1.017	1.142	1.200	1.296	1.387	1.366	1.433	1.563	1.745
T 值	4.87***	4.10***	1.65*	2.74***	2.27**	-0.50	1.61	2.96***	3.88***	

注：T 值数据为组间均值差异检验。

二、中国固定资产投资及投资效率现状分析

改革开放后中国大规模的投资创造了举世瞩目的经济增长奇迹，然而，原有的经济增长模式难以继续保持我国经济的持续快速增长。在国家大力推进经济结构转型升级的背景下，中国经济对投资的依赖短期内难以根本消除（高培勇和钟春平，2014）。如何继续发挥投资对经济增长的关键作用，是政府面临的重要而紧迫的任务。2016 年发布的"十三五"规划认为扩大有效投资，提高投资效率，对经济稳定增长、经济结构调整起着至关重要的作用。为此，有必要在对我国投资现状进行分析的基础上，把握提高企业投资效率的着力点，推动我国经济持续稳定健康发展。

(一) 投资总额及其对 GDP 的贡献持续上升

1. 全社会固定资产投资与 GDP 关系分析

表 3-14 报告了 2000~2016 年全社会固定资产投资与当年价格 GDP。由表 3-14 可以看出，2000~2016 年，全社会固定资产投资和 GDP 同步持续保持增长态势，全社会固定资产投资从 2000 年的 32917.7 亿元增长到 2016 年的 606465.7 亿元，增长了 1742.37%，年均增长率高达 19.97%，而同期当年价格的 GDP 从 2000 年的 100280.1 亿元增长到 2016 年的 743585.5 亿元，增长了 641.51%，年均增长率达到 13.34%，说明大规模的固定资产投资是推动我国经济的快速发展的主要驱动力，也就是说，没有固定资产投资大规模投入和持续增长，我国 GDP 持续增长就难以实现。从相对值来看，2000~2016 年，平均而言，全社会固定资产投资占 GDP 的比例达到 66.3%。具体而言，全社会固定资产投资占 GDP 的比例保持着持续上升趋势，从 2000 年的 32.8%增长到 2016 年的 81.6%，增长了 48.8 个百分点，其中大致可以按 2008 年金融危机为界分为两个阶段，2008 年之前，全社会固定资产投资占 GDP 的比例基本保持在 50%以下的水平，2008 年爆发了全球性金融危机，我国政府为应对这一形势，于 2008 年第四季度出台了金额高达 4 万亿元的经济刺激计划，直接导致 2009 年全社会固定资产投资占 GDP 的比例攀升至 64.3%，之后这一比例一直保持在 60%以上的较高水平，尤其是 2013~2016 年都保持在 75%以上的高水平，2015 和 2016 年更是高达 81.6%。可见，随着时间的推移，全社会固定资产投资规模越来越大，同期 GDP 水平越来越高，并且全社会固定资产投资规模占 GDP 的比例也越来越高，这一事实表明这些年我国经济取得的巨大成就主要归因于大规模的持续投资。

为了更直观地看出全社会固定资产投资占 GDP 比例的变化趋势，本书根据表 3-14 绘制了图 3-4。图 3-4 更清晰地描绘出了全社会固定资产投资占 GDP 的比例不断上升的趋势，可以看出 2009 年是一个跳跃点，之后，这一比例一直保持在高位，并逐步上升到 2016 年的 81.6%。依据以上分析可以认为，GDP 产出很大程度上依靠固定资产投资，GDP 增长也在很大程度上取决于固定资产投资的增长速度，而全社会固定资产投资占 GDP 的比例已经非常高，这意味着依靠增加固定资产投资来驱动经济发展明显不具有可持续性。

表 3-14 2000~2016 年全社会固定资产投资与 GDP

指标	全社会固定资产投资	GDP（亿元）	比重（%）	指标	全社会固定资产投资	GDP（亿元）	比重（%）
2000	32917.7	100280.1	32.8	2009	224598.8	349081.4	64.3
2001	37213.5	110863.1	33.6	2010	251683.8	413030.3	60.9
2002	43499.9	121717.4	35.7	2011	311485.1	489300.6	63.7
2003	55566.6	137422.0	40.4	2012	374694.7	540367.4	69.3
2004	70477.4	161840.2	43.6	2013	446294.1	595244.4	75.0
2005	88773.6	187318.9	47.4	2014	512020.7	643974.0	79.5
2006	109998.2	219438.5	50.1	2015	561999.8	689052.1	81.6
2007	137323.9	270232.3	50.8	2016	606465.7	743585.5	81.6
2008	172828.4	319515.5	54.1	均值	237520.1	358368.5	66.3

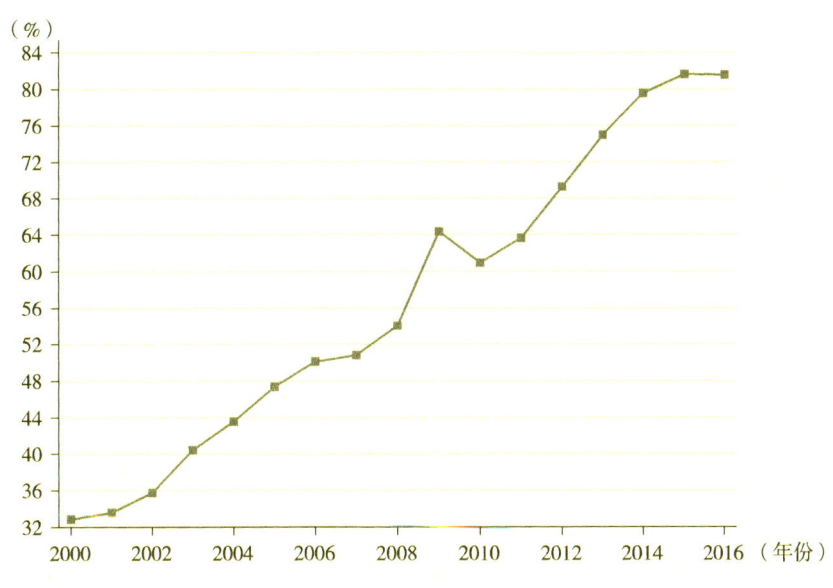

图 3-4 全社会固定资产投资占 GDP 的比例的变化趋势

2. 支出法 GDP 构成分析

表 3-15 报告了支出法 GDP 的构成。从表 3-15 可以看出，2000 年以来，我国资本形成总额（即投资）逐年攀升，从 2000 年的 34526.1 亿元

快速上升到 2016 年的 329137.6 亿元,上涨了 853.30%,年均增长率为 15.13%,而同期最终消费的年均增长率为 12.17%,也就是说,2000~2016 年,投资年均增速要高出最终消费年均增速约 3 个百分点。

表 3-15 支出法 GDP

指标 年份	支出法 GDP (亿元)	最终消费 (亿元)	资本形成总额 (亿元)	净出口 (亿元)	消费率 (%)	投资率 (%)
2000	100576.8	63667.7	34526.1	2383.0	63.3	34.3
2001	111250.2	68546.7	40378.9	2324.7	61.6	36.3
2002	122292.2	74068.2	45129.8	3094.2	60.6	36.9
2003	138314.7	79513.1	55836.7	2964.9	57.5	40.4
2004	162742.1	89086.0	69420.5	4235.6	54.7	42.7
2005	189190.4	101447.8	77533.6	10209.1	53.6	41.0
2006	221206.5	114728.6	89823.4	16654.6	51.9	40.6
2007	271699.3	136229.5	112046.8	23423.1	50.1	41.2
2008	319935.9	157466.3	138242.8	24226.8	49.2	43.2
2009	349883.3	172728.3	162117.9	15037.1	49.4	46.3
2010	410708.3	198998.1	196653.1	15057.1	48.5	47.9
2011	486037.8	241022.1	233327.2	11688.5	49.6	48.0
2012	540988.9	271112.8	255240.0	14636.0	50.1	47.2
2013	596962.9	300337.8	282073.0	14552.1	50.3	47.3
2014	647181.7	328312.6	302717.5	16151.6	50.7	46.8
2015	699109.4	362266.5	312835.7	24007.2	51.8	44.7
2016	745632.4	399910.1	329137.6	16584.7	53.6	44.2
平均值	359630.2	185849.5	161002.4	12778.3	51.7	44.8

注:根据国家统计局国家数据库发布的支出法 GDP 统计数据进行整理,其中,投资率=(资本形成总额/支出法 GDP)×100%,消费率=(最终消费/支出法 GDP)×100%。

平均而言,2000 年以来,投资对 GDP 的贡献约为 44.8%,仅比最终消费支出对 GDP 的贡献低了 6.9 个百分点。投资与 GDP 在数量关系上呈现出两个显著的特点:①大体上看,投资对 GDP 的贡献呈现较稳定的上升趋势，是形成 GDP 的重要推动力。与较高投资相对应的是较低的消费率，在扩大内需的背景下，较低的消费率已成为不利于我国 GDP 快速增长的一个重要因素。②投资对 GDP 的贡献先较长时间稳步上升，而后又有所下降。具体而言，2011 年投资对 GDP 的贡献达到最高点 48%，2000~2011 年，投资对 GDP 的贡献提高了 13.7 个百分点，相当于每年提升 1.25 个百分点。2012~2016 年，投资对 GDP 的贡献从 47.2%下降至 44.2%，下降了 3 个百分点，相当于每年下降 0.75 个百分点。出现这种状况的原因可能在于投资和消费之间有互相挤占效应，2000 年以来，消费对 GDP 的贡献呈现出先较长时间稳定的下降，而后又有所回升的趋势。这一现象表明，尽管这些年我国不断调整和优化产业结构，但我国 GDP 的构成却在持续恶化，GDP 的构成越来越依靠投资产生的资本形成总额。

为了更清晰地展现 2000~2016 年我国投资与消费对 GDP 贡献的变化趋势，根据表 3-15 绘制了图 3-5。从图 3-5 更清晰地显示，2000~2016 年，每一年的消费率均高于投资率，但消费率总体表现为下降趋势，而投资率总体表现为上升趋势，表明我国经济发展对投资的依赖短期内很难消除，投资仍将是我国经济发展的重要驱动力。

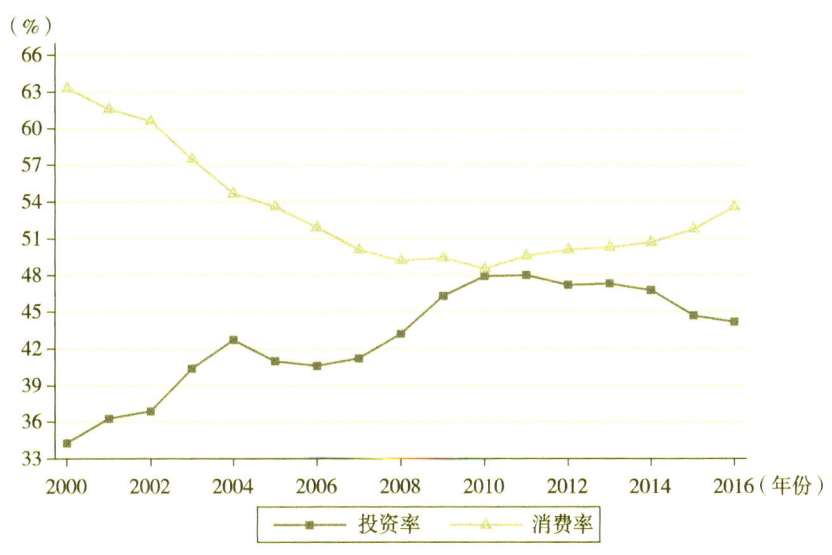

图 3-5 投资、消费对 GDP 的贡献

与西方主要国家的投资率相比，我国的投资率明显偏高。世界银行的数据显示，2006~2015 年，七国集团成员国（美国、英国、法国、日本、

德国、意大利和加拿大）的投资率分别为 20.0%、16.8%、22.8%、23.2%、19.8%、19.5%和24.0%，七国平均值为20.9%。同一时期我国的投资率平均为45.3%，是西方七国平均值的2倍多。保持较高的投资率水平是中国经济赶超西方主要经济体的重要基础，然而，投资率过高可能导致生产能力利用率下降和投资回报率过低，并不利于企业业绩的提高，从宏观层面来讲，则不利于经济长期发展。吴海英和余永定（2015）的研究证实中国过高的投资率导致了投资效率的低下。

（二）投资仍然是拉动 GDP 增长的主要动力

表 3-16 报告了支出法 GDP 的三个构成项目（最终消费支出、资本形成总额、货物和服务净出口）对 GDP 增长的贡献率和拉动。从表 3-16 可知，总体而言，2000~2016 年，货物和服务净出口对 GDP 增长的拉动具有正向作用的只有 7 年，且超过 1 个百分点的只有 3 年，而从平均水平来看，货物和服务净出口对 GDP 增长的拉动更是负值（-0.2%），说明外需对我国 GDP 增长的拉动作用很小。最终消费支出对 GDP 增长贡献率和拉动分别为 52.1%和 4.8%，而资本形成总额对 GDP 增长贡献率和拉动分别为 50.6%和 4.8%，二者基本相当，是推动我国宏观经济增长的主要动力。在不断挖掘内需潜力的背景下，2014 年以来，最终消费支出对经济增长的作用超越了资本形成总额，成为实现经济增长主要推动力，以 2016 年为例，最终消费支出对 GDP 增长的贡献为 66.5%，资本形成总额对 GDP 增长的贡献为 43.1%，最终消费支出对 GDP 增长的贡献比资本形成总额高出 23.4 个百分点。值得注意的是，2008 年金融危机发生后实施的"一揽子计划"，使得 2009 年投资对 GDP 增长的贡献率一度高达 86.5%，成为我国经济复苏的最大助力。

表 3-16 三大需求对 GDP 增长的贡献率和拉动

年份	最终消费支出		资本形成总额		货物和服务净出口		合计
	贡献率（%）	拉动（%）	贡献率（%）	拉动（%）	贡献率（%）	拉动（%）	拉动（%）
2000	78.1	6.6	22.4	1.9	-0.5	-0.0	8.5
2001	49.0	4.1	64.0	5.3	-13.0	-1.1	8.3
2002	55.6	5.1	39.8	3.6	4.6	0.4	9.1
2003	35.4	3.6	70.0	7.0	-5.4	-0.6	10.0

续表

年份	最终消费支出		资本形成总额		货物和服务净出口		合计
	贡献率（%）	拉动（%）	贡献率（%）	拉动（%）	贡献率（%）	拉动（%）	拉动（%）
2004	42.6	4.3	61.6	6.2	-4.2	-0.4	10.1
2005	54.4	6.2	33.1	3.8	12.5	1.4	11.4
2006	42.0	5.3	42.9	5.5	15.1	1.9	12.7
2007	45.3	6.4	44.1	6.3	10.6	1.5	14.2
2008	44.2	4.3	53.2	5.1	2.6	0.3	9.7
2009	56.1	5.3	86.5	8.1	-42.6	-4.0	9.4
2010	44.9	4.8	66.3	7.1	-11.2	-1.3	10.6
2011	61.9	5.9	46.2	4.4	-8.1	-0.8	9.5
2012	54.9	4.3	43.4	3.4	1.7	0.2	7.9
2013	47.0	3.6	55.3	4.3	-2.3	-0.1	7.8
2014	48.8	3.6	46.9	3.4	4.3	0.3	7.3
2015	59.7	4.1	41.6	2.9	-1.3	-0.1	6.9
2016	66.5	4.5	43.1	2.9	-9.6	-0.7	6.7
平均值	52.1	4.8	50.6	4.8	-2.8	-0.2	9.4

资料来源：根据国家统计局国家数据库的数据整理。

由于支出法核算的 GDP 计算投资对 GDP 增长的贡献率时，仅考虑了由投资形成的资本形成总额对 GDP 增长的直接贡献，忽略了投资增长带来的行业收入增加引起的消费增长对 GDP 增长的间接贡献。仅从数据看，2016 年资本形成总额对 GDP 增长的直接贡献为 43.1%，如果加上增加投资间接引发的消费增长对经济增长的贡献，投资对 GDP 增长的实际贡献仍可能会超过 50%。因此，实质上，投资仍然是中国经济增长的主要推动力，而且相对于消费，投资对经济增长具有"立竿见影"的效果。改革开放以来的实践也表明，增加投资始终是政府拉动 GDP 增长的重要手段，尤其是当经济发展遭遇下行压力时，投资成为政府稳增长、拉动 GDP 增长最行之有效的手段。

为了更直观地看出投资、消费及货物和服务净出口对 GDP 增长的拉动作用，本书根据表 3-16 绘制了图 3-6。从图 3-6 可以看出，货物和服务净出口对GDP增长的拉动作用很小,投资和消费对GDP增长的拉动作用基本相当,二者总体上此消彼长交替变化,共同拉动我国经济保持在较高的发展水平。2007年,由于投资和消费对GDP增长的拉动都保持在较高的水平,使当年我国GDP增长达到14.2%,成为2000~2016年的最高点。2009年,由于金融危机导致国外需求萎缩,出口对GDP增长的作用大幅度下挫,正是政府主导的大规模投资,使得当年我国GDP增速仍然维持在9%以上。

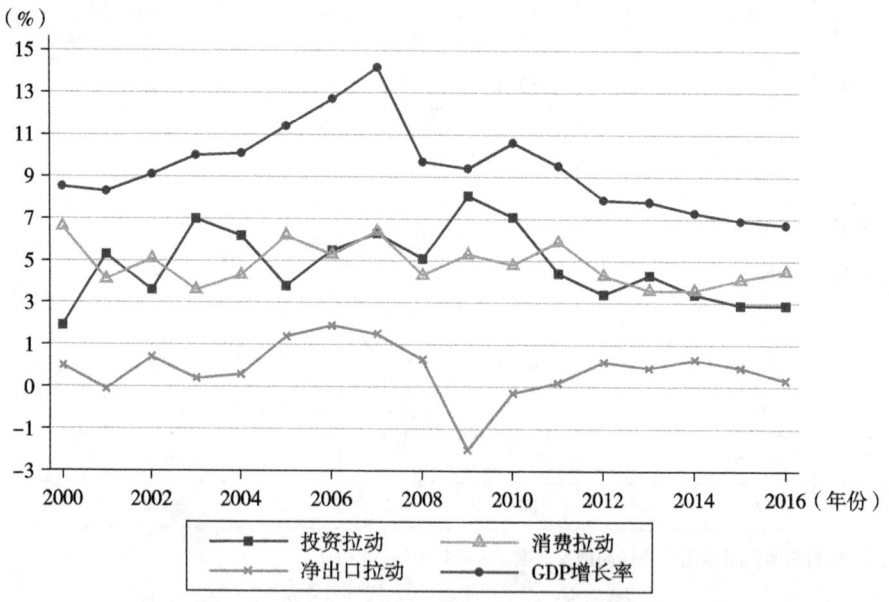

图3-6 2000~2016年三大需求对GDP增长的贡献率

(三)非效率投资情况严重

如前所述,扩大投资规模是政府推动经济增长最行之有效的手段,然而,全社会固定资产投资占GDP比例已经很高,2016年为81.6%,这一比例持续提高的空间比较有限,单纯依靠增加固定资产投资规模来促进经济增长已经不具有可持续性。大量研究表明,国有企业投资效率低下,存在严重的生产效率损失(刘小玄,2000;姚洋和章奇,2001;孙晓华和李明珊,2016;李艳和杨汝岱,2018),但政府对国有企业存在天然的"父爱情节",低效率的国有企业反而获得更多的资源配置,挤占了非国有企业获取资源的空间,使投资效率较高的非国有企业无法获取发展所需资源,造成非国有企业投资效率的下降,因而产生双重效率损失(刘瑞明和石磊，2010；喻坤等，2014），最终在宏观经济上表现为长期增长乏力。可见，投资能否拉动 GDP 可持续性增长，更大程度上取决于投资的效率，即有效投资的多寡。如果大规模投资缺乏效率，而又没有相应需求尤其是终端消费需求同步跟上，反而会造成生产能力利用率低、生产过剩的现象，势必不利于经济长期稳定增长。何帆等（2017）研究认为宏观投资效率是影响投资对 GDP 增长拉动效应的关键因素。

为此，本书参考已有研究（吴海英和余永定，2015；何帆等，2017），采用投资—资本转化率和增量资本产出率这两个指标来衡量宏观投资效率。投资—资本转化率指的是全社会固定资产投资与资本形成总额的比值。由于全社会固定资产投资并不必然形成资本，成为 GDP 的组成部分，二者之间存在一定的差距，投资—资本转化率则可以反映二者之间的偏离情况，投资—资本转化率越高，说明有效投资越多，投资效率越高。增量资本产出率反映的是每增加一单位 GDP 所需要增加的投资额，是衡量宏观投资效率的常用指标，通常用来衡量一个国家或地区投资效率的优劣，增量资本产出率越大，说明增加一单位 GDP 所需要增加的投资额越多，投资效率越低。

表 3-17 报告了 2000~2016 年我国的投资—资本转化率。从表 3-17 可以看出，2000~2016 年我国的投资—资本转化率平均为 0.68，这说明这一期间每一单位投资能够带来 GDP 构成中 0.68 个单位的资本形成，即产生 0.68 个单位的 GDP。具体而言，2000~2004 年，投资—资本转化率保持在 1 附近，也就是说，2000~2004 年每一单位投资能够带来 GDP 构成中 1 个单位的资本形成，即产生 1 个单位的 GDP。而从 2005 年开始，投资—资本转化率呈现出很明显的下行趋势。2005 年投资—资本转化率为 0.87，2006 年降至 0.82，到 2016 年投资—资本转化率已经下降至 0.54，也就是说，2016 年每一单位投资仅能产生 0.54 个单位的 GDP，有将近一半的全社会固定资产投资不能形成资本。由此可见，当前我国的投资—资本转化率即宏观投资效率这些年来已经大幅下降，这将极大地抑制投资对 GDP 增长的拉动作用。

表 3-17　2000~2016 年投资—资本转化率

年份 指标	全社会固定资产投资（亿元）	资本形成总额（亿元）	投资—资本转化率
2000	32917.7	34526.1	1.05
2001	37213.5	40378.9	1.09

续表

年份 \ 指标	全社会固定资产投资（亿元）	资本形成总额（亿元）	投资—资本转化率
2002	43499.9	45129.8	1.04
2003	55566.6	55836.7	1.00
2004	70477.4	69420.5	0.99
2005	88773.6	77533.6	0.87
2006	109998.2	89823.4	0.82
2007	137323.9	112046.8	0.82
2008	172828.4	138242.8	0.80
2009	224598.8	162117.9	0.72
2010	251683.8	196653.1	0.78
2011	311485.1	233327.2	0.75
2012	374694.7	255240.0	0.68
2013	446294.1	282073.0	0.63
2014	512020.7	302717.5	0.59
2015	561999.8	312835.7	0.56
2016	606465.7	329137.6	0.54
平均值	237520.1	161002.4	0.68

图3-7报告了2000~2016年我国增量资本产出率变动趋势。从图3-7可知，2016年，我国增量资本产出率高达7.1，也就是说，2016年我国每增加每一单位GDP所需要增加7.1个单位的投资来拉动。吴海英和余永定（2015）研究发现，2012~2014年我国的增量资本产出率平均为6.7，与韩国和日本经济发展处于同一阶段的历史水平相比，我国的增量资本产出率是韩国和日本的2倍多，即中国每增加一单位投资所产生的GDP不及韩国和日本的一半。2000~2016年，我国只有2006年和2007年的增量资本产出率与同处东亚的韩国、日本比较接近。这一现象说明我国改革开放以来40多年的高投资高增长是以牺牲投资效率为代价取得的，大量的效率损失意味着资源浪费严重，无法支撑我国经济可持续增长。

此外，表3-16和表3-17的数据显示，我国全社会固定资产投资2000~2016年年均增长率高达19.97%，而同期不变价格计算的GDP平均增长率

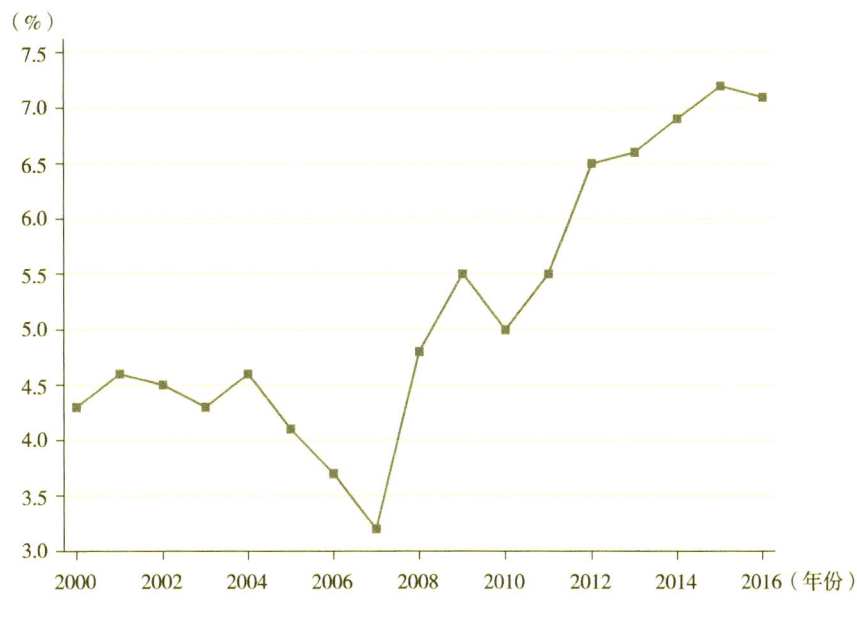

图 3-7　2000~2016 年增量资本产出率变动趋势

仅为 9.4%，前者是后者的 2 倍多，说明我国虽然通过高投资维持了较高水平的 GDP 增长，但宏观投资效率已经处于非常低的水平。如果考虑以牺牲生态环境、掠夺式开发资源、浪费资源等粗放型发展带来的黑色 GDP，我国的宏观投资效率应该更低。同时，注意到 2015 年和 2016 年我国全社会固定资产投资占 GDP 比例都在 80% 以上，依靠投资来拉动 GDP 增长的空间已经很有限，而且如此高的投资占比也只能维持约 7% 的 GDP 增长水平。综上所述，仅依靠扩大投资规模已无法实现我国经济长期可持续性增长，投资效率的改善是我国经济转型升级和结构调整中实现 GDP 增长必须高度重视的紧迫现实问题。

第四章

高管外部薪酬差距对投资效率的非线性效应研究

通过第一章高管外部薪酬差距与企业投资效率的理论分析,从理论上推演出高管外部薪酬差距对企业投资效率的影响是非线性的;但是缺乏经验证据,也不清楚高管外部薪酬差距如何影响企业投资效率。本章提供高管外部薪酬差距对企业投资效率非线性影响的经验证据,并深入分析高管外部薪酬差距影响投资效率的作用机理,同时也是后续从高管异质性、环境不确定两个视角,进一步研究高管能力、环境不确定性对外部薪酬差距与投资效率之间关系影响的基础。

第一节 问题的提出

企业高管通常对企业的重要投资决策具有决定性影响。高管人力资本存在差异性,其市场化配置是决定高管外部薪酬差距的重要因素(张车伟,2006)。高管外部薪酬差距将直接影响企业高管行为,进而影响企业业绩(吴联生等,2010)。由于投资决策是企业财务领域最重要的问题之一,必然也会受到高管外部薪酬差距的影响。王嘉歆等(2016)发现我国上市公司高管薪酬外部不公平性导致高管出现了"黑嫉妒"的心理感知,进而增加了企业非效率投资,这意味着提升高管薪酬外部公平性有助于提高投资效率。然而,特定因素对企业投资行为的影响可能并非简单的线性影响,例如,郦金梁等(2018)研究发现企业特质风险对企业投资行为的影响表现为复杂的非线性关系。因此,高管外部薪酬差距与投资效率之间表现为简单正向或负向线性关系，还是存在复杂的非线性关系？外部薪酬差距是否存在阈值效应？对这些问题进行研究，对于不断完善我国企业高管薪酬分配制度具有重要的现实意义。

已有文献主要关注高管外部薪酬差距对企业绩效的影响，鲜有文献直接研究高管外部薪酬差距与投资效率的关系。根据学者们的研究结论，可将其分为两类：一类研究认为高管外部薪酬差距与企业绩效之间存在线性关系。例如，Core et al.（1999）采用薪酬决定模型回归残差的绝对值衡量高管薪酬外部不公平，研究发现高管薪酬外部不公平和企业未来业绩存在负相关关系。张丽平和杨兴全（2013）研究表明，我国上市公司高管外部薪酬差距与公司业绩正相关。另一类研究认为高管外部薪酬差距与企业绩效之间存在非线性关系。这类文献主要采用两种方法：一是直接在计量模型中增加二次项进行研究，例如，祁怀锦和邹燕（2014）通过引入高管薪酬外部公平性指标的二次项，研究发现高管薪酬外部公平性对公司业绩具有正面激励效应，但过高的外部薪酬差距会导致对高管的激励过度，而过低的外部薪酬差距会导致对高管的激励不足。二是采用人为分组的方法进行研究，例如，吴联生等（2010）在考虑公司股权性质的基础上，根据薪酬外部不公平性水平，将样本分为正向额外薪酬组和负向额外薪酬组分别进行回归分析，研究发现正向额外薪酬仅对非国有企业业绩具有正向影响，而负向额外薪酬对国有企业与非国有企业的业绩均不产生影响。也就是说，薪酬外部正向不公平反而有助于非国有企业提升业绩。黄辉（2012）采用相同的外部不公平指标进行了研究，研究结果存在明显不同。结果表明正向额外薪酬对企业绩效具有显著负向影响，而负向额外薪酬与企业绩效显著正相关。可见，对高管外部薪酬差距与企业业绩之间究竟是何种关系，学术界经验研究并未形成比较一致的结论。

现有文献虽然较为细致地研究了高管外部薪酬差距与企业绩效之间的关系，但仍存在以下不足：①已有的研究高管外部薪酬差距与投资效率关系的文献极少，并且几乎都是基于线性关系的假设，只能考察高管外部薪酬差距激励效果的影响方向，缺少对投资效率影响幅度的深入研究。②尽管现有文献发现高管外部薪酬差距与企业绩效存在非线性关系，但是有关研究文献仅在计量模型中引入高管外部薪酬差距的二次项，或者人为主观地采用某一分组标准进行分组检验，可能难以准确反映变量之间的关系，无法确定高管外部薪酬差距激励效应的结构突变点。

尽管高管外部薪酬差距与企业绩效之间关系的理论和经验研究还存在

分歧，但已有研究结果表明，高管外部薪酬差距与企业绩效之间的关系具有非线性特征，而不是简单的线性关系。辛清泉等（2007）认为资本投资是连接高管薪酬激励与企业绩效之间的"中间桥梁"。那么，高管外部薪酬差距与投资效率之间是否也同样存在非线性关系呢？有必要在非线性框架思路下研究高管外部薪酬差距与投资效率之间的关系。鉴于此，本书采用824家我国A股上市公司2009~2016年的平衡面板数据，实证检验了高管外部薪酬差距对投资效率的非线性影响；在此基础上，进一步探究了外部薪酬差距激励效应的作用机理。本书的可能贡献在于：①证实了外部薪酬差距对投资效率存在非线性影响。②采用门限面板模型来确定高管外部薪酬差距激励效应的结构突变点，进而利用分段回归原理来考察高管外部薪酬差距与投资效率之间的关系，研究发现外部薪酬差距对企业投资效率的影响存在明显的区间效应。

第二节　理论分析与研究假设

现有研究发现，高管通常会选择行业薪酬均值（或中位数）与外部同行进行比较，高管薪酬偏离行业薪酬均值（或中位数）的方向和程度会影响其激励效果（Bizjak et al.，2008，2011）。

对于高管外部薪酬差距的影响效果，学术界有两种不同的观点。一类观点源于社会比较理论和经理人市场理论，认为当高管薪酬高于行业基准薪酬（通常为行业薪酬均值或中位数）时，外部薪酬差距对企业绩效具有促进作用（Core et al.，1999）。根据社会比较理论，当高管薪酬高于行业基准薪酬时，由此获得的心理满足感，促使高管更有动力努力工作以维持薪酬比较优势，在资本投资决策上表现为富有效率；反之，如果高管薪酬低于行业基准薪酬，通常会感觉遭受不公平对待而产生不满情绪，通过采取各种消极管理行为发泄不满，在资本投资决策上表现为效率低下。经理人市场理论认为，在有效的经理人市场，外部薪酬差距反映了企业薪酬政策的市场竞争力，有助于提高企业绩效（Bizjak et al.，2008）。另一类观点基于管理者权力理论、参照点契约理论，则主要从外部薪酬差距产生的原因角度，分析了外部薪酬差距对企业绩效没有影响甚至产生负向影响的原因（Bebchuk and Fried，2003；黎文靖等，2014）。管理者权力理论认为高管可以利用自身权力对自己的薪酬合约施加重要影响，谋求超过自身能力和努力之外的更多薪酬，使得高管薪酬与企业业绩脱节，导致实质上的低效率合约安排，从而激励无效甚至激励倒挂（Bebchuk and Fried，2003）。Bizjak et al. (2011) 研究发现企业更倾向于选择同类别公司中规模更大、薪酬更高、高分位值目标薪酬作为参照以增加高管薪酬，这种选择是管理者自利行为，与公司治理无关，由此提升的高管薪酬并非基于企业业绩的提高，而是旨在为高管获得更高的薪酬提供合理的解释，因而与行业平均薪酬之间的差距难以起到激励高管的作用。

基于以上分析，本书认为上述理论在解释高管外部薪酬差距与投资效率的非线性关系时具有内在互补性，而且不同理论同时在某一薪酬差距临界值两侧起作用，但发挥作用的强度可能不同。当高管外部薪酬差距低于某一薪酬差距临界值时，社会比较理论和经理人市场理论发挥主导作用，管理者权力理论和参照点契约理论起辅助作用，两类理论在薪酬制定中的共同作用主要表现为确保能力强的高管人力资本价值得到市场认可。具有市场竞争力的外部薪酬差距对高管具有激励效应，高管通过社会比较获得薪酬满足感，以及自身人力资本价值得到市场认可的自豪感，这都会促使高管更加重视自身能力提升和声誉维护，更加努力工作，因而企业投资效率随着高管外部薪酬差距的增加而升高。相反，较小的外部薪酬差距会导致高管对自身薪酬水平严重不公平的感知，于是其就会寻求其他方式去获取额外收益，例如，选择放弃投资以降低风险成本，通过规模扩张谋求私人收益，从而导致企业投资效率低下。当高管外部薪酬差距高于某一薪酬差距临界值时，管理者权力理论和参照点契约理论居于主导作用，管理者利用极度膨胀的权力谋取远高于自身价值的薪酬，由此获得的超额薪酬对高管并没有任何约束作用，使得高管动力严重不足，无法带来企业绩效的提升，因而，可以推断企业投资效率将随着高管外部薪酬差距的增加而降低。由此，本书提出：

假设1：企业投资效率随着高管外部薪酬差距的扩大呈现倒"U"型非线性变化趋势。

高管外部薪酬差距与企业投资效率可能呈现倒"U"型非线性关系，但投资效率不可能严格按照外部薪酬差距的大小成比例地变化，因而倒"U"型的顶点并不一定就是外部薪酬差距激励效应的最优点。例如，高良谋和卢建词（2015）考察了内部薪酬差距与企业绩效的关系，发现倒"U"型曲线的顶点并非最优内部薪酬差距，因为在倒"U"型曲线的顶点，内部薪酬差距对企业绩效影响的边际效应是递减的，该顶点对应的薪酬策略并不是企业的最优选择。本书认为，高管外部薪酬差距与企业投资效率之间也可能存在与此类似的关系。

期望理论认为，激励力＝期望×效价，而效价与期望负相关，也就是说，个体估计达到目标的概率越高，则达到目标后满足其需要的价值就越低。由此可以推断，外部薪酬差距可能存在某一临界值，在这一临界值水平，激励效果最佳。如果偏离临界值过多，就会出现激励过度或激励不足，由此对企业投资造成影响。根据期望理论，高管对外部薪酬差距的价值感知很大程度上决定了外部薪酬差距的有效性。当高管外部薪酬差距很小，即高管外部薪酬差距远低于某一临界值时，外部薪酬差距对高管来说，效价就很弱甚至为零。即使高管认为达到目标的概率较大，但感知的外部薪酬差距价值很小，此时薪酬激励的作用就会很小甚至为零。随着高管外部薪酬差距的逐步扩大，高管对外部薪酬差距的价值感知也会随之提升，在高管通过努力能够达到目标的情况下，外部薪酬差距的正向激励作用就会不断增强。有效的高管薪酬契约可以使高管与股东的利益趋于一致，有助于缓解高管自利行为引发的代理问题（辛清泉等，2007）。扩大高管外部薪酬差距，可以使高管个人利益与企业利益趋于一致，激励高管更加努力工作，在其进行企业投资决策时促使其以企业的长期利益为导向，从而使外部薪酬差距对投资效率的激励效应增强。与此同时，随着高管外部薪酬差距的扩大，觊觎企业高管职位的优秀人才不断涌现，增加了现任高管继续留任所遭遇的竞争威胁，这都会激励高管更加努力工作，实施符合企业远期发展目标的价值投资，以此来体现自身的杰出才能，建立良好的声誉，获得更好的职业发展。因此，企业投资效率对高管外部薪酬差距的敏感性呈现出递增的变动趋势。

随着高管外部薪酬差距的进一步扩大，当高管外部薪酬差距突破某一临界值时，尽管高管感知外部薪酬差距的效价会越来越大，然而高管通过自身努力达到预期目标的难度也会随之增加，外部薪酬差距的正向激励作用会越来越弱。当高管外部薪酬差距大于某一临界值时，较大的高管外部薪酬差距一方面能够激励高管提高自身努力程度，但高管通过自身努力提高企业投资效率的难度会倍数增加，此时高管努力不一定带来投资效率的提升。另一方面，根据管理者权力理论，高管可以利用其控制权获得超额薪酬，而超额薪酬的获得并不能带来企业效率的提升，导致高管外部薪酬差距对投资效率的促进作用弱化。相关实证研究也证实，薪酬差距对企业绩效的激励作用在年度和地区上呈现边际递减效应（刘春和孙亮，2010）。本书由此推断，当高管外部薪酬差距高于某一临界值时，高管外部薪酬差距对企业投资效率激励作用可能会呈现出边际报酬递减规律，企业投资效率对高管外部薪酬差距的敏感性表现出递减的变化趋势。由此，提出假设：

假设2：高管外部薪酬差距对企业投资效率的正向激励影响具有非对称性。

第三节　研究设计

一、样本选择与数据来源

本书以我国A股上市公司2009~2016年的数据为初始样本，并按以下步骤对数据进行筛选：第一步剔除了金融类上市公司；第二步剔除了ST类上市公司；第三步剔除了主要变量数据不全的样本，包括计算投资效率缺失的样本；第四步由于外部薪酬差距是分年分行业计算的，如果当年某行业公司数目过少，由此进行的外部薪酬差距激励效果分析可能存在较大偏差，因此，本书还剔除了年行业公司数低于10的样本，最终得到824家公司8年的平衡面板数据。为了避免离群值的影响，采用winsor2命令对所有连续变量在1%分位与99%分位进行了缩尾处理，描述性统计及实证分析都基于处理后的数据进行报告。本书使用数据均来自CSMAR数据库，采用Stata14.0软件进行数据处理。

二、变量定义

（一）非效率投资

本书采用Richardson（2006）模型，即模型（4-1）来估算非效率投资。通过对模型（4-1）进行分年度分行业回归，得到的残差即为非效率投资。根据符号方向，将非效率投资分为过度投资（符号为正）和投资不足（符号为负）。为便于研究，本书对残差取绝对值并作相反数处理，表示投资效率（Eff_inv）。

$$\mathrm{Inv\_new}_t = \beta_0 + \beta_1 \mathrm{Grow}_{t-1} + \beta_2 \mathrm{Lev}_{t-1} + \beta_3 \mathrm{Cash}_{t-1} + \beta_4 \mathrm{Age}_{t-1} +$$
$$\beta_5 \mathrm{Size}_{t-1} + \beta_6 \mathrm{Yret}_{t-1} + \beta_7 \mathrm{Inv\_new}_{t-1} + \varepsilon \quad (4-1)$$

模型（4-1）中，Inv_new 表示当年新增投资，参照刘慧龙等（2014）的做法，Inv_new 为（购建固定资产、无形资产及其他长期资产的支出+取得子公司及其他营业单位支付的现金净额-处置固定资产、无形资产和其他长期资产收回的现金净额-折旧）/期初总资产。在 Inv_new 计算公式中，除期初总资产取自资产负债表外，其余数据均来源于现金流量表。模型（4-1）中：Grow 是投资机会变量，采用企业营业收入增长率来衡量；Lev 是企业的资产负债率，它等于总负债除以总资产；Cash 反映企业的现金状况，它等于交易性金融资产和货币资金之和除以总资产；Age 表示企业上市年限，通过计算上市年度至财务报告年度的差值来衡量；Size 是企业规模变量，采用总资产的自然对数来衡量；Yret 是股票年收益率。

（二）高管外部薪酬差距

关于高管外部薪酬差距（Mgap）的计量，目前主要有两种思路：一是采用薪酬决定模型的回归残差代表额外薪酬，如果额外薪酬不等于 0，则意味着高管实际薪酬高于或低于其应得薪酬，通常称为薪酬外部不公平；反之，额外薪酬越趋向 0，则代表越公平，如 Core et al. (1999)、辛清泉（2007）、吴联生等（2010）采用的就是这种方法。这种方法最大的缺点是对模型设定具有很强的依赖性，而且模型回归残差衡量的只是实际薪酬与预期薪酬之差，并不是对高管薪酬进行社会比较的结果，因而并不能全面计量高管外部薪酬差距。二是根据社会比较理论，将外部薪酬差距界定为特定企业高管薪酬与行业基准薪酬的比值。有学者将年度行业高管薪酬平均值（或中位数）作为行业基准薪酬，如 Biajak et al. (2008)、黎文靖等（2014）。也有学者选择年度行业高管薪酬最大值作为行业基准薪酬，如祁怀锦和邹燕（2014）。由于行业高管薪酬最大值为极端值，可能不具有代表性，而且采用行业高管薪酬最大值作为评价标准，存在拉高高管薪酬外部公平水平的可能性。因此，本书将高管外部薪酬差距界定为企业高管薪酬与同年度同行业高管薪酬平均值（或中位数）的比值，分别以高管薪酬/同年度同行业高管薪酬均值（Mgap1）、高管薪酬/同年度同行业高管薪酬中位数（Mgap2）表示。本书所述企业高管薪酬指的是企业高管薪酬最高三个值的平均值。

(三) 控制变量

为了考察外部薪酬差距对企业投资效率的影响，参考已有文献（申慧慧等，2012；徐倩，2014；饶品贵等，2017）的做法，本书控制变量如下：①公司治理特征变量。管理层与股东之间的代理冲突是影响企业投资效率的重要因素，而有效的公司治理能够降低代理成本，为此，本书控制了以下公司治理特征变量：企业的产权性质（SOE），国有企业取值为1，非国有企业取值为0；第一大股东持股（TOP1），反映企业股权集中程度；董事会规模（Board），对董事会总人数取自然对数来表示；独立董事比例（Outdir），为董事会中独立董事人数占比，较高的独立董事比例有助于抑制企业非效率投资行为；董事长和总经理两职合一虚拟变量（Dual），如两职合一取值为1，否则为0。②企业财务特征变量。企业的自由现金流量（CF），等于经营现金流量净值减去当年正常投资额，再除以年初总资产，如果企业拥有的自由现金流量很充裕，那么企业更可能产生过度投资行为，并会减少投资不足行为；资产负债率（Lev），它等于公司年末负债除以年末总资产；企业规模（Size），以公司年末总资产的自然对数来表示；总资产收益率（ROA），等于当年净利润除以年末总资产，取滞后一期值；营业收入增长率（Grow），等于当年营业收入减去上年营业收入，再除以上年营业收入，取滞后一期值，用以控制企业未来的发展能力。③环境特征变量。公司所处行业总资产收益率的标准差（SDROA），反映企业经营环境的变化，以控制行业环境变化对企业投资效率的影响，当经济不确定性程度较高时，同一行业内部企业经营业绩差异将变得更大。此外，还控制了年度变量。需要指出的是，由于 SDROA 代表的是行业环境特征，为避免存在严重的多重共线性，研究模型中不再控制行业虚拟变量。

三、描述性统计

表4-1列示了企业投资效率、外部薪酬差距变量等主要变量的描述性统计结果。从表4-1可以看出，外部薪酬差距（Mgap1）均值为1.084，最小值和最大值分别为0.148和4.788，外部薪酬差距（Mgap2）均值为1.425，最小值和最大值分别为0.201和6.542，说明企业间高管外部薪酬差距差异较大。企业投资效率（Eff_inv）的均值和中值分别为-0.049和

-0.030，标准差为 0.067，说明不同企业的投资效率存在显著差异。

表 4-1 描述性统计

变量	均值	p75	中值	P25	最小值	最大值	标准差
Eff_inv	-0.049	-0.013	-0.030	-0.058	-0.633	0.000	0.067
Mgap1	1.084	1.322	0.847	0.534	0.148	4.788	0.852
Mgap2	1.425	1.700	1.085	0.706	0.201	6.542	1.145
CF	0.017	0.074	0.016	-0.037	-0.369	0.328	0.104
ROA	0.039	0.060	0.032	0.012	-0.140	0.192	0.048
Lev	0.499	0.644	0.508	0.359	0.054	0.893	0.191
Size	22.347	23.112	22.204	21.452	19.046	28.509	1.292
SOE	0.592	1.000	1.000	0.000	0.000	1.000	0.491
Top1	34.686	44.675	32.538	22.910	3.390	89.986	15.077
Dual	0.159	0.000	0.000	0.000	0.000	1.000	0.365
Outdir	0.368	0.385	0.333	0.333	0.091	0.714	0.054
Board	2.190	2.197	2.197	2.079	1.099	2.890	0.200
SDROA	0.049	0.055	0.048	0.042	0.010	0.079	0.010
Grow	0.160	0.246	0.096	-0.037	-0.569	3.133	0.427

表 4-2 报告了 2009~2016 年外部薪酬差距趋势分布。从整体上看，外部薪酬差距均值和中值呈现出上升趋势，说明高管外部薪酬差距仍然在不断扩大。

表 4-2 2009~2016 年高管外部薪酬差距趋势分布

年份	2009	2010	2011	2012	2013	2014	2015	2016
Mgap1	1.027	1.061	1.090	1.090	1.090	1.107	1.121	1.090
Mgap2	1.383	1.437	1.428	1.393	1.397	1.435	1.473	1.450

此外，未报告的变量之间的 Pearson 相关系数显示，外部薪酬差距（Mgap1）和外部薪酬差距（Mgap2）相关系数为 0.991，在 1%水平上显著

正相关，说明本书的外部薪酬差距变量高度一致。外部薪酬差距（Mgap1）和企业投资效率（Eff_inv）的相关系数为 0.048，在 1%水平上显著正相关，外部薪酬差距（Mgap2）和企业投资效率（Eff_inv）的相关系数为 0.042，在 1%水平上显著正相关，说明从样本总体来看，高管外部薪酬差距越大，企业投资效率越高。未报告的变量之间的 Spearman 相关系数也显示，外部薪酬差距（Mgap1）和外部薪酬差距（Mgap2）相关系数为 0.989，在 1%水平上显著正相关，说明本书的外部薪酬差距变量高度一致。外部薪酬差距（Mgap1）和企业投资效率（Eff_inv）的相关系数为 0.054，在 1%水平上显著正相关，外部薪酬差距（Mgap2）和企业投资效率（Eff_inv）的相关系数为 0.056，在 1%水平上显著正相关，说明从样本总体来看，高管外部薪酬差距越大，企业投资效率越高。另外，其他研究变量之间相关系数的绝对值均低于 0.4，说明本书采用的变量不受严重的多重共线性的约束。

第四节　实证分析

一、高管外部薪酬差距对企业投资效率的非线性影响分析

考虑到高管薪酬既可能是激励高管努力工作的手段，也可能是对高管努力工作给予的奖赏，外部薪酬差距与投资效率二者之间可能存在着内生性问题。根据经理人市场理论，提供具有市场竞争力的薪酬，企业更容易吸引能力强的职业经理人，进而为企业创造高额价值，如果企业业绩不佳则意味着职业经理人未能有效履行聘用合同而面临被解聘的风险。因而，从市场的角度而言，应先谈高管的薪酬，后讲高管的贡献。如果高管的贡献不能达到薪酬支付的要求，则意味着高管要被解聘；如果高管的贡献超过薪酬支付要求，企业会给予高管奖励。由于投资行为对薪酬激励的反应具有一定的滞后性，本书采用滞后一期的外部薪酬差距作为解释变量，并避免可能存在的内生性的困扰。

借鉴申慧慧等（2012）、黎文靖等（2014）等的思路，本书构建了模型（4-2）来验证研究假设 1，以考察外部薪酬差距与投资效率之间是否

存在非线性关系。

$$Eff\_inv_{it} = \beta_0 + \beta_1 Mgap_{i,t-1} + \beta_2 Mgap^2_{i,t-1} + \beta_3 CF_{it} + \beta_4 ROA_{i,t-1} + \beta_5 Lev_{it} + \beta_6 Size_{it} + \beta_7 SOE_{it} + \beta_8 Top1_{it} + \beta_9 Dual_{it} + \beta_{10} Outdir_{it} + \beta_{11} Board_{it} + \beta_{12} SDROA_{it} + \beta_{13} Grow_{i,t-1} + \varepsilon \quad (4-2)$$

模型（4-2）中，Mgap 为外部薪酬差距，$Mgap^2$ 为外部薪酬差距的平方项，其余变量如前所述。如果 β_1 的符号显著为正，β_2 的符号显著为负，表明外部薪酬差距对投资效率具有阶段性正向影响，且两者之间呈现倒"U"型非线性关系。

采用模型（4-2）进行回归分析之前，采用 Hausman 检验进行模型选择。由于固定效应模型效果更好，本书报告的是固定效应面板模型回归的结果。为避免可能存在异方差和自相关造成大的偏误，采用稳健标准误进行估计。估计结果如表4-3所示。

表4-3 高管外部薪酬差距与投资效率的回归结果

变量	Mgap1			Mgap2		
	(1)	(2)	(3)	(4)	(5)	(6)
Mgap	0.037***	0.073***	0.013***	0.027***	0.054***	0.009***
	(4.68)	(4.30)	(2.92)	(4.66)	(4.38)	(2.74)
$Mgap^2$	-0.006***	-0.012***	-0.002**	-0.003***	-0.007***	-0.001**
	(-4.11)	(-4.01)	(-2.17)	(-4.05)	(-4.12)	(-2.01)
CF	0.036**	-0.098***	0.162***	0.037**	-0.098***	0.162***
	(2.24)	(-2.87)	(12.15)	(2.26)	(-2.89)	(12.15)
ROA	-0.097***	-0.119	0.010	-0.094***	-0.114	0.011
	(-2.74)	(-1.13)	(0.36)	(-2.66)	(-1.08)	(0.39)
Lev	0.022	0.035	0.017	0.022	0.035	0.017
	(1.28)	(0.83)	(1.39)	(1.27)	(0.83)	(1.38)
Size	-0.036***	-0.094***	-0.001	-0.036***	-0.094***	-0.001
	(-7.00)	(-7.89)	(-0.30)	(-6.97)	(-7.88)	(-0.26)
SOE	0.025***	0.062***	0.009	0.025***	0.062***	0.009
	(3.02)	(3.26)	(1.55)	(2.97)	(3.27)	(1.53)

续表

变量	Mgap1			Mgap2		
	(1)	(2)	(3)	(4)	(5)	(6)
Top1	−0.001**	−0.001**	−0.000	−0.001**	−0.001**	−0.000
	(−2.27)	(−2.08)	(−0.18)	(−2.32)	(−2.15)	(−0.18)
Dual	−0.004	−0.005	0.002	−0.004	−0.005	0.002
	(−1.22)	(−0.56)	(0.73)	(−1.21)	(−0.55)	(0.71)
Outdir	0.045*	0.032	0.030	0.044*	0.034	0.030
	(1.68)	(0.51)	(1.20)	(1.66)	(0.55)	(1.20)
Board	0.016	0.024	0.014	0.016	0.025	0.014
	(1.57)	(1.00)	(1.58)	(1.56)	(1.02)	(1.57)
SDROA	−0.295*	−0.414	−0.139	−0.305*	−0.426	−0.142
	(−1.81)	(−1.23)	(−1.04)	(−1.86)	(−1.25)	(−1.07)
Grow	0.004	0.020***	−0.007***	0.004	0.019***	−0.007***
	(1.45)	(3.02)	(−2.70)	(1.40)	(2.98)	(−2.71)
年度	控制	控制	控制	控制	控制	控制
常数项	0.679***	1.911***	−0.072	0.675***	1.904***	−0.074
	(5.95)	(7.61)	(−0.78)	(5.93)	(7.59)	(−0.80)
N	6592	2544	4048	6592	2544	4048
R^2	0.111	0.171	0.272	0.111	0.170	0.272
F	15.991***	6.159***	27.425***	15.830***	6.197***	27.410***

注：回归系数括号内为 t 值，***、**、*分别表示在1%、5%、10%水平上显著，下同。

在表4-3中，列（1）至列（3）分别报告了全样本、过度投资样本、投资不足样本下 Mgap1 对投资效率的影响，列（4）至列（6）分别报告了全样本、过度投资样本、投资不足样本下 Mgap2 对投资效率的影响。从表4-3可以看出，在列（1）至列（6）中，Mgap1、Mgap2 的回归系数均在1%水平上显著为正，说明在不考虑外部薪酬差距的二次项时，高管外部薪酬差距与投资效率呈显著正相关关系，即外部薪酬差距具有激励效应，投资效率随着高管外部薪酬差距的扩大而提高。这与王嘉歆等（2016）的研究结果一致，肯定了外部薪酬差距对企业投资效率发挥的积极作用。

全样本、过度投资样本下 Mgap1 的二次项回归系数均在1%水平上显著为负，投资不足样本下 Mgap1 的二次项回归系数则在 5%水平上显著为负，而且全样本、过度投资样本下 Mgap2 的二次项回归系数也在 1%水平上显著为负，投资不足样本下 Mgap2 的二次项回归系数在 5%水平上显著为负，这意味着外部薪酬差距对投资效率的激励效应并非是连续的，投资效率随着高管外部薪酬差距的扩大而呈现倒"U"型变动趋势，该研究结果证实了本书的假设 1。这表明当高管外部薪酬差距低于某一薪酬差距临界值（倒"U"型的顶点）时，企业投资效率随着高管外部薪酬差距的扩大而提高；而当高管外部薪酬差距高于某一薪酬差距临界值（倒"U"型的顶点）时，企业投资效率随着高管外部薪酬差距的扩大而下降。原因可能是当高管外部薪酬差距低于某一薪酬差距临界值（倒"U"型的顶点）时，社会比较理论和经理人市场理论发挥着主导作用，扩大高管外部薪酬差距，提升了高管的心理满足感，激励高管更加努力地工作，降低了企业的非效率投资；而当高管外部薪酬差距高于某一薪酬差距临界值（倒"U"型的顶点）时，管理者权力理论和参照点契约理论起主导作用，扩大高管外部薪酬差距是高管自利行为的产物，是高管利用权力谋取远高于自身价值薪酬的结果，高管薪酬与企业业绩脱节，从而对企业投资效率产生不利影响。

当采用行业均值基准衡量外部薪酬差距（Mgap1）时，对模型（4-2）在全样本下进行求导计算可以获得外部薪酬差距在倒"U"型顶点的取值约为 3.08；当采用行业中位数基准衡量外部薪酬差距（Mgap2）时，对模型（4-2）在全样本下进行求导计算可以获得外部薪酬差距在倒"U"型顶点的取值约为 4.5，说明在研究样本中，基于行业均值基准衡量的外部薪酬差距约为 3.08（基于行业中位数基准衡量的外部薪酬差距约为 4.5）时，企业投资效率达到最高，高于这一水平，投资效率随着高管外部薪酬差距的扩大而下降，低于这一水平，投资效率随着高管外部薪酬差距的扩大而提高。然而，对比表 4-1 的描述性统计可以发现，Mgap1 和 Mgap2 的 75%分位数分别为 1.322 和 1.700，均明显低于相应外部薪酬差距在倒"U"型顶点处的取值（3.08 和 4.5）。进一步分析发现，外部薪酬差距高于 3.08（Mgap1）和 4.5（Mgap2）的样本分别只有 271 家和 223 家，占全部样本比率分别仅为 4.11%和 3.38%，说明只有极少数上市公司的外部薪酬差距位于倒"U"型曲线的下降阶段。已有关于内部薪酬差距与企业绩效关系的研究表明，倒"U"型曲线的顶点并不是最优内部薪酬差距（高良谋和卢建词，2015）。考虑到外部薪酬差距与企业投资效率之间也呈现倒"U"型关系，倒"U"型曲线的顶点可能并不是最优外部薪酬差距，因此，有必要对该问题进行深入研究。

二、高管外部薪酬差距对投资效率影响的门限效应分析

尽管通过构造外部薪酬差距平方项的方式证实外部薪酬差距与投资效率呈倒"U"型关系，但并不能排除二者之间可能存在的其他非线性关系，外部薪酬差距与投资效率之间仍然可能表现为倒"N"型或"N"型等曲线关系，甚至可能存在更为复杂的非线性关系。为保证研究结果的可靠性和严谨性，不仅要检验外部薪酬差距与投资效率之间是否存在显著的倒"U"型非线性关系，还要运用其他计量方法检验可能存在的其他非线性关系。为了进一步识别外部薪酬差距与企业投资效率之间的非线性关系，并确定外部薪酬差距激励效应的结构突变点，找出使外部薪酬差距激励效应最大化的最优结构，明确在不同区间外部薪酬差距对投资效率影响差异的大小。本书采用 Hansen（1999）的门限面板模型原理进行了检验。

（一）门限面板模型的构建

根据前述实证检验发现，高管外部薪酬差距与投资效率之间表现为非线性关系，可能存在某种区间效应，因此，有必要对其临界值上下样本分别检验。而如果只简单地采用某一分组标准（如均值）进行分组检验，由此得出的研究结果可能并不能准确反映变量之间的关系。Hansen（1999）的门限面板模型，可以有效避免人为主观分组造成的检验偏误，完全根据样本数据来确定门限值，该模型比较客观，而且可以检验可能存在的多个门限值。

本书先构建模型（4-3）求解高管外部薪酬差距激励效果的门限值（γ），然后采用已确定的外部薪酬差距激励效果的门限值，利用分段回归原理对模型（4-4）进行回归。本书之所以没有直接采用模型（4-4）求解高管外部薪酬差距激励效果的门限值，一方面是因为企业的经营成果最终体现在企业业绩上，投资效率的高低不宜直接作为高管激励效果的评价标准。有研究表明，尽管非效率投资行为会造成企业的效率损失，但并非总是损害企业价值，也有可能提高企业价值，促进区域经济增长（赵静和郝颖，2014；孙晓华和李明珊，2016），因而考察外部薪酬差距的真实激励效果，选取企业业绩指标比投资效率要更科学。另一方面是因为企业业绩指标的大小直接反映了企业经营成果的优劣，而投资效率则分为过度投

资和投资不足，过度或不足的投资行为都是非效率的，因而采用企业业绩作为被解释变量来验证外部薪酬差距的激励效果，更为直观、易于理解。

$$ROA_{it} = \alpha + \varphi x_{it} + \beta_1 Mgap_{it}I(q_{it} \leq \gamma) + \beta_2 Mgap_{it}I(q_{it} > \gamma) + \mu_i + e_{it} \tag{4-3}$$

$$Eff\_inv_{it} = \alpha + \varphi x_{it} + \beta_1 Mgap_{it}I(q_{it} \leq \gamma) + \beta_2 Mgap_{it}I(q_{it} > \gamma) + \mu_i + e_{it} \tag{4-4}$$

模型（4-3）中，α、φ 为待估参数，i 为公司，t 为年份。ROA_{it} 为净资产收益率，表示企业绩效，$Mgap_{it}$ 为高管外部薪酬差距，x_{it} 为对被解释变量有显著影响的控制变量，包括资产负债率、公司规模、产权性质、第一大股东持股、董事长和总经理两职合一虚拟变量、董事会规模、滞后一期的营业收入增长率、市值账面价值比、年度和行业虚拟变量。q_{it} 为门限变量，本书选取高管外部薪酬差距（$Mgap_{it}$）为门限变量，γ 表示门限值，$I(\cdot)$ 为示性函数，当括号中条件成立时，$I=1$，否则 $I=0$。β_1、β_2 分别为 $Mgap_{it}$ 在门限值两侧的取值中对企业绩效的不同影响系数，如 $\beta_1 = \beta_2$，则不存在门限效应。μ_i 为公司个体效应，e_{it} 为随机扰动项。模型（4-4）的变量定义如前所述。

以固定效应的面板回归模型为例，为了估算模型（4-3）中的系数及门限值，需要先将每一个观测值减去其在时间维度上的组内平均值以消除个体效应 μ_i，由此可以得到：

$$Y^* = X^*(\gamma)\beta + e^* \tag{4-5}$$

模型（4-5）中，Y^*、$X^*(\gamma)$ 和 e^* 分别为模型（4-3）中被解释变量、解释变量与残差的矩阵形式。然后可以采用两步法进行估计：第一步，对于给定的门限值 γ，根据 OLS 原理，得到系数估计值 $\hat{\beta}(\gamma)$ 和残差平方和 $S_1(\gamma)$；第二步，通过计算 $S_1(\gamma)$ 的最小值来确定 γ 的取值。接下来检验门限效应是否显著存在，原假设为 $H_0: \beta_1 = \beta_2$。如果不能拒绝原假设，则门限模型中不存在门限；反之，则存在门限效应，需要进一步检验门限值的真实性。检验门限值的真实性的原假设为：

$$H_0: \hat{\gamma} = \gamma_0$$

在原假设 H_0 下，Hansen（1999）构造了似然比（Likelihood Ratio，LR）统计量 $LR_1(\gamma)$ 来确定 γ 估计值的置信区间：

$$LR_1(\gamma) = (S_1(\gamma) - S_1(\hat{\gamma}))/\hat{\sigma}^2 \tag{4-6}$$

模型（4-6）中，$\hat{\gamma}$ 是 γ 的一致估计量，根据 $LR_1(\gamma)$ 的分布可以确

定 $\hat{\gamma}$ 的置信区间。给定显著性水平 α，可以采用如下函数计算相应的临界值：

$$c(\alpha) = -2\log(1 - \sqrt{1-a}) \tag{4-7}$$

当显著性水平分别为 1%、5%、10% 时，相应的临界值 c (α) 分别为 10.59、7.35、6.53。如果 LR_1 (γ) >c (α)，则拒绝原假设 H_0。

多门限值的估计方法与此类似，在单一门限估计的基础上，先固定一个门限值，继而搜索第二个门限值，检验过程与上述单一门限值类似，由此可以得到第二个门限值；由于搜索第一门限值时未考虑第二门限值，又在固定第二个门限值的基础上重新搜索第一门限值，得到优化后的第一门限值；两个以上门限值的计算过程依次类推。

(二) 门限变量的平稳性检验

门限面板模型一般要求所有时序变量尤其是门限变量是平稳变量（彭方平等，2007），因此，为了保证门限模型回归结果的有效性，避免伪回归，同时考虑到短面板数据的特性以及面板数据的单位根可能存在共同根和不同根的差异，本书分别采用 HT 检验和 IPS 检验两种方法，检验门限变量（外部薪酬差距 Mgap1）的平稳性，结果如表 4-4 所示。从表 4-4 可以看出，两种方法都在 1% 的显著水平上拒绝存在单位根的原假设，说明外部薪酬差距 Mgap1 是平稳变量。

表 4-4 门限变量（高管外部薪酬差距）的平稳性检验结果

	HT		IPS		是否平稳
	统计量	P 值	统计量	P 值	
Mgap1	-21.313	0.000	-5.012	0.000	是

(三) 门限面板模型检验结果

本书依次假定模型 (4-3) 中不存在门限值、存在一个门限值进行估计，获得的统计量 F 值及自助抽样 (Bootstrap) 得到的 P 值如表 4-5 所示。从表 4-5 可以看出，单一门限效应显著，相应的自助抽样 P 值为 0.024，在 5% 的显著性水平上显著，而双重门限效应并不显著，自助抽样 P 值为 0.572。因此，下面将采用单一门限面板模型进行分析。

表 4-5　高管外部薪酬差距的门限效果自抽样检验

	门限值	临界值				
		F 值	P 值	1%	5%	10%
单一门限检验	2.6458	17.85**	0.024	20.9459	16.1976	14.3294
双重门限检验	0.2762	7.01	0.572	21.3819	16.6656	14.2292

注：采用 Stata14.0 计算获得，表中参数为采用 Bootstrap 反复抽样 1000 次得到的结果。

表 4-6 报告了单一门限估计值及其 95% 置信区间。为了更清晰地理解门限值的估计和置信区间的构造过程，进而检验估计的门限值的真实性，图 4-1 绘制了似然比函数图。由图 4-1 可以看出，单一门限值 2.6458 是似然比检验 LR 为 0 时 γ 的取值，其 95% 置信区间为 [2.5694, 2.6899]，相应的 LR 值均小于 5% 显著水平上的临界值 7.35（见图 4-1 虚线），由此可知，外部薪酬差距的单一门限值与真实门限值相一致。以单一门限值作为分组依据，本书将样本分为高薪酬差距（Mgap>2.6458）和低薪酬差距（Mgap≤2.6458）两种类型。

表 4-6　门限估计值和置信区间

	门限值	95% 置信区间
门限值 γ_1	2.6458	[2.5694, 2.6899]

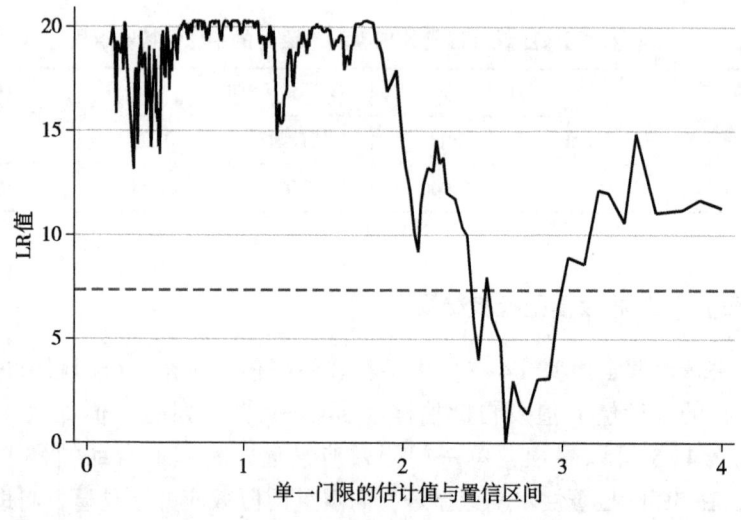

图 4-1　单一门限的估计值与置信区间

表4-7报告了研究样本2009~2016年外部薪酬差距各区间公司分布情况。可以看出,总体上高薪酬差距区间的公司数量呈现递增趋势,低薪酬差距区间的公司数量呈现递减趋势,不同年份外部薪酬差距区间分布具有一定差异。高于薪酬差距门限值的企业占比最低为2009年的4.85%,最高为2015年的6.92%,增加了将近一半。这意味着,对上市公司外部薪酬差距仅按以往研究的均值或中位数分组是不合理的。

表4-7 2009~2016年高管外部薪酬差距各区间公司分布

年份	2009（家）	2010（家）	2011（家）	2012（家）	2013（家）	2014（家）	2015（家）	2016（家）
Mgap≤2.6458	784	783	775	775	777	769	767	772
Mgap>2.6458	40	41	49	49	47	55	57	52
合计	824	824	824	824	824	824	824	824

资料来源：笔者整理。

（四）门槛回归结果

表4-8分别报告了门限面板模型、稳健标准误固定效应两种模型回归结果,以考察外部薪酬差距激励作用的门限效应。从表4-8外部薪酬差距的回归系数及t值可以看出,外部薪酬差距的激励作用具有显著的门限效应,其回归系数在不同的外部薪酬差距区间差异明显。当外部薪酬差距低于门限值（2.6458）时,两个模型中Mgap1回归系数估计值均为0.009且在1%水平上显著,而当外部薪酬差距高于门限值（2.6458）时,两个模型中Mgap1回归系数估计值虽然仍在1%水平上显著为正,但估计值下降至0.005。这表明低差距区间高管外部薪酬差距对企业绩效的激励效应比高差距区间高管外部薪酬差距对企业绩效的激励效应高出80%,即高管外部薪酬差距在门限值（2.6458）两侧对企业绩效的激励效应存在不对称性。

由于本书重点关注的是外部薪酬差距对投资效率的激励效应是否也具有非对称性,本书采用前文确定的外部薪酬差距的门限值（2.6458）将研究样本分为两组：第一组（Mgap1>2.6458）和第二组（Mgap1≤2.6458）

表 4-8　门限面板模型的参数估计结果

变量	TH		FE_robust	
	系数	T值	系数	T值
Lev	-0.113***	-22.36	-0.113***	-11.90
Size	-0.002**	-2.49	-0.002	-1.46
SOE	-0.007*	-1.96	-0.007	-1.20
Top1	0.001***	10.76	0.001***	5.53
Dual	0.001	0.52	0.001	0.34
Board	0.021***	4.78	0.021***	3.42
Grow	0.011***	11.46	0.011***	8.92
MB	0.002***	10.89	0.002***	5.54
Mgap1（Mgap1≤2.6458）	0.009***	6.38	0.009***	5.41
Mgap1（Mgap1>2.6458）	0.005***	5.00	0.005***	3.56
年度	控制		控制	
行业	控制		控制	
常数项	0.055**	2.30	0.055	1.42
N	6592		6592	
R^2	0.135		0.135	
F	89.746***		26.702***	

注：TH 表示门限面板模型，FE_robust 表示稳健标准误固定效应模型。

进行分段回归。为了更清晰地考察二者之间 Mgap1 系数的差异是否具有显著性，本书还根据已确定的外部薪酬差距的门限值（2.6458），采用引入虚拟变量的方法，在模型中引入虚拟变量 Low（如果 Mgap1≤2.6458，Low=1，否则 Low=0），添加虚拟变量 Low 和 Mgap1 的交乘项进行回归。表 4-9 报告了被解释变量为投资效率的回归结果。

由表 4-9 第（1）列可以看出，当外部薪酬差距低于门限值（2.6458）时，Mgap1 回归系数估计值为 0.018 且在 1%水平上显著，而当外部薪酬差距高于门限值（2.6458）时，Mgap1 回归系数估计值虽然也在 1%水平上

表 4-9　模型的参数估计结果

变量	(1) 系数	(1) T值	(2) 系数	(2) T值
CF	0.041***	4.59	0.041**	2.51
ROA	-0.072***	-2.77	-0.080**	-2.31
Lev	0.029***	2.88	0.029*	1.76
Size	-0.031***	-16.86	-0.031***	-8.71
SOE	0.023***	3.21	0.022**	2.52
Top1	-0.000***	-3.08	-0.001**	-2.03
Dual	-0.005	-1.52	-0.005	-1.29
Outdir	0.051*	1.87	0.050*	1.85
Board	0.011	1.17	0.012	1.14
SDROA	-0.397***	-3.09	-0.401***	-2.74
Grow	0.003*	1.67	0.003	1.33
Mgap1（Mgap1≤2.6458）	0.018***	6.01		
Mgap1（Mgap1>2.6458）	0.012***	5.52		
Mgap1 * Low			0.025***	3.74
Mgap1			-0.004	-0.96
Low			-0.064***	-3.56
年度	控制		控制	
常数项	0.585***	11.77	0.650***	7.18
N	6592		6592	
R^2	0.060		0.061	
F	28.136***		9.328***	

显著为正，但系数估计值大幅下降至 0.012。这表明低差距区间外部薪酬差距对投资效率的正向效应比高差距区间外部薪酬差距对投资效率的正向效应高出 50%，即，当外部薪酬差距扩大到超出门限值（2.6458）后，高管外部薪酬差距扩大产生的负面影响增加，外部薪酬差距更多地表现为高管权

力的产物,因而外部薪酬差距的激励效应表现出边际递减规律,外部薪酬差距的激励效应大幅减弱。表 4-9 第(2)列 Mgap1 * Low 的回归系数为 0.025 且在 1% 水平上显著为正,更为直观地说明高、低差距 Mgap1 的激励效果差异明显。研究结果意味着高管外部薪酬差距在门限值(2.6458)两侧对投资效率的正向效应具有不对称性,验证了假设 2。本书认为,当高管外部薪酬差距达到临界值(2.6458)时,最大限度地激励高管为建立良好的声誉、获得更好的职业生涯发展而努力工作,促使高管以企业的长期利益为导向进行投资决策,此时,外部薪酬差距对投资效率产生的促进效果最优。一旦突破临界值,根据边际递减规律,这种促进效果将大打折扣,从而降低投资效率的提升幅度。

本书的研究表明,外部薪酬差距对投资效率和企业业绩的影响是一致的,这说明本书关于外部薪酬差距激励效果的结论是具有说服力的。随着高管外部薪酬差距的扩大,高管能力得到企业的认可,有效激发了高管的市场竞争意识,促使其更加努力工作,企业投资效率和公司业绩由此得到大幅提升。当外部薪酬差距达到临界值(2.6458)时,外部薪酬差距的激励效果最佳;当突破临界值(2.6458)之后,高管外部薪酬差距的激励作用呈现出边际递减规律,表现为投资效率和企业业绩的提升速度下降。同时,由表 4-1 的统计结果可知,当前我国高管外部薪酬差距平均水平仅为 1.084,虽然当高管外部薪酬差距达到均值时,其对企业投资效率具有一定的正向作用,但离最优点 2.6458 相去甚远,这意味着就本书搜集的 A 股上市公司样本数据而言,我国上市公司高管外部薪酬差距还存在进一步扩大的空间。当前在制定和推行国有企业高管限薪政策时,不宜"一刀切",应在现行政策的基础上,允许部分能力强、贡献大的企业高管获得较高薪酬,拉开与外部同行的薪酬差距,否则可能出现高管激励不足。

三、稳健性和内生性检验

(一)稳健性检验

本书采用以下方法进行稳健性检验,以保证本书研究结论的可靠性:
1. 采用货币薪酬与股票期权折算的现金薪酬之和重新计算外部薪酬差距

本书研究采用的高管薪酬为薪酬最高的前三位高管所获得的货币薪酬

的平均值，未将股票期权等股权激励纳入高管薪酬，而有些高管的主要收益来自股权激励而不是货币薪酬，这可能在一定程度上会影响本书研究结论的普适性。高明华等（2018）提供了2016年各上市公司薪酬最高的前三位高管所获得的货币薪酬与股票期权折算的现金薪酬之和的平均值数据。这为本书的研究提供了更全面的高管薪酬数据。本书将采用这一高管总薪酬数据，检验高管薪酬范围的不同是否会影响本书研究结论的可靠性。采用对模型（4-2）进行了OLS估计，并在公司层面进行cluster处理，估计结果如表4-10所示。

表4-10 稳健性检验结果（采用高管总薪酬）

变量	全样本	过度投资	投资不足	小于2.6458	大于2.6458
Mgap	0.024***	0.058***	0.011*	0.006*	-0.000
	(2.89)	(3.07)	(1.95)	(1.69)	(-0.12)
$Mgap^2$	-0.009***	-0.020***	-0.005**		
	(-2.90)	(-2.79)	(-2.20)		
CF	-0.034	-0.095	0.036***	-0.043*	0.091
	(-1.44)	(-1.59)	(3.44)	(-1.92)	(1.44)
ROA	0.073	0.118	0.116***	0.052	-0.034
	(1.62)	(0.90)	(5.16)	(1.52)	(-0.26)
Lev	0.003	-0.018	0.027***	0.002	0.024
	(0.34)	(-0.63)	(5.32)	(0.17)	(0.56)
Size	0.001	-0.002	0.004***	0.002	0.001
	(0.77)	(-0.42)	(5.11)	(1.13)	(0.33)
SOE	0.018***	0.042***	0.003**	0.018***	0.032**
	(5.67)	(5.33)	(1.99)	(5.64)	(2.52)
Top1	0.000	0.000	-0.000**	0.000	0.000
	(0.28)	(0.77)	(-2.19)	(0.36)	(0.94)
Dual	-0.003	-0.009	-0.000	-0.002	-0.022
	(-0.87)	(-1.07)	(-0.03)	(-0.58)	(-1.50)

续表

变量	全样本	过度投资	投资不足	小于2.6458	大于2.6458
Outdir	-0.027	-0.015	-0.038**	-0.034	0.049
	(-0.90)	(-0.20)	(-2.38)	(-1.06)	(0.45)
Board	-0.003	0.001	-0.008*	-0.002	-0.025
	(-0.37)	(0.06)	(-1.93)	(-0.28)	(-0.56)
SDROA	-0.008	-0.015	-0.008	-0.021	0.137*
	(-0.45)	(-0.38)	(-0.69)	(-1.16)	(1.77)
Grow	0.001	0.014	-0.001	-0.000	-0.011
	(0.16)	(1.33)	(-0.46)	(-0.27)	(-0.95)
常数项	-0.073***	-0.065	-0.113***	-0.078***	-0.078
	(-2.63)	(-0.93)	(-6.14)	(-2.69)	(-0.51)
N	2585	859	1726	2459	126
R^2	0.030	0.060	0.128	0.030	0.124
F	8.074	4.027	18.206	8.122	1.986

从表4-10可知，在全样本中，高管外部薪酬差距（Mgap）的系数为0.024，在1%置信水平上显著，高管外部薪酬差距的平方项（$Mgap^2$）的系数为-0.009，在1%置信水平上显著。在过度投资样本中，高管外部薪酬差距（Mgap）的系数为0.058，在1%置信水平上显著，高管外部薪酬差距的平方项（$Mgap^2$）的系数为-0.020，在1%置信水平上显著。在投资不足样本中，高管外部薪酬差距（Mgap）的系数为0.011，在10%置信水平上显著，高管外部薪酬差距的平方项（$Mgap^2$）的系数为-0.005，在5%置信水平上显著。这与前面的研究结果一致，采用高管总薪酬得出的研究结果也验证了假设1，说明高管薪酬范围的不同没有改变高管外部薪酬差距与投资效率之间的倒"U"型关系，本书的研究结论是可靠的。

表4-10同时报告了采用高管外部薪酬差距门限值将样本分组后的回归结果。从表4-10还可以看出，当高管外部薪酬差距小于临界值（2.6458）时，高管外部薪酬差距（Mgap）的系数为0.006，在10%置信水平上显著，而当高管外部薪酬差距大于临界值（2.6458）时，高管外部薪酬差距（Mgap）的系数为负且不显著。这与前面的研究结果一致，说明

采用高管总薪酬得出的研究结果也验证了假设2，即高管外部薪酬差距存在明显的区间效应。本书采用不同高管薪酬范围计算的外部薪酬差距进行回归分析的结果是一致的，这意味着本书选择货币薪酬计算外部薪酬差距来进行相关研究，不会对本书研究结论的普适性产生大的影响。

正确估算一个包含货币薪酬与权益薪酬在内的高管薪酬是现有研究的一个难点。高明华等（2018）虽然提供了2016年上市公司薪酬最高的前三位高管所获货币薪酬与股票期权折算的现金薪酬之和的平均值，但并没有说明将股票期权折算成现金薪酬的具体方法，因而本书无法评价其折算原理的科学性和合理性，也无法借鉴这一做法采用高管总薪酬进行多年度研究。考虑到2016年度高管薪酬数据只有1年，可能存在一定的偶然性，而且据此计算的高管外部薪酬差距大于临界值（2.6458）的样本量过少（仅126个），不利于本书后续考察在不同薪酬差距区间的过度投资样本和投资不足样本中，高管外部薪酬差距对企业投资效率的影响。因此，本书的后续研究不再采用这一高管总薪酬数据进行稳健性检验。

此外，考虑到高管持股比例可能会影响高管薪酬的经济后果，本书还增加了"高管持股比例"控制变量进行稳健性检验，未报告的结果表明，研究结论没有发生变化。

2. 重新估算投资效率

本书还分别采用上年的托宾Q值（TobinQ）和账面市值比（B/M）来衡量投资机会，重新运行投资效率测度模型（4-1），得到新的投资效率指标。再采用已估算出的外部薪酬差距临界值（2.6458），重新运行模型（4-4）进行分段回归，估计结果如表4-11所示。

表4-11 稳健性检验结果（重估投资效率）

变量	B/M				TobinQ			
	系数	T值	系数	T值	系数	T值	系数	T值
CF	0.048***	5.49	0.048***	3.23	0.050***	5.67	0.050***	3.19
ROA	-0.087***	-3.52	-0.093***	-2.63	-0.105***	-4.05	-0.110***	-3.18
Lev	0.013	1.33	0.013	0.81	0.029***	2.92	0.029*	1.79
Size	-0.024***	-14.03	-0.024***	-7.12	-0.026***	-14.40	-0.026***	-7.25
SOE	0.018***	2.71	0.018**	2.38	0.016**	2.25	0.015*	1.78

续表

变量	B/M				TobinQ			
	系数	T值	系数	T值	系数	T值	系数	T值
Top1	-0.000***	-3.05	-0.000*	-1.86	-0.000***	-3.04	-0.000*	-1.85
Dual	-0.004	-1.24	-0.004	-1.03	-0.005	-1.53	-0.005	-1.25
Outdir	0.038	1.49	0.038	1.46	0.044	1.61	0.043	1.64
Board	0.007	0.76	0.007	0.73	0.009	0.92	0.009	0.86
SDROA	-0.223*	-1.87	-0.227*	-1.72	-0.177	-1.39	-0.180	-1.27
Grow	0.005**	2.55	0.005**	2.06	0.007***	3.37	0.007***	2.91
Mgap1（低）	0.016***	5.63			0.016***	5.58		
Mgap1（高）	0.012***	5.88			0.012***	5.67		
Mgap1 * Low			0.018***	2.99			0.017***	2.76
Mgap1			0.000	0.06			0.001	0.28
Low			-0.047***	-2.98			-0.043**	-2.53
年度	控制		控制		控制		控制	
常数项	0.461***	9.73	0.509***	5.73	0.484***	9.79	0.528***	5.69
N	6616		6616		6600		6600	
R^2	0.047		0.048		0.049		0.050	
F	21.817***		7.443*** *		22.718***		7.932***	

表4-11第2列至第5列报告了采用B/M衡量投资机会的稳健性回归结果，第6列至第9列报告了采用TobinQ衡量投资机会的稳健性回归结果。结果显示，无论是采用TobinQ，还是采用B/M测算出的投资效率指标作为因变量时，低薪酬差距区间的Mgap1的回归系数都明显高于高薪酬差距区间的Mgap1的回归系数，而且这种差异是显著的，进一步支持了假设2。

3. 重新估算外部薪酬差距门限值

为了确保外部薪酬差距的临界值不会因业绩指标的选取不同而出现较大差异，本书还采用净资产收益率（ROE）作为企业业绩的衡量指标，重新采用模型（4-3）测算外部薪酬差距的临界值，结果得到单一门限值2.6403在10%水平上显著，与之前使用总资产收益率（ROA）测算的外部薪酬差距临界值差别不大。再采用已估算出的外部薪酬差距临界值（2.6403），重新运行模型（4-4）进行分段回归，报告的估计结果也支持了假设2，这进一步验证了本书研究结论的稳健性。

(二) 内生性检验

为了控制外部薪酬差距与投资效率之间的内生性，本书采用滞后一期的外部薪酬差距进行了研究。同时，使用面板数据，并选择固定效应模型也有助于克服模型的内生性。为了使研究结论更为稳健，本书还建立了包括高管外部薪酬差距和投资效率两个方程的联立方程模型。运用三阶段最小二乘法（3SLS）进行估计，以克服外部薪酬差距和投资效率变量之间可能存在的内生性。借鉴姜付秀和黄继承（2011）的研究，本书构建了由方程（4-8）和方程（4-9）组成的联立方程模型来考察高管外部薪酬差距与投资效率的关系。企业投资效率方程的设计沿用了申慧慧等（2012）的研究思路，高管外部薪酬差距方程的设计参考了方芳和李实（2015）的思想。

$$Eff\_inv_t = \alpha_0 + \alpha_1 Mgap_t + \alpha_2 Mgap_t^2 + \alpha_3 CF_t + \alpha_4 Lev_t + \alpha_5 Size_t + \alpha_6 SOE_t + \alpha_7 Top1_t + \alpha_8 Dual_t + \alpha_9 Outdir_t + \alpha_{10} Board_t + \alpha_{11} SDROA_t + \alpha_{12} Grow_{t-1} + \alpha_{13} Year + \varepsilon \quad (4-8)$$

$$Mgap_t = \beta_0 + \beta_1 Eff\_inv_t + \beta_2 Lev_t + \beta_3 Size_t + \beta_4 SOE_t + \beta_5 East_t + \beta_6 Top1_t + \beta_7 Dual_t + \beta_8 Outdir_t + \beta_9 Board_t + \beta_{10} Age_t + \beta_{11} Indu + \beta_{12} Year + \mu \quad (4-9)$$

模型（4-8）为投资效率方程，变量含义与方程（4-2）相同。因变量为投资效率（Eff_inv），外部薪酬差距（Mgap）是与因变量共同决定的内生变量。引入外部薪酬差距的平方项（Mgap^2），用来直接检验外部薪酬差距与投资效率之间是否存在倒"U"型关系。本书预期 α_1 的符号显著为正，α_2 的符号显著为负。方程（4-9）为高管外部薪酬差距方程。因变量是高管外部薪酬差距（Mgap），投资效率（Eff_inv）是与因变量共同决定的内生变量。根据已有文献（方芳和李实，2015），本书控制了资产负债率（Lev）、企业规模（Size）、产权性质（SOE）、地区（East，东部地区为1，否则为0）、第一大股东持股比例（Top1）、董事长和总经理两职合一（Dual）、独立董事比例（Outdir）、董事会规模（Board）、上市年限（Age）、行业和年度变量的影响。本书对模型（4-8）和模型（4-9）组成的联立方程模型进行了3SLS估计，以检验高管外部薪酬差距与投资效率之间的关系。表4-12报告了投资效率方程的回归结果，表4-13报告了高管外部薪酬差距方程的回归结果。同时，为了提高研究结论的可靠性，表4-12还报告了对投资效率方程进行两阶段最小二乘法（2SLS）估计的结果。

由表4-12可知，对投资效率方程进行3SLS估计，在全样本和投资不足样本中，外部薪酬差距（Mgap）的回归系数在1%水平上显著为正，外部薪酬差距的平方项（Mgap^2）的回归系数在1%水平上显著为负，在过度投资样本中，外部薪酬差距（Mgap）的回归系数在5%水平上显著为正，外部薪酬差距的平方项（Mgap^2）的回归系数在10%水平上显著为负。对投资效率方程进行2SLS估计，外部薪酬差距（Mgap）的回归系数都在1%水平上显著为正，外部薪酬差距的平方项（Mgap^2）的回归系数均在1%水平上显著为负。这与表4-3的回归结果一致，说明无论在全样本中，还是在过度投资、投资不足样本中，外部薪酬差距与投资效率之间都存在倒"U"型关系。

表4-12 投资效率方程的回归结果

变量	3SLS			2SLS		
	全样本	过度投资	投资不足	全样本	过度投资	投资不足
Mgap	0.129***	0.080**	0.094***	0.159***	0.110***	0.166***
	(6.65)	(2.36)	(4.33)	(8.21)	(3.23)	(7.58)
Mgap^2	-0.023***	-0.011*	-0.013***	-0.033***	-0.021***	-0.036***
	(-5.65)	(-1.70)	(-2.63)	(-8.13)	(-3.14)	(-7.49)
CF	0.026***	-0.072***	0.107***	0.020*	-0.075***	0.112***
	(2.59)	(-3.96)	(10.11)	(1.96)	(-4.08)	(10.54)
Lev	0.061***	0.053***	0.061***	0.058***	0.048***	0.061***
	(8.22)	(3.59)	(8.37)	(7.81)	(3.23)	(8.27)
Size	-0.017***	-0.017***	-0.013***	-0.015***	-0.014***	-0.011***
	(-9.47)	(-5.41)	(-6.55)	(-8.33)	(-4.44)	(-5.59)
SOE	0.013***	0.020***	0.009***	0.011***	0.018***	0.005**
	(6.07)	(4.78)	(3.98)	(5.21)	(4.24)	(2.46)
Top1	0.000*	0.000	0.000	0.000	0.000	0.000
	(1.91)	(0.76)	(1.20)	(1.26)	(0.04)	(0.91)
Dual	-0.002	-0.001	-0.003	-0.001	0.001	-0.001
	(-0.89)	(-0.21)	(-0.92)	(-0.50)	(0.19)	(-0.55)

续表

变量	3SLS			2SLS		
	全样本	过度投资	投资不足	全样本	过度投资	投资不足
Outdir	0.024	0.019	0.038*	0.020	0.014	0.035*
	(1.21)	(0.51)	(1.87)	(1.02)	(0.39)	(1.75)
Board	-0.008	-0.011	-0.003	-0.006	-0.008	-0.002
	(-1.36)	(-1.03)	(-0.46)	(-1.08)	(-0.76)	(-0.30)
SDROA	-0.247***	-0.454**	-0.126	-0.265***	-0.520***	-0.133
	(-2.59)	(-2.52)	(-1.43)	(-2.73)	(-2.84)	(-1.36)
Grow	-0.009***	-0.006	-0.005**	-0.010***	-0.007*	-0.011***
	(-3.77)	(-1.46)	(-2.22)	(-4.40)	(-1.66)	(-4.02)
年度	控制	控制	控制	控制	控制	控制
常数项	0.207***	0.252***	0.124***	0.152***	0.178***	0.052
	(6.77)	(4.53)	(3.92)	(4.96)	(3.18)	(1.63)
N	6592	2544	4048	6592	2544	4048
Chi2 或 F	323.53	145.12	1087.32	10.67	5.18	26.87
P	0.000	0.000	0.000	0.000	0.000	0.000

由表4-13可以看出,在全样本和过度投资样本中,投资效率对外部薪酬差距的影响并不显著,仅在投资不足样本中,投资效率对外部薪酬差距具有显著的正向影响。而无论在全样本中,还是在过度投资、投资不足样本中,企业规模均在1%水平上显著为正,这在很大程度上解释了投资不足样本中可以通过增加投资支出、提高投资效率来实现高管外部薪酬差距的改善,而过度投资样本中通过减少投资支出、提高投资效率反而无助于扩大高管外部薪酬差距。

表4-13 高管外部薪酬差距方程的回归结果

变量	全样本		过度投资		投资不足	
	系数	T值	系数	T值	系数	T值
Eff_inv	-0.257	(-0.14)	0.769	(0.38)	4.363***	(5.23)
Lev	-0.775***	(-11.76)	-0.933***	(-7.94)	-0.765***	(-11.34)

续表

变量	全样本		过度投资		投资不足	
	系数	T值	系数	T值	系数	T值
Size	0.316***	(33.37)	0.344***	(18.03)	0.273***	(23.14)
SOE	-0.131***	(-4.50)	-0.147***	(-2.92)	-0.138***	(-5.24)
East	0.306***	(8.51)	0.335***	(6.90)	0.203***	(7.71)
Top1	-0.006***	(-8.25)	-0.007***	(-5.54)	-0.004***	(-5.06)
Dual	0.069**	(2.56)	0.113**	(2.38)	0.047	(1.44)
Outdir	0.155	(0.76)	0.417	(1.20)	-0.170	(-0.70)
Board	0.268***	(4.85)	0.325***	(3.45)	0.165**	(2.42)
Age	0.002	(0.73)	0.010***	(2.68)	-0.003	(-1.14)
行业	控制	控制	控制	控制	控制	控制
年度	控制	控制	控制	控制	控制	控制
常数项	-6.164***	(-26.44)	-6.907***	(-18.88)	-4.645***	(-15.98)
N	6592		2544		4048	
Chi2	1708.89		726.31		892.91	
P	0.000		0.000		0.000	

第五节 本章小结

本书以高管行业薪酬均值为参照点,利用 2009~2016 年 824 家 A 股上市公司的面板数据,采用两种非线性模型,探讨了高管外部薪酬差距对投资效率的影响,研究发现:高管外部薪酬差距与投资效率之间呈现倒"U"型关系;高管外部薪酬差距的激励效应表现出明显的门限特征,即当外部薪酬差距达到门限值(2.6458)时,外部薪酬差距对高管的激励作用达到最大;而当外部薪酬差距超过门限值时,外部薪酬差距的激励作用呈现出边际递减规律,对投资效率的促进作用变弱。

本书的研究发现具有一定的理论意义和政策内涵。首先,本书采用两种非线性模型清晰刻画了外部薪酬差距与投资效率之间的非线性特征，为外部薪酬差距与投资效率之间关系的研究提供新的视角。其次，本书研究发现，就本书搜集的 A 股上市公司样本数据而言，我国上市公司高管外部薪酬差距还存在进一步扩大的空间。因此，在制定和推行国有企业高管限薪政策时，不宜"一刀切"，应在现行政策的基础上，允许部分能力强、贡献大的企业高管获得较高薪酬，拉开与外部同行的薪酬差距。本书的研究结论为薪酬制度改革提供了经验证据。总体上看，要发挥外部薪酬差距的激励作用，应高度重视经理人市场的作用，合理配置人才资源，有效降低对高管激励不足或激励过度的风险，使高管人才资源真正转化为企业发展的驱动力量。

第五章

高管外部薪酬差距、高管能力与企业投资效率

通过第一章中高管能力、高管外部薪酬差距对企业投资效率影响的理论分析,从理论上推演出高管能力会影响高管外部薪酬差距与企业投资效率之间的关系。第四章研究发现,高管外部薪酬差距在其门限值两侧对投资效率的激励效应存在不对称性。管理者人力资本理论认为,高管人力资本具有异质性。高管异质性最直接的表现是高管能力上的差异,不同能力的高管可能对高管外部薪酬差距有着不同的看法,进而对企业投资效率可能会产生不同的影响。因此,在高管外部薪酬差距门限值两侧,高管能力对外部薪酬差距与企业投资效率的影响可能会存在差别。本章提供高管能力影响外部薪酬差距与投资效率之间关系的经验证据,以第四章研究发现的高管外部薪酬差距的结构突变点(门限值)作为分组依据,探究高管能力在外部薪酬差距结构突变点两侧的作用是否存在差异。

第一节 问题的提出

现代公司制企业的一个重要特征是企业所有权和经营权相分离,受托经营企业的高管拥有企业控制权,对企业重要管理决策具有决定性的影响。能力强的管理者可以更好地整合内外部信息,做出更加准确的企业决策(Dermerjian et al., 2012),从而有助于提高企业投资效率。然而,现实经济中,由于股东与管理层目标函数不一致,能力强的管理者不一定会为了股东利益充分发挥其才能。薪酬契约是解决股东与管理层之间代理问题

的重要激励机制,高管薪酬必然是影响高管能力发挥的一个重要因素。已有研究发现,由于高管薪酬激励不足等原因,高管并不是完全发挥其管理才能,高管能力会存在配置效率问题和发挥效率问题,导致高管将部分能力配置在非生产性领域,使得生产性努力相对减少;或者是高管只将部分能力发挥出来(杜雯翠和高明华,2015)。因此,研究高管能力与企业投资效率之间的关系时,需要考虑高管外部薪酬差距。

众多文献研究了高管外部薪酬差距与企业绩效之间的关系,但并未形成一致的结论。有研究发现,高管外部薪酬差距与企业绩效之间存在线性关系,如 Core et al.(1999)、张丽平和杨兴全(2013)等;也有研究认为高管外部薪酬差距与企业绩效之间存在非线性关系,如吴联生等(2010)、祁怀锦和邹燕(2014)、黎文靖等(2014)等。既有文献在研究高管外部薪酬差距对企业绩效的影响时,其实隐含假设企业管理者是同质的,这显然与事实不符。管理者人力资本理论认为,高管人力资本具有异质性。已有研究表明,能力不同的管理者具有不同的行为方式,进而对企业战略选择和业绩水平等产生影响(Andreou et al.,2017)。因此,高管能力可能影响高管外部薪酬差距与企业绩效之间的关系。

既有研究高管薪酬差距对投资效率影响的文献很少,已有研究尚存以下不足:①学者从高管异质性角度研究高管外部薪酬差距对投资效率的影响,只是针对高管背景特征进行实证检验。高管异质性最直接的表现应该是能力上的差异,高管能力是高管异质性的本质特征(谢建等,2015),而鲜有文献将高管异质性综合为高管能力,研究其对高管外部薪酬差距与投资效率之间关系的影响。②现有文献从线性视角研究高管背景特征对高管外部薪酬差距与投资效率之间关系的影响,缺乏非线性视角的研究。而第四章研究发现,高管外部薪酬差距在其门限值两侧对企业投资效率的激励效应存在不对称性。因此,高管能力对高管外部薪酬差距与企业投资效率之间关系的影响,在高管外部薪酬差距门限值两侧可能会存在差别,现有文献缺乏高管能力在不同薪酬差距区间对二者关系影响的研究。鉴于此,采用中国上市公司 2009~2016 年的数据,以第四章研究得出的高管外部薪酬差距的结构突变点(门限值)作为分组依据,将高管外部薪酬差距划分为两个部分:低差距区间(高管外部薪酬差距小于门限值)与高差距区间(高管外部薪酬差距大于门限值),在此基础上,探讨高管能力在外部薪酬差距结构突变点两侧的作用是否存在差异。

本书研究发现,在高管外部薪酬差距的结构突变点两侧,高管能力对外部薪酬差距与投资效率之间关系的影响存在显著差别。具体来说，在低差距区间，高管能力强化了外部薪酬差距对投资效率的促进作用，且这种效果主要体现在过度投资样本；在高差距区间，高管能力对外部薪酬差距与投资效率之间关系的影响不显著。进一步分析发现，在低差距区间，高管能力强化了外部薪酬差距对过度投资的抑制作用主要体现在非国有企业，而在国有企业则不显著。本书的研究结果支持了经理人市场理论在我国的适用性，为企业深化职业经理人市场化改革提供了经验支持。

本书可能的贡献有：①本书采用第四章门限回归得出的高管外部薪酬差距门限值作为分组依据，比以往研究中采用均值或中位数进行分组，更为科学，由此得出的研究结论更可靠。②本书从高管能力异质性视角研究外部薪酬差距与投资效率之间的关系，弥补了现有文献只关注高管背景特征的不足。③本书的研究表明，在高管外部薪酬差距的结构突变点两侧，高管能力对外部薪酬差距与投资效率之间关系的影响存在差别，为政府不断深化我国企业经理人市场改革提供了经验证据，也为上市公司制定合理的管理层薪酬制度提供了决策参考。

第二节　理论分析与研究假设

管理者人力资本理论认为，高管人力资本具有异质性。高管通常对企业的重要投资决策具有决定性影响，企业投资决策的效果会受到高管能力异质性的影响。高管能力可能提升企业投资效率，也有可能损害企业投资效率。高管能力对投资效率的影响关键取决于高管外部薪酬差距的合理性。

当高管外部薪酬差距低于临界值时，高管外部薪酬差距越小，高管能力存在配置效率问题和发挥效率问题的可能性就越大。配置效率问题指高管将能力投向于非生产性领域，相对减少生产性努力。高管对其才能的配置领域取决于高管进行生产性活动和非生产性活动所获得的相对回报（Acemoglu，1995；庄子银，2007），并且会受到制度水平的影响，当制度水平较低时，高管更可能将能力配置于非生产性领域（Murphy et al.，1991；唐国华，2012）。已有研究表明，企业家将能力从生产性领域错配到非生产性领域，对企业家能力会产生"挤出效应"，不利于企业创新

(王健忠和高明华，2017)。因此，高管将能力配置于生产性领域越多，越有助于提高企业投资效率。发挥效率问题是指高管只将部分能力发挥出来。

当高管外部薪酬差距低于临界值时，高管外部薪酬差距越大，高管就越有动力发挥其全部管理才能。此时，高管能力越强，越有助于提高投资效率。具体而言，能力强的高管主要通过三种途径提高企业投资效率：

（1）提供高质量的会计信息。能力强的高管通过提供高质量的财务报表来传递声誉信号，以提高自身在经理人市场上的竞争力，从而降低了公司内外部的信息不对称程度（Francis et al.，2008）。而信息不对称程度的有效缓解能够减少投资者的监督成本和公司融资成本（Verdi，2006），有助于企业高管更好地识别净现值为正的投资机会，从而改善投资效率。

（2）拥有良好的社会资源和声誉资本。能力强的高管拥有较丰富的关系网络和社会资源（何威风和刘巍，2015），积累了良好的职业声誉，因此，能力强的高管为企业高质量发展提供了一种保障，能够可信地向外界传递企业内在价值高的信息，从而减少企业在资本市场上面临的信息不对称，当内部盈利能力不足以支撑投资机会时，能力强的高管更容易获得有利的贷款合同，如较低的贷款利率、较宽松的贷款条款、较长的贷款期限等，缓解企业的融资约束，降低企业的融资成本（Chemmanur et al.，2009；Francis et al.，2016）。

（3）建立健全的内部控制制度。能力强的高管能够建立合理有效的规章制度，形成良好的内部控制环境（何威风和刘巍，2015），而且，能力强的高管更善于识别既有内部控制缺陷，能更有效地设计、执行企业内控制度，并在执行过程中动态调整内部控制制度。因而，高管能力越强，企业内部控制质量越高（许宁宁，2017）。沈烈和郭阳生（2017）也证实了高管能力的提高改善了内部控制质量。高质量的内部控制制度为投资决策提供高质量的决策基础，高质量的内部控制制度有助于抑制企业非效率投资行为（李万福等，2011）。一些经验研究也表明，高质量的内部控制制度可以减少企业非效率投资。例如，Cheng et al.（2013）发现在披露内部控制缺点之前，受到融资约束的公司表现为投资不足，不受融资约束的公司表现为过度投资，而在披露内部控制缺点之后，这些企业的投资效率有了显著提高。张超和刘星（2015）研究发现，内部控制缺陷信息披露前后企业过度投资程度差异显著，内部控制缺陷信息披露能够有效缓解审计监督较弱、信息披露不够充分上市公司的过度投资和投资不足问题。

可见,当高管外部薪酬差距低于临界值时,扩大高管外部薪酬差距,有助于提高高管能力配置的合理性以及能力发挥程度,并且高管能力越强,越有助于提高企业投资效率。因此,本书认为,当高管外部薪酬差距低于临界值时,高管能力会强化外部薪酬差距对投资效率的促进作用。为此,本书提出假设1。

假设1:当高管外部薪酬差距低于临界值时,高管能力会强化外部薪酬差距对投资效率的促进作用。

当高管外部薪酬差距高于临界值时,高管能力可能会增强高管外部薪酬差距对投资效率的促进作用。其原因是,高管外部薪酬差距越大,高管能力存在配置效率问题和发挥效率问题可能性越小,高管能力的发挥程度会越高。此时,高管能力越强,越有助于提高投资效率。然而,高管能力也可能会弱化高管外部薪酬差距对投资效率的促进作用。原因在于,根据管理者权力理论,高管薪酬契约更多地表现为高管权力的产物,其本身是委托—代理问题的一部分。能力强的高管一方面会采取建造"企业帝国"等方式获取私利,在规模快速扩张、规模大的企业,更容易巩固其地位、声誉、权力等私有收益;另一方面会降低生产性努力程度,甚至利用权力来寻租,如自定薪酬、在职消费等,或者只发挥部分管理才能,从而导致投资效率下降。何威风等(2016)研究发现由于信息不对称的存在,企业高管出于私利考虑可能回避那些高风险的投资项目,高管能力越强,越有可能通过回避高风险的投资让自己受益,从而放弃高风险的项目,选择接受低风险的项目,导致高风险的项目投资不足和低风险的项目投资过度。因此,高管能力越强,其获取和控制的资源也越多,在自利动机的驱动下,更可能产生非效率投资行为。

可见,当高管外部薪酬差距大于临界值时,高管能力可能会强化高管外部薪酬差距对投资效率的促进作用,也可能会弱化高管外部薪酬差距对投资效率的促进作用。因此,综合两方面来看,当外部薪酬差距高于临界值时,高管能力对外部薪酬差距与投资效率之间关系的影响不显著。为此,本书提出假设2。

假设2:当高管外部薪酬差距高于临界值时,高管能力对高管外部薪酬差距与企业投资效率之间的关系没有显著影响。

第三节 研究设计

一、样本选择与数据来源

本书以我国 A 股上市公司为研究对象，样本期为 2009~2016 年，并按以下步骤对数据进行筛选：去掉金融类上市公司；去掉 ST 类上市公司；去掉主要变量数据不全的样本，包括计算高管能力和投资效率缺失的样本；剔除年行业公司数低于 10 的样本，最终得到 13896 个观测值。为了降低异常值的干扰，本书对模型（4-1）中所有连续变量在上、下 1% 水平上进行了缩尾处理。本书使用数据均来自 CSMAR 数据库。

二、模型设计与变量说明

（一）模型设计

借鉴申慧慧等（2012）、李延喜等（2018）等的研究思路，为了检验研究假设，本书构建了模型（5-1）：

$$Eff\_inv_t = \alpha_0 + \alpha_1 Mgap_{t-1} + \alpha_2 Mgap^2_{t-1} + \alpha_3 Mgap_{t-1} * MA_t + \alpha_4 MA_t + \alpha_5 CF_t + \alpha_6 ROA_{t-1} + \alpha_7 Lev_t + \alpha_8 Size_t + \alpha_9 SOE_t + \alpha_{10} Top1_t + \alpha_{11} Dual_t + \alpha_{12} Outdir_t + \alpha_{13} Board_t + \alpha_{14} SDROA_t + \alpha_{15} Grow_{t-1} + \mu \quad (5-1)$$

模型（5-1）中，Eff_inv 为投资效率变量，Eff_inv 越大，表示企业投资效率越高。MA 为高管能力变量，MA 越大，表示高管能力越强。Mgap 代表高管外部薪酬差距。为了避免外部薪酬差距与投资效率可能存在的内生性问题，Mgap 采用滞后一期数据。模型（5-1）中各变量定义如表 5-1 所示。采用模型（5-1）进行回归分析时，在公司层面进行了 cluster 处理，以修正模型系数的标准误，保证回归结果的有效性。

表 5-1 主要变量界定

类别	变量	变量定义
被解释变量	Eff_inv	投资效率,以 Richardson(2006)模型回归残差绝对值的相反数来表示
	Overinv	过度投资变量,取 Richardson(2006)模型回归残差大于0的值来表示
	Underinv	投资不足变量,取 Richardson(2006)模型回归残差小于0的值来表示
解释变量	Mgap	高管外部薪酬差距:高管薪酬/同年度同行业高管薪酬均值,取滞后一期值
	MA	高管能力变量,借鉴 Dermerjian et al.(2012),采用 DEA-Tobit 两阶段计算
控制变量	ROA	总资产收益率,采用当年净利润与年末总资产的比值衡量,取滞后一期值
	Lev	资产负债率,等于公司年末负债除以年末总资产
	Size	企业规模,以公司年末总资产的自然对数来表示
	SOE	产权性质,国有企业取值为1,非国有企业取值为0
	Top1	股权集中度,以第一大股东持股比例来表示
	Board	董事会规模,以董事会总人数的自然对数来表示
	Age	企业上市年限,通过计算上市年度至财务报告年度的差值来衡量
	Grow	营业收入增长率,取滞后一期值
	CF	自由现金流,等于经营现金流量净值与当年正常投资额之差,再除以总资产
	Dual	董事长和总经理是否两职合一,如两职合一取值为1,否则为0
	Outdir	独立董事比例,等于独立董事人数除以董事会总人数
	SDROA	公司所处行业总资产收益率的标准差

(二) 变量说明

1. 被解释变量

本书借鉴 Richardson(2006)的做法,通过模型(5-2)来估算 Eff_inv。通过对模型(5-2)进行分年度分行业回归,得到残差 ε,用 ε 表示企业未预期的资本投资,如果 ε 大于 0 表示过度投资(Overinv),如果 ε 小于 0 则为投资不足(Underinv)。本书将 ε 取绝对值,反映企业的非效率投资程度。为了研究的方便,本书对非效率投资作相反数处理,表示投资效率(Eff_inv)。

$$Inv\_new_t = \beta_0 + \beta_1 Grow_{t-1} + \beta_2 Lev_{t-1} + \beta_3 Cash_{t-1} + \beta_4 Age_{t-1} + \beta_5 Size_{t-1} + \beta_6 Yret_{t-1} + \beta_7 Inv\_new_{t-1} + \varepsilon \qquad (5-2)$$

模型（5-2）中，Inv_new 表示当年新增投资，参照刘慧龙等（2014）的做法，Inv_new =（购建固定资产、无形资产及其他长期资产的支出+取得子公司及其他营业单位支付的现金净额-处置固定资产、无形资产和其他长期资产收回的现金净额-折旧）/期初总资产。在 Inv_new 计算公式中，除期初总资产取自资产负债表外，其余数据均来源于现金流量表。模型（5-2）中：Grow 是投资机会变量，采用企业营业收入增长率来衡量；Lev 是企业的资产负债率，等于总负债除以总资产；Cash 是企业的现金状况，等于交易性金融资产和货币资金之和除以总资产；Age 表示企业上市年限，通过计算上市年度至财务报告年度的差值来衡量；Size 为企业规模变量，以总资产的自然对数来衡量；Yret 为股票年收益率。

2. 解释变量

（1）高管能力。参考 Dermerjian et al.（2012）的研究，采用 DEA-Tobit 两阶段方法从企业整体角度测算高管能力（MA）。高管能力是在剔除公司层面因素影响的基础上，高管运用有限的资源获得最大产出的能力。先借助 Maxdea6.6 软件，运用 DEA 来测算各行业内具体企业的效率值，具体测算方法如下：

$$\text{Max Effi} = \frac{\text{Sale}}{\delta_1 \text{Fa} + \delta_2 \text{Ia} + \delta_3 \text{R\&D} + \delta_4 \text{Gw} + \delta_5 \text{Cgs} + \delta_6 \text{Esa}} \tag{5-3}$$

模型（5-3）中，投入变量包括固定资产净额（Fa）、无形资产（Ia）、研发支出（R&D）、商誉（Gw）、营业成本（Cgs）、销售费用与管理费用之和（Esa），产出变量为营业收入（Sale）。采用基于投入导向的 DEA 来进行测算。

再采用模型（5-4）进行回归，将高管能力分离出来。由于模型（5-3）测算出来的全效率反映的是高管能力以及超出高管能力控制的企业特征的共同影响，因此，需要从中将高管能力的影响剥离出来。模型（5-3）测算出来的企业全效率值分布于 0~1，因此，本书采用 Tobit 模型进行回归，模型（5-4）的回归残差即为高管能力，命名为 MA。为避免可能存在的异方差，使测算的高管能力更加准确，本书在公司层面上进行了 Cluster 处理，以修正标准误。

$$\text{Effi} = \gamma_0 + \gamma_1 \text{Size} + \gamma_2 \text{Lev} + \gamma_3 \text{Ms} + \gamma_4 \text{Dumcf} + \gamma_5 \text{Age} + \gamma_6 \text{SOE} + \gamma_7 \text{Year} + \gamma_8 \text{Indu} + \xi \tag{5-4}$$

模型（5-4）中，Size 为企业总资产的自然对数，Lev 为资产负债率，Ms 为企业市场份额，采用企业营业收入占同行业企业营业收入之和的比值来表示，Dumcf 是自由现金流虚拟变量，如自由现金流为正取值为 1，否则为 0，Age 为企业上市年限，SOE 为企业产权性质，Year 为年份虚拟变量，Indu 为行业虚拟变量。

（2）高管外部薪酬差距（Mgap）。关于高管外部薪酬差距的测度，目前研究中主要采用两种方法，第一种方法是采用薪酬决定模型的回归残差代表额外薪酬，如果额外薪酬大于 0 或小于 0，则意味着高管实际薪酬高于或低于其应得薪酬，通常称为薪酬外部不公平，反之，额外薪酬越接近 0，则越趋于公平，如 Core et al.（1999）、辛清泉（2007）、吴联生等（2010），这种方法的缺点在于对模型设定存在很强的依赖性，而且额外薪酬反映的只是实际薪酬减去预期薪酬的差额，并不是对高管薪酬进行社会比较的结果，因而并不能全面计量高管外部薪酬差距。第二种方法是将高管外部薪酬差距定义为企业高管薪酬与行业基准薪酬的比值，是社会比较的直接体现，如 Biajak et al.（2008）、黎文靖等（2014）、祁怀锦和邹燕（2014）。因此，本书采用第二种方法，以高管薪酬/同年度同行业高管薪酬均值（Mgap）表示高管外部薪酬差距。高管薪酬指的是企业高管薪酬最高三个值的平均值。

3. 控制变量

控制变量方面，参考申慧慧等（2012）、徐倩（2014）、饶品贵等（2017）的研究，本书控制了自由现金流（CF）、总资产收益率（ROA）、资产负债率（Lev）、企业规模（Size）、产权性质（SOE）、第一大股东持股（TOP1）、董事长和总经理两职合一虚拟变量（Dual）、独立董事比例（Outdir）、董事会规模（Board）、公司所处行业总资产收益率的标准差（SDROA）、营业收入增长率（Grow）。此外，还控制了年度变量。需要指出的是，由于 SDROA 代表的是行业环境特征，为避免存在严重的多重共线性，研究模型中不再控制行业虚拟变量。

第四节 实证分析

一、描述性统计

表 5-2 报告了主要变量的描述性统计结果。Eff_inv 的平均值为

−0.055，这表明平均而言，样本企业的非效率投资额约占总资产的 5.5%。在 13896 个观测值中有 5258 个观测值（全部样本的 37.8%）为过度投资（overinv），平均过度投资额约占总资产的 6.8%；有 8638 个观测值（全部样本的 62.2%）为投资不足（underinv），平均投资缺口约占总资产的 4.7%。Mgap 的平均值为 0.982，最小值为 0.147，最大值为 4.568，这表明不同企业之间高管薪酬差距较大。MA 的平均值为 −0.006，最小值为 −0.604，最大值为 0.488，这表明我国上市公司高管能力之间存在明显的差异。

表 5-2 主要变量描述性统计

变量	N	mean	p50	min	max	sd
Eff_inv	13896	−0.055	−0.034	−0.635	−0.000	0.072
overinv	5258	0.068	0.035	0.000	0.635	0.099
underinv	8638	−0.047	−0.034	−0.277	−0.001	0.048
Mgap	13896	0.982	0.784	0.147	4.568	0.749
MA	13896	−0.006	−0.004	−0.604	0.488	0.158
CF	13896	0.002	0.003	−0.369	0.328	0.108
ROA	13896	0.039	0.035	−0.141	0.193	0.05
Lev	13896	0.453	0.452	0.055	0.894	0.208
Size	13896	22.082	21.923	17.277	28.509	1.248
SOE	13896	0.447	1.000	0.000	1.000	0.497
Top1	13896	34.926	32.968	2.197	89.986	15.135
Dual	13896	0.224	0.000	0.000	1.000	0.417
Outdir	13896	0.371	0.333	0.091	0.800	0.055
Board	13896	2.155	2.197	1.099	2.890	0.200
SDROA	13896	0.049	0.047	0.009	0.120	0.010
Grow	13896	0.183	0.108	−0.564	3.188	0.471

此外，未报告的变量之间的 Pearson 相关系数显示，外部薪酬差距（Mgap）和投资效率（Eff_inv）的相关系数为 0.053，在 1% 水平上显著正相关，说明从样本总体来看，高管外部薪酬差距越大，对企业非效率投资的抑制作用越明显，企业投资效率越高。高管能力（MA）和投资效率（Eff_inv）的相关系数为 −0.010，但不显著，说明高管能力影响企业投资

效率可能需要具备一定的条件。高管能力（MA）和外部薪酬差距（Mgap）的相关系数不显著，未报告的变量之间的 Spearman 相关系数也显示，高管能力（MA）和外部薪酬差距（Mgap）的相关系数也不显著。区分过度投资与投资不足后，在过度投资组，高管能力（MA）和外部薪酬差距（Mgap）的相关系数在 10% 水平上显著为正，而在投资不足组，高管能力（MA）和外部薪酬差距（Mgap）的相关系数不显著。另外，其他变量之间相关系数的绝对值均低于 0.5，说明本书采用的变量不会产生严重的多重共线性问题。

二、回归结果分析

表 5-3 报告了研究假设的 OLS 回归结果。本书以第四章研究得出高管外部薪酬差距的结构突变点（门限值）作为分组依据，将高管外部薪酬差距划分为两个部分：低差距区间（高管外部薪酬差距小于门限值）与高差距区间（高管外部薪酬差距大于门限值）。从表 5-3 可知，第 2 列低差距组 Mgap * MA 的回归系数在 1% 水平上显著为正，第 5 列高差距组 Mgap * MA 的回归系数为正，但并不显著。这些结果表明，在高管外部薪酬差距的结构突变点两侧，高管能力对外部薪酬差距与投资效率之间关系的影响存在差别。具体来说，在低差距区间，高管能力显著强化了外部薪酬差距对企业投资效率的促进作用，说明假设 1 成立，原因可能是在低差距区间，扩大高管外部薪酬差距，有助于提升高管能力配置的合理性以及能力发挥程度，并且高管能力越强，越有助于提高企业投资效率。在高差距区间，高管能力对外部薪酬差距与企业投资效率之间关系的影响并不显著，即假设 2 成立。

表 5-3 高管能力、外部薪酬差距与投资效率

变量	Mgap <2.6458			Mgap>2.6458		
	全样本	过度投资	投资不足	全样本	过度投资	投资不足
Mgap	0.010***	0.021***	0.003**	0.000	0.000	−0.000
	(7.18)	(6.95)	(2.54)	(0.07)	(0.10)	(−0.11)
Mgap * MA	0.035***	0.060***	0.007	0.014	0.027	0.006
	(3.91)	(3.14)	(0.97)	(1.06)	(1.28)	(0.48)
MA	−0.039***	−0.056***	−0.023***	−0.007	−0.050	−0.021
	(−4.50)	(−2.82)	(−3.33)	(−0.14)	(−0.55)	(−0.40)

续表

变量	Mgap <2.6458			Mgap>2.6458		
	全样本	过度投资	投资不足	全样本	过度投资	投资不足
CF	0.080***	-0.021	0.178***	-0.039	-0.197***	0.151***
	(10.77)	(-1.27)	(29.93)	(-1.34)	(-3.79)	(5.31)
ROA	-0.005	-0.111**	0.069***	0.081	0.086	0.101
	(-0.25)	(-2.49)	(4.48)	(1.03)	(0.65)	(1.28)
Lev	0.024***	0.027***	0.025***	0.032*	0.031	0.028
	(5.90)	(2.87)	(7.95)	(1.70)	(0.94)	(1.48)
Size	-0.005***	-0.013***	0.002***	-0.006**	-0.007*	0.005*
	(-7.68)	(-8.82)	(4.34)	(-2.31)	(-1.80)	(1.83)
SOE	0.011***	0.025***	0.001	0.009*	0.009	0.004
	(7.85)	(7.61)	(0.82)	(1.67)	(0.99)	(0.68)
Top1	0.000**	0.000*	-0.000	-0.000	-0.000	-0.000
	(2.01)	(1.71)	(-0.96)	(-0.86)	(-1.08)	(-0.73)
Dual	-0.001	-0.003	0.002*	-0.001	0.002	-0.010*
	(-0.60)	(-0.96)	(1.69)	(-0.19)	(0.19)	(-1.81)
Outdir	0.023*	0.041	0.004	0.037	-0.024	0.019
	(1.77)	(1.40)	(0.42)	(0.81)	(-0.28)	(0.45)
Board	0.010**	0.014*	0.004	0.003	-0.002	0.000
	(2.57)	(1.70)	(1.44)	(0.24)	(-0.07)	(0.01)
SDROA	-0.216*	-0.634**	-0.089	0.480	1.020	0.074
	(-1.80)	(-2.42)	(-0.92)	(0.94)	(1.09)	(0.15)
Grow	-0.003	-0.002	-0.002	-0.008	-0.026	0.003
	(-1.24)	(-0.38)	(-1.23)	(-0.78)	(-1.41)	(0.30)
年度	控制	控制	控制	控制	控制	控制
常数项	0.012	0.156***	-0.122***	0.024	0.084	-0.173***
	(0.70)	(4.20)	(-8.85)	(0.38)	(0.79)	(-2.71)
N	13317	4978	8339	579	280	299
R^2	0.027	0.036	0.134	0.035	0.118	0.146
F	26.810	13.307	91.869	1.473	2.527	3.463

为了深入了解高管能力对外部薪酬差距激励效应的影响到底是表现为减少企业过度投资程度，还是缓解企业投资不足程度，抑或两种情况均存在？为此，本书进一步将低差距组和高差距组分别分为过度投资子样本与投资不足子样本进行回归，结果同样报告在表 5-3 中。从表 5-3 中高差距组的估计结果来看，在过度投资子样本和投资不足子样本中，Mgap * MA 的回归系数均为正，但不显著，这与高差距组全样本结果一致。从表 5-3 中低差距组的估计结果来看，在过度投资子样本中，Mgap * MA 的回归系数在 1% 水平上显著为正，在投资不足子样本中，Mgap * MA 的回归系数为正，但不显著，说明高管能力强化外部薪酬差距对企业投资效率的促进作用仅体现在过度投资企业。这一结果意味着在其他条件一定的情况下，高管外部薪酬差距越大，越有助于高管提高其能力配置效率和发挥效率，因而提高了投资效率。在低差距组投资不足子样本中，高管能力对外部薪酬差距与投资效率之间关系的影响不显著的原因可能在于：投资不足的企业往往自有资金缺乏或存在融资约束，尽管外部薪酬差距能够激励高管施展才能，但也会遭遇"巧妇难为无米之炊"的困境（代昀昊和孔东民，2017），从而难以缓解企业投资不足。

三、稳健性和内生性检验

（一）稳健性检验

本书研究结论的可靠性，在相当大的程度上取决于高管能力和投资效率等关键指标计量的可靠性。为此，本书进行了稳健性检验：

（1）上述研究根据 Dermerjian et al.（2012）的 DEA-Tobit 两阶段方法测算了高管能力（MA）指标，并直接用于模型（5-1）进行回归。由于高管能力（MA）为模型（5-4）估算出来的残差，其结果可能会受到研究样本分布的影响，因此本书参考何威风等（2016）的做法，将高管能力进行十等分，设置高管能力虚拟变量（高于中位数取值为 1，否则为 0），然后对模型（5-1）重新进行回归。表 5-4 报告了对高管能力进行十等分的稳健性检验结果，以及未报告的对高管能力设置虚拟变量的稳健性检验结果都显示，当外部薪酬差距低于门限值（2.6458）时，在全样本和过度投资子样本中，Mgap * MA 的系数均在 10% 水平上显著为正，而在投资不足子样本中不显著；当外部薪酬差距高于门限值（2.6458）时，在全样本、过度投资子样本与投资不足子样本中，Mgap＊MA 的系数都不显著。这与表 5-3 的结果一致，说明本书的研究结论不发生改变。

表 5-4　高管能力十等分的稳健性检验

变量	Mgap <2.6458			Mgap>2.6458		
	全样本	过度投资	投资不足	全样本	过度投资	投资不足
Mgap	0.005**	0.011**	0.002	−0.003	−0.005	−0.003
	(2.02)	(2.16)	(1.07)	(−0.91)	(−0.86)	(−0.96)
Mgap＊MA	0.001*	0.002*	−0.000	0.001	0.001	0.001
	(1.83)	(1.95)	(−0.55)	(1.36)	(1.30)	(1.16)
MA	−0.019**	−0.035*	−0.009	−0.020	−0.040	−0.051
	(−2.32)	(−1.86)	(−1.47)	(−0.43)	(−0.50)	(−1.16)
CF	0.072***	−0.002	0.155***	−0.015	−0.162***	0.156***
	(9.91)	(−0.13)	(27.50)	(−0.52)	(−3.01)	(5.64)
ROA	−0.054***	−0.151***	0.023	0.010	0.004	0.044
	(−2.81)	(−3.38)	(1.56)	(0.12)	(0.03)	(0.57)
Lev	0.007*	0.013	0.009***	0.007	0.007	0.009
	(1.72)	(1.38)	(2.91)	(0.37)	(0.20)	(0.46)
Size	−0.001	−0.008***	0.006***	−0.002	−0.004	0.007***
	(−1.06)	(−4.89)	(11.29)	(−0.88)	(−0.87)	(2.66)
SOE	0.009***	0.022***	−0.001	0.004	0.002	0.001
	(6.20)	(6.61)	(−1.19)	(0.75)	(0.22)	(0.17)
Top1	−0.000	0.000	−0.000***	−0.000	−0.000	−0.000
	(−0.87)	(0.97)	(−5.30)	(−0.84)	(−1.33)	(−0.40)
Dual	−0.000	−0.002	0.003**	0.002	−0.001	−0.006
	(−0.17)	(−0.67)	(2.16)	(0.28)	(−0.08)	(−1.04)
Outdir	0.013	0.034	−0.007	0.014	−0.028	0.002
	(1.00)	(1.19)	(−0.77)	(0.31)	(−0.33)	(0.05)
Board	0.001	0.007	−0.003	−0.009	−0.011	−0.009
	(0.36)	(0.80)	(−1.12)	(−0.67)	(−0.47)	(−0.71)
SDROA	−0.376***	−0.637**	−0.304***	0.117	0.765	−0.146
	(−3.14)	(−2.43)	(−3.27)	(0.23)	(0.81)	(−0.29)

续表

变量	Mgap <2.6458			Mgap>2.6458		
	全样本	过度投资	投资不足	全样本	过度投资	投资不足
Grow	-0.007***	-0.005	-0.006***	-0.010	-0.027	0.001
	(-2.89)	(-0.91)	(-3.48)	(-1.02)	(-1.49)	(0.08)
年度	控制	控制	控制	控制	控制	控制
常数项	-0.036**	0.076**	-0.151***	0.022	0.068	-0.167***
	(-2.14)	(2.00)	(-11.65)	(0.37)	(0.65)	(-2.68)
N	13317	4978	8339	579	280	299
R^2	0.077	0.062	0.240	0.114	0.174	0.230
F	53.157	15.682	125.055	3.424	2.585	3.938

（2）由于直接采用Richardson（2006）模型估算非效率投资可能忽视了适度投资问题，因此参照辛清泉等（2007）的做法，将回归残差按从小到大排列，并将之三分组，取残差最大（过度投资）和残差最小（投资不足）作为非效率投资样本，对模型（5-1）重新进行回归分析，结果如表5-5所示。由表5-5可知，当外部薪酬差距低于门限值（2.6458）时，在全样本和过度投资子样本中，Mgap*MA的系数均在10%水平上显著为正，而在投资不足子样本中不显著；当外部薪酬差距高于门限值（2.6458）时，在各样本中，Mgap*MA的系数都不显著。这再次证实了本书研究结论的可靠性，说明本书的研究结论不受非效率投资样本选择的影响。

表5-5 改变投资效率样本的稳健性检验

变量	Mgap <2.6458			Mgap>2.6458		
	全样本	过度投资	投资不足	全样本	过度投资	投资不足
Mgap	0.012***	0.021***	0.003*	-0.000	-0.000	0.002
	(6.43)	(6.24)	(1.71)	(-0.02)	(-0.07)	(0.61)
Mgap*MA	0.035***	0.054***	0.010	0.020	0.023	-0.004
	(2.93)	(2.58)	(0.93)	(1.12)	(1.01)	(-0.16)
MA	-0.037***	-0.055**	-0.018*	-0.011	-0.017	0.017
	(-3.17)	(-2.53)	(-1.95)	(-0.15)	(-0.18)	(0.17)

续表

变量	Mgap <2.6458			Mgap>2.6458		
	全样本	过度投资	投资不足	全样本	过度投资	投资不足
CF	0.076***	0.006	0.180***	-0.015	-0.169***	0.208***
	(7.83)	(0.32)	(22.07)	(-0.39)	(-2.93)	(4.79)
ROA	-0.072***	-0.137***	-0.002	0.014	0.027	0.072
	(-2.75)	(-2.78)	(-0.10)	(0.14)	(0.19)	(0.63)
Lev	-0.002	0.010	-0.006	-0.002	0.011	-0.007
	(-0.28)	(0.95)	(-1.40)	(-0.08)	(0.31)	(-0.25)
Size	-0.003***	-0.008***	0.005***	-0.002	-0.004	0.003
	(-2.74)	(-4.41)	(6.20)	(-0.53)	(-0.83)	(0.67)
SOE	0.011***	0.022***	-0.001	0.009	0.003	0.013
	(5.31)	(6.01)	(-0.87)	(1.24)	(0.35)	(1.30)
Top1	-0.000	0.000	-0.000***	-0.000	-0.000	-0.000
	(-0.58)	(0.65)	(-3.69)	(-1.54)	(-1.27)	(-0.08)
Dual	-0.000	-0.003	0.004**	0.004	0.004	-0.007
	(-0.05)	(-0.72)	(2.41)	(0.52)	(0.40)	(-0.74)
Outdir	0.019	0.038	-0.008	-0.011	-0.040	0.060
	(1.04)	(1.18)	(-0.53)	(-0.17)	(-0.43)	(0.83)
Board	0.004	0.006	-0.001	-0.020	-0.016	-0.016
	(0.74)	(0.69)	(-0.18)	(-1.15)	(-0.65)	(-0.78)
SDROA	-0.027	-0.450	0.271*	0.422	0.682	0.127
	(-0.16)	(-1.51)	(1.88)	(0.58)	(0.67)	(0.13)
Grow	-0.003	-0.003	-0.003	-0.019	-0.032	0.013
	(-0.79)	(-0.41)	(-1.15)	(-1.47)	(-1.64)	(0.83)
年度	控制	控制	控制	控制	控制	控制
常数项	-0.036	0.059	-0.179***	0.036	0.089	-0.139
	(-1.53)	(1.40)	(-8.95)	(0.43)	(0.76)	(-1.27)
N	8892	4386	4506	372	246	126
R^2	0.067	0.061	0.228	0.158	0.191	0.425
F	30.204	13.543	63.004	3.138	2.516	3.667

(3) 重新估算投资效率。本书还分别采用上年的账面市值比（B/M）和托宾Q值（TobinQ）来衡量投资机会，重新运行投资效率测度模型（5-2），得到新的投资效率指标，然后再运行模型（5-1）进行回归。未报告的结果显示，无论采用B/M还是采用TobinQ测算出的投资效率指标作为因变量，Mgap*MA的系数都与前面的研究结果基本一致，说明本书的研究结论不受非效率投资指标估算的影响，因此，本书的研究结论是可靠的。

（二）内生性检验

为了克服外部薪酬差距和投资效率变量之间可能存在的内生性，使研究结论更为稳健，与第四章类似，借鉴姜付秀和黄继承（2011）的做法，建立了高管外部薪酬差距和投资效率两个方程的联立方程模型来进行估计，估计方法采用三阶段最小二乘法（3SLS）。本书构建了由方程（5-5）和方程（5-6）组成的联立方程模型来考察高管能力和外部薪酬差距对投资效率的影响。投资效率方程的设计沿用了申慧慧等（2012）的研究思路，外部薪酬差距方程的设计参考了方芳和李实（2015）的思想。

表 5-6 投资效率方程的回归结果

变量	Mgap <2.6458			Mgap>2.6458		
	全样本	过度投资	投资不足	全样本	过度投资	投资不足
Mgap	0.040***	0.072***	-0.003	-0.024	-0.024	0.193
	(4.78)	(4.24)	(-0.48)	(-0.68)	(-0.90)	(0.47)
Mgap*MA	0.021**	0.044**	-0.000	0.024	0.037	-0.076
	(2.48)	(2.27)	(-0.06)	(0.32)	(0.63)	(-0.09)
MA	-0.027***	-0.049**	-0.011*	-0.030	-0.069	0.077
	(-3.30)	(-2.37)	(-1.66)	(-0.12)	(-0.33)	(0.03)
CF	0.070***	-0.017	0.160***	0.063*	0.023	0.147
	(9.12)	(-0.99)	(25.78)	(1.72)	(0.34)	(1.01)
Lev	0.025***	0.050***	0.005	0.017	0.005	-0.122
	(5.11)	(4.44)	(1.19)	(0.40)	(0.10)	(-0.30)
Size	-0.006***	-0.017***	0.007***	0.004	0.005	-0.030
	(-3.91)	(-4.99)	(5.46)	(0.39)	(0.41)	(-0.30)
SOE	0.012***	0.027***	-0.002	-0.011	-0.010	0.098
	(7.36)	(7.43)	(-1.46)	(-0.54)	(-0.56)	(0.49)

续表

变量	Mgap <2.6458			Mgap>2.6458		
	全样本	过度投资	投资不足	全样本	过度投资	投资不足
Top1	0.000	0.000	-0.000***	-0.000	-0.001	0.001
	(0.22)	(1.42)	(-5.16)	(-1.09)	(-1.60)	(0.53)
Dual	-0.000	-0.002	0.003**	0.002	0.015	0.066
	(-0.13)	(-0.42)	(2.20)	(0.19)	(0.98)	(0.67)
Outdir	0.017	0.042	-0.008	-0.044	-0.090	0.241
	(1.31)	(1.43)	(-0.83)	(-0.39)	(-0.65)	(0.32)
Board	-0.003	-0.001	-0.003	0.000	0.005	-0.020
	(-0.84)	(-0.14)	(-0.90)	(0.00)	(0.13)	(-0.27)
SDROA	-0.263**	-0.510*	-0.301***	-0.126	-0.119	-1.594
	(-2.27)	(-1.93)	(-3.24)	(-0.06)	(-0.07)	(-0.07)
Grow	-0.008***	-0.011**	-0.005**	-0.015	-0.055**	0.018
	(-3.14)	(-2.00)	(-2.47)	(-1.21)	(-2.25)	(0.17)
年度	控制	控制	控制	控制	控制	控制
常数项	0.052*	0.216***	-0.167***	-0.022	-0.019	-0.100
	(1.75)	(3.34)	(-7.12)	(-0.13)	(-0.09)	(-0.08)
N	13299	4961	8338	597	297	300
Chi2	1071.88	282.45	2608.41	77.84	47.73	216.91
P	0.000	0.000	0.000	0.000	0.000	0.000

$$\begin{aligned} Eff\_inv_t = &\alpha_0 + \alpha_1 Mgap_t + \alpha_2 Mgap_t * MA_t + \alpha_3 MA_t + \alpha_4 CF_t + \\ &\alpha_5 Lev_t + \alpha_6 Size_t + \alpha_7 SOE_t + \alpha_8 Top1_t + \alpha_9 Dual_t + \\ &\alpha_{10} Outdir_t + \alpha_{11} Board_t + \alpha_{12} SDROA_t + \\ &\alpha_{13} Grow_{t-1} + \alpha_{14} Year + \varepsilon \end{aligned} \quad (5-5)$$

$$\begin{aligned} Mgap_t = &\beta_0 + \beta_1 Eff\_inv_t + \beta_2 MA_t + \beta_3 Lev_t + \beta_4 Size_t + \\ &\beta_5 SOE_t + \beta_6 East_t + \beta_7 Top1_t + \beta_8 Dual_t + \beta_9 Outdir_t + \\ &\beta_{10} Board_t + \beta_{11} Age_t + \beta_{12} Indu + \beta_{13} Year + \mu \end{aligned} \quad (5-6)$$

模型（5-5）为投资效率方程，变量含义与方程（5-1）相同。因变量为投资效率（Eff_inv），高管外部薪酬差距（Mgap）是与因变量共同决定的内生变量。外部薪酬差距与高管能力的交互项（Mgap*MA）用来检验外部薪酬差距与高管能力对投资效率的共同影响。模型（5-6）为高管外部薪酬差距方程。因变量是高管外部薪酬差距（Mgap），投资效率（Eff_inv）是与因变量共同决定的内生变量。MA 为高管能力变量，其余变量含义同模型（4-9）一致。

本书对模型（5-5）和模型（5-6）组成的联立方程组进行了 3SLS 估计。表 5-6 报告了投资效率方程的回归结果，表 5-7 报告了外部薪酬差距方程的回归结果。由表 5-6 可知，当高管外部薪酬差距低于门限值（2.6458）时，在全样本和过度投资子样本中，Mgap * MA 的回归系数均在 5% 水平上显著为正，在投资不足子样本中，Mgap * MA 的回归系数不显著；而当高管外部薪酬差距高于门限值（2.6458）时，无论在全样本中，还是在过度投资、投资不足子样本中，Mgap * MA 的回归系数都不显著。这与表 5-3 的回归结果一致。由表 5-7 可以看出，当高管外部薪酬差距低于门限值（2.6458）时，在全样本和投资不足子样本中，投资效率对外部薪酬差距的影响在 1% 水平上显著为正，而在过度投资子样本中，投资效率对外部薪酬差距不具有显著影响。而无论在全样本中，还是在过度投资、投资不足子样本中，企业规模均在 1% 水平上显著为正，这在很大程度上解释了在投资不足子样本中可以通过增加投资支出、提高投资效率来实现高管薪酬外部薪酬差距的改善，而在过度投资子样本中通过减少投资支出，提高投资效率反而无助于扩大高管外部薪酬差距。而当高管外部薪酬差距高于门限值（2.6458）时，在各样本中，投资效率的回归系数都不显著，表明提高投资效率并不能进一步扩大高管外部薪酬差距。

表 5-7　高管外部薪酬差距方程的回归结果

变量	Mgap <2.6458			Mgap>2.6458		
	全样本	过度投资	投资不足	全样本	过度投资	投资不足
Eff_inv	0.687***	-0.072	0.781***	1.185	-0.413	0.453
	(2.75)	(-0.17)	(3.34)	(0.45)	(-0.14)	(0.14)
MA	0.067**	0.039	0.090***	1.373***	1.810***	1.155**
	(2.45)	(0.82)	(2.73)	(3.37)	(3.15)	(2.08)
Lev	-0.376***	-0.378***	-0.371***	0.590	0.469	0.631
	(-15.98)	(-8.81)	(-13.32)	(1.64)	(0.86)	(1.34)
Size	0.176***	0.174***	0.168***	0.316***	0.415***	0.176**
	(43.87)	(22.93)	(32.47)	(5.57)	(4.96)	(2.32)

续表

变量	Mgap <2.6458			Mgap>2.6458		
	全样本	过度投资	投资不足	全样本	过度投资	投资不足
SOE	-0.068***	-0.047**	-0.068***	-0.576***	-0.547***	-0.532***
	(-6.62)	(-2.35)	(-5.75)	(-4.86)	(-3.16)	(-3.35)
East	0.136***	0.170***	0.124***	0.201	0.528**	-0.008
	(14.81)	(10.41)	(11.90)	(1.31)	(2.52)	(-0.09)
Top1	-0.002***	-0.002***	-0.002***	-0.007*	-0.012**	-0.003
	(-7.64)	(-4.23)	(-6.03)	(-1.92)	(-2.22)	(-0.60)
Dual	-0.015	-0.028*	-0.010	-0.235*	-0.048	-0.396**
	(-1.53)	(-1.66)	(-0.81)	(-1.74)	(-0.25)	(-2.10)
Outdir	-0.037	-0.037	-0.002	-1.616	-2.128	-1.068
	(-0.45)	(-0.26)	(-0.02)	(-1.48)	(-1.34)	(-0.71)
Board	0.134***	0.148***	0.132***	0.039	0.238	0.064
	(5.58)	(3.65)	(4.44)	(0.13)	(0.55)	(0.15)
Age	-0.001**	-0.001	-0.001	-0.014	-0.024	0.006
	(-2.00)	(-0.64)	(-1.00)	(-1.29)	(-1.60)	(0.39)
行业	控制	控制	控制	控制	控制	控制
年度	控制	控制	控制	控制	控制	控制
常数项	-3.023***	-3.043***	-2.864***	-2.478*	-4.999***	0.132
	(-30.86)	(-18.65)	(-22.60)	(-1.96)	(-2.66)	(0.07)
N	13299	4961	8338	597	297	300
Chi2	2479.33	878.90	1528.16	100.56	78.25	31.86
P	0.000	0.000	0.000	0.000	0.000	0.000

四、进一步的研究

如前所述，高管才能配置效率受到制度水平的影响，当制度水平较低时，高管可能将能力配置于非生产性领域，高管能力的发挥效率也会受到薪酬社会比较、经理人市场发展水平的影响。中国特殊的国情决定了国有企业和非国有企业在制度环境上存在很大差异，制度环境正是造成国有企业高管才能配置效率和发挥效率低下的重要原因。从经理人市场来看,国有企业经理人市场远不及非国有企业经理人市场发展得好(黎文靖等,2014),非国有企业经理人市场能够较好地甄别高管能力的高低(杜雯翠和高明华,2015),因此,能力强的非国有企业高管更可能获得与其高能力相匹配的薪酬,从而将才能更多配置于生产性领域,更能发挥高管的主观能动性。相反,如果对高管激励不足,高管就可能缺乏动力,使得高管不愿意充分施展才能,甚至寻求机会主义行为获得替代补偿,从而降低投资效率。李维安等(2010)研究发现,非国有企业高管薪酬越高,说明其对高管人才的需求越强烈,国有企业高管薪酬则很大程度上受制于高管权力。张维迎(2000)指出国有企业高管能力与权力不匹配,导致这一现象的原因在于国有企业高管将大量的时间和精力用于争权夺利,而且权力斗争的结局通常是控制权从高能力的管理者转移到低能力的管理者;而非国有企业的权力斗争的机会成本较高,因而控制权更可能由高能力管理者掌握。因此,本书有理由合理推断,与非国有企业相比,国有企业高管能力与薪酬错配问题更严重,权力寻租可能性更大,从而导致高管能力和外部薪酬差距激励对企业过度投资的影响存在差异。

为了证实这一推测,本书在模型(5-5)和模型(5-6)组成的联立方程组的基础上,区分国有企业和非国有企业,考察在产权性质不同的情形下,高管能力对外部薪酬差距与过度投资之间关系的影响是否存差别。表5-8报告了3SLS和2SLS两种方法的估计结果。从表5-8可以看出,在第3列和第5列非国有企业组,Mgap*MA的回归系数均在5%水平上显著为正,而在第2列和第4列国有企业组,Mgap*MA的回归系数虽然为正但都不显著,说明高管能力和外部薪酬差距共同作用抑制了非国有企业过度投资,而对国有企业过度投资的影响则不明显。未报告的采用模型(5-1)进行OLS估计的结果也表明,在国有企业样本中,滞后一期的外部薪酬差距与高管能力交乘项的系数不显著,而在非国有企业样本中,滞后一期的外部薪酬差距与高管能力的交乘项的系数在5%水平上显著为正。造成这一结果的原因可能就在于在非国有企业经理人市场高管能力与薪酬匹配度更高,而在国有企业经理人市场高管能力与薪酬配置错位较严重。这一发现具有政策内涵,为国有企业实行差异化薪酬制度,不断推进和完善职业经理人市场提供了政策支持。

表 5-8 高管能力、外部薪酬差距与过度投资（国有与非国有）

变量	Mgap <2.6458			
	3SLS		2SLS	
	国有	非国有	国有	非国有
Mgap	0.035**	0.083**	0.035**	0.086**
	(2.54)	(2.07)	(2.52)	(2.13)
Mgap*MA	0.022	0.057**	0.027	0.060**
	(0.96)	(2.12)	(1.13)	(2.20)
MA	−0.006	−0.066**	−0.010	−0.069**
	(−0.27)	(−2.35)	(−0.41)	(−2.44)
CF	−0.092***	−0.056**	−0.092***	−0.040
	(−5.45)	(−2.23)	(−5.41)	(−1.58)
Lev	0.039***	0.041**	0.039***	0.044**
	(2.93)	(2.31)	(2.93)	(2.51)
Size	−0.008***	−0.025***	−0.009***	−0.026***
	(−2.93)	(−2.78)	(−2.93)	(−2.86)
Top1	0.000	−0.000	0.000	−0.000
	(1.57)	(−0.49)	(1.58)	(−0.51)
Dual	0.012**	−0.005	0.012**	−0.005
	(2.05)	(−1.03)	(2.02)	(−1.02)
Outdir	0.027	0.017	0.027	0.018
	(0.83)	(0.34)	(0.83)	(0.35)
Board	−0.001	−0.005	−0.001	−0.006
	(−0.09)	(−0.26)	(−0.07)	(−0.33)
SDROA	−0.150	−0.629**	−0.149	−0.456
	(−0.94)	(−2.17)	(−0.93)	(−1.54)
Grow	−0.003	0.005	−0.003	0.006
	(−0.76)	(1.14)	(−0.85)	(1.39)

续表

变量	Mgap <2.6458			
	3SLS		2SLS	
	国有	非国有	国有	非国有
年度	控制	控制	控制	控制
常数项	0.069	0.441**	0.070	0.446**
	(1.38)	(2.27)	(1.39)	(2.29)
N	2188	2773	2188	2773
Chi2 或 F	93.050	173.238	4.860	8.985
P	0.000	0.000	0.000	0.000

第五节　本章小结

采用中国上市公司2009~2016年的数据，以第四章研究得出的高管外部薪酬差距的结构突变点（门限值）作为分组依据，将高管外部薪酬差距划分为两个部分：低差距区间（高管外部薪酬差距小于门限值）与高差距区间（高管外部薪酬差距大于门限值），在此基础上，研究了高管能力对外部薪酬差距与投资效率的差异性影响。结果表明：在高管外部薪酬差距的结构突变点两侧，高管能力对外部薪酬差距与投资效率之间关系的影响存在显著差别。具体来说，在低差距区间，高管能力强化了外部薪酬差距对投资效率的促进作用；在高差距区间，高管能力对外部薪酬差距与企业投资效率之间关系的影响不显著。区分投资不足与过度投资之后，发现在低差距区间，高管能力增强了外部薪酬差距对过度投资的抑制作用，而对外部薪酬差距与投资不足之间的关系没有显著影响。在高差距区间，高管能力对外部薪酬差距与企业投资不足、投资过度之间关系的影响均不显著。进一步分析发现，在低差距区间，高管能力强化了外部薪酬差距对过度投资抑制作用主要体现在非国有企业，而在国有企业则不显著。

本书研究发现在高管外部薪酬差距的结构突变点两侧，高管能力对外部薪酬差距与投资效率之间关系的影响存在显著差异。这为企业从高管薪酬设计层面入手、最大限度发掘高管能力提供了依据，为科学合理地制定措施以应对非效率投资问题提供了思路。

第六章

高管外部薪酬差距、环境不确定性与企业投资效率

通过第二章环境不确定性、高管外部薪酬差距对企业投资效率影响的理论分析,从理论上推演出环境不确定性会影响高管外部薪酬差距与企业投资效率之间的关系。第四章研究发现,高管外部薪酬差距在其门限值两侧对投资效率的激励效应存在不对称性。企业的投资决策通常是在不确定条件下做出的(姜付秀等,2009),当环境不确定性程度不同时,高管对外部薪酬差距有着不同的认知,进而对企业投资效率可能产生不同的影响。因此,在高管外部薪酬差距门限值两侧,环境不确定性对高管外部薪酬差距与企业投资效率的影响可能会存在差别。本章提供环境不确定性影响外部薪酬差距与投资效率之间关系的经验证据,以第四章研究发现的高管外部薪酬差距结构突变点(门限值)作为分组依据,分别从微观层面和宏观层面考察环境不确定性在外部薪酬差距结构突变点两侧的作用是否存在差异。

第一节 问题的提出

高管是公司投资的重要决策者,薪酬契约是解决股东与管理层之间代理问题的重要激励机制,高管薪酬必然会影响高管投资决策。由于公司经营活动所处的外部环境是不确定的,高管的投资决策通常是在不确定条件下做出的(姜付秀等,2009),环境不确定性会通过影响高管投资决策,进而对投资效率产生影响。较高的环境不确定性会加剧信息不对称程度,增加高管通过机会主义行为谋求私有收益以及投资决策失误被识别的难

度，增强高管"经理帝国主义"动机，同时也为高管的非效率投资卸责提供了借口；较高的环境不确定性会增加企业经营风险，管理者与股东之间的代理问题会降低高管的风险承担意愿，高管可能会拒绝那些风险较高但净现值为正的投资项目，导致企业投资不足。因此，研究外部薪酬差距对投资效率的影响时，需要考虑环境的不确定性。

企业所处的外部环境复杂多变，高管在投资决策时，受自身认知能力不足以及价值观不健全等因素的限制，难以准确地预测事物未来的状况，无法对所处环境进行全面认识和准确判断。环境不确定性主要包括宏观层面的不确定性和微观层面的不确定性，前者如经济波动导致的经济不确定性、政府换届选举产生的政治不确定性、政府改革引起企业对未来经济政策走向困惑造成的经济政策不确定性以及重大突发事件（如突发战争、恐怖袭击、巨大自然灾害等）引发的不确定性等，后者主要指企业层面的业绩波动性造成的不确定性，即微观环境不确定性（屈文洲和崔峻培，2018）。杨志强和李增泉（2018）从经济政策不确定性和经营环境不确定性两个方面研究了环境不确定性对投资效率的影响。本书借鉴现有研究，将环境不确定性划分为微观层面的经营环境不确定性和宏观层面的经济政策不确定性。

关于高管外部薪酬差距对企业绩效的影响，有研究认为高管外部薪酬差距对企业绩效的影响是线性的，如张丽平和杨兴全（2013）研究发现，我国上市公司管理层外部薪酬差距对公司业绩有正向作用。常健（2016）研究表明，高管薪酬外部不公平性与公司绩效呈负相关。但也有研究发现高管外部薪酬差距对企业绩效的影响是非线性的，例如，黎文靖等（2014）在考虑公司股权性质的基础上，根据外部薪酬差距大小将样本分为高管薪酬高于行业均值组和高管薪酬低于行业均值组分别进行回归分析，研究表明外部薪酬差距对非国有企业业绩具有显著正向影响，并且这种影响只存在于高管薪酬高于行业均值的样本中，而对于国有企业，无论是在高管薪酬高于行业均值的样本中，还是在高管薪酬低于行业均值的样本中，外部薪酬差距对企业业绩均不产生显著影响。覃予和靳毓（2015）发现高管外部薪酬差距与公司业绩之间存在倒"U"型关系，并且这种关系受经济周期的影响明显。黄辉（2012）研究发现高管薪酬正向外部不公平与公司业绩呈显著负相关，而高管薪酬负向外部不公平与公司业绩呈显著正相关。石永拴和杨红芬（2013）发现高管团队内外部薪酬差距与企业未来业绩之间都存在倒"U"型关系。可见，现有研究高管外部薪酬差距对企业绩效影响的文献并未得出一致的结论。在现实经济中，企业经营所处的外部环境往往是不确定的,当环境不确定性程度不同时,高管对外部薪酬差距有不同的认知,进而会影响高管的管理决策行为,最终影响企业绩效。因此,研究高管外部薪酬差距对投资效率的影响,如果不考虑环境不确定性,可能会影响研究结论的有效性。

既有研究高管外部薪酬差距影响投资效率的文献很少,现有研究存在以下不足:①有关文献在研究高管薪酬差距对投资效率的影响时,未考虑环境不确定性,而在不同的企业,高管投资决策所处的环境不确定性可能存在较大的差异。当环境不确定性程度不同时,高管外部薪酬差距对投资效率的影响可能会有所不同,现有文献缺乏环境不确定性对高管外部薪酬差距与投资效率之间关系影响的研究。②本书第四章研究发现,高管外部薪酬差距在门限值两侧对投资效率的激励效应存在不对称性。因此,环境不确定性对高管外部薪酬差距与投资效率之间关系的影响,在高管外部薪酬差距门限值两侧可能会存在差别,而缺乏深入研究该问题的文献。为此,本书采用中国上市公司 2009~2016 年的数据,以第四章研究得出的高管外部薪酬差距的结构突变点(门限值)作为分组依据,将高管外部薪酬差距划分为两个部分:低差距区间(高管外部薪酬差距小于门限值)与高差距区间(高管外部薪酬差距大于门限值),在此基础上,从微观层面和宏观层面,研究经营环境不确定性、经济政策不确定性分别对外部薪酬差距与投资效率之间关系影响的差异性。

本书首先从微观层面研究经营环境不确定性对高管外部薪酬差距与投资效率之间关系影响的差异性,研究发现,在高管外部薪酬差距的结构突变点两侧,经营环境不确定性对外部薪酬差距与投资效率之间关系的影响存在显著差别。具体来说,在低差距区间,经营环境不确定性强化了外部薪酬差距对投资效率的促进作用;在高差距区间,经营环境不确定性弱化了外部薪酬差距对投资效率的激励效果,且这种效果主要体现在投资不足样本中。其次从宏观层面研究经济政策不确定性对高管外部薪酬差距与投资效率之间关系影响的差异性,研究发现,在高管外部薪酬差距的结构突变点两侧,经济政策不确定性对外部薪酬差距与投资效率之间关系的影响存在显著差别。具体来说,在低差距区间,经济政策不确定性弱化了外部薪酬差距对投资效率的激励效果,且这一作用主要体现在投资过度样本中;经济政策不确定性增强了外部薪酬差距对投资不足的抑制作用。在高差距区间,经济政策不确定性对外部薪酬差距与投资效率之间关系的影响在各样本中均不显著。

本书可能的贡献有：①本书采用第四章门限回归得出的高管外部薪酬差距门限值作为分组依据，比以往研究中采用均值或中位数进行分组，更为科学，由此得出的研究结论更可靠。②本书从宏观和微观两个层面，揭示了环境不确定性影响高管外部薪酬差距与投资效率之间关系的作用机理，丰富了高管外部薪酬差距经济后果的文献。③本书研究发现，在高管外部薪酬差距的结构突变点两侧，经营环境不确定性、经济政策不确定性分别对高管外部薪酬差距与投资效率之间关系的影响存在差别，这为我国企业根据不同层面的环境不确定性程度，灵活调整高管薪酬提供了经验证据。

第二节 理论分析与研究假设

一、经营环境不确定性下高管外部薪酬差距与企业投资效率

在完美资本市场中，企业管理者应该选择预期净现值为正的项目，以此来提升企业价值。然而，完美资本市场并不存在，企业普遍存在非效率投资现象。委托—代理理论认为在信息不对称条件下，由于股东与管理者之间利益不一致，使得管理者是以"自我效用最大化"，而并不总是以"股东财富最大化"为目标进行决策。管理者与股东之间的代理问题会降低管理者的风险承担意愿（李小荣和张瑞君，2014）。企业高管因为财富分散化程度较低（Wright et al.，1996）、基于收入和职位安全（何威风等，2016）、考虑到自身人力资本专用性及职业前景（Kempf et al.，2009），其风险承担意愿明显不如股东强烈，一旦高管取得企业投资决策权，企业的风险承担水平将处于最优水平之下，由此产生"风险承担代理问题"（Low，2009）。为了更安全更可靠地获取控制权私利，企业可能会拒绝那些风险较高但净现值为正的投资项目（John et al.，2008）。已有研究表明，高管具有自利动机，更偏好保守的投资策略，由此导致企业风险承担水平下降（Eisenmann，2002；Mishra，2011）。管理层激励能降低股东与管理层之间的代理问题，有助于提升高管的风险承担水平（Raviv and Sisli-Ciamarra，2013）。薪酬激励是管理层激励的主要方式，因此，高管薪酬契

约会对企业高管的风险决策产生影响。

当高管外部薪酬差距低于临界值时，扩大高管外部薪酬差距，可以使高管个人利益与企业利益趋于一致，提升高管的风险承担水平。张瑞君等（2013）研究表明，增加高管的货币薪酬能够提高企业高管的风险承担水平。何威风等（2016）研究发现管理者薪酬激励对管理者厌恶风险特征有抑制作用。当高管拥有企业决策权时，高管风险承担水平较高意味着企业放弃高风险、高收益的投资机会较少。众多研究发现，提高企业风险承担水平可以提高企业经营效率（Hirshleifer et al.，2012；李彬和郑雯，2018）。余明桂等（2013）研究表明，高管更高的风险承担水平有利于提高企业的资本配置效率。苏坤（2015）发现提高企业的风险承担水平有助于企业充分利用投资机会，从而提高资本配置效率。因此，高管的风险承担水平越高，越有助于提高企业投资效率。

不确定性条件下的行为选择意味着要进行风险决策，不确定性的变化会导致风险的变化（刘尚希和武靖州，2018）。高管是企业投资行为的直接决策主体，在经营环境不确定性程度不同时，高管面临的经营风险大小会存在差异，高管在投资决策中承担的风险水平不同，企业投资效率也会存在差别。高管在投资决策中承担的风险水平越高，越有助于提高企业投资效率。在经营环境不确定性程度较低时，企业经营面临的风险较小，而当经营环境不确定性程度较高时，企业经营就会存在较大的风险。可以推断，当高管外部薪酬差距低于临界值时，随着经营环境不确定性程度的增加，高管投资面临的风险也随之增大，而扩大外部薪酬差距会通过提升高管的风险承担水平，进而提高企业投资效率。因此，当高管外部薪酬差距低于临界值时，经营环境不确定性能够强化外部薪酬差距对投资效率的激励效果。为此，本书提出假设1a：

假设1a：当高管外部薪酬差距低于临界值时，经营环境不确定性强化了高管外部薪酬差距对投资效率的激励效果。

当高管外部薪酬差距高于临界值时，扩大高管外部薪酬差距会降低高管的风险承担水平。其原因是，当高管外部薪酬差距高于临界值时，根据管理者权力理论，高管薪酬契约更多地表现为高管权力的产物，其本身是委托—代理问题的一部分。高管是风险规避的，代理成本的存在使其不愿意承担风险。由于高管薪酬及职业声誉与企业经营业绩密切相关，当经营环境不确定性程度较高时，企业经营面临的风险会增加，高管出于维护自身声誉、巩固职业地位和确保收入安全的考虑，可能会回避投资风险，更倾向于谨慎型投资（Bloom et al.，2007），因为一旦投资失败，高管可能要背负与此相关的个人职业风险（Amihud and Lev，1981），放弃一些风险较高的好项目，导致投资不足。因此，当高管外部薪酬差距高于临界值时，经营环境不确定性会弱化外部薪酬差距对投资效率的激励效果。为此，本书提出假设1b：

假设1b：当高管外部薪酬差距高于临界值时，经营环境不确定性弱化了高管外部薪酬差距对投资效率的激励效果。

二、经济政策不确定性下高管外部薪酬差距与企业投资效率

在完美市场中影响投资决策的唯一因素是企业投资项目的盈利能力（Modigliani and Miller，1958）。而在现实经济活动中，代理问题和信息不对称是影响投资效率的重要因素（Stein，2003）。代理成本对企业投资决策的影响，可能表现为投资过度（Jensen，1986、1993），也可能表现为投资不足（Holmstrong and Weiss，1985）。最优契约理论认为，设计良好的薪酬契约能够有效协调高管和股东的利益，减少高管因自利引发的代理行为（Frydman and Saks，2010）。在投资决策过程中，高管既存在私人成本，又存在私人收益。私人成本理论认为，对于管理者来说企业的投资是存在私人成本的（Bertrand and Mullainathan，2003；Aggarwal and Samwick，2006）。如果高管认为投资项目的私人成本很高，高管可能会放弃一些净现值为正的投资项目，从而导致投资不足。Jensen（1986，1993）认为由于高管从控制更多的资源中取得的私人利益更多，高管通常有过度投资冲动。如果高管认为投资项目的私人收益很多，高管可能会接受净现值为负的投资项目，由此导致投资过度。良好的薪酬契约有利于缓解企业高管自利行为而引发的代理问题（Jensen and Meckling，1976；Smith and Watts，1992）。良好的薪酬契约对于高管投资决策的作用主要表现在两个方面：一方面，良好的薪酬契约促进了高管与股东的利益趋同，能够抑制高管通过过度投资获得私人利益的机会主义行为，减少过度投资。另一方面，良好的薪酬契约能够在一定程度上对高管的私人成本做出补偿，能够激励高管投资净现值为正的项目，从而缓解投资不足问题。从上述分析可知，良好的薪酬契约有利于缓解高管由自利行为引发的代理问题，抑制高管的投资过度冲动，缓解投资不足，提高企业投资效率。

即使企业的高管薪酬契约是有效的，但由于企业所处的经济政策环境具有不确定性，薪酬契约的有效性随着经济政策的变化而存在不确定性，完备合同难以实现。因此，高管外部薪酬差距对投资效率的影响，将会受到经济政策不确定性的制约。

当高管外部薪酬差距低于临界值时，较高的经济政策不确定性对高管外部薪酬差距与企业投资效率关系的影响可以归纳为以下几个方面：首先，较高的经济政策不确定性增加了外部股东、监管机构、新闻媒体、分析师等对高管行为进行预测和监督的难度，降低了高管追求控制权私利被发现的可能性，降低了高管为获取私人收益而付出的私人成本，因而更容易诱发高管的机会主义行为，增加企业的代理成本（王红建等，2014），为高管进行企业规模扩张提供了有利的外部环境，而规模扩张正是高管追求更高薪酬的有效手段（童盼和陆正飞，2005）。其次，较高的经济政策不确定性增加了企业投融资风险，由于各种监督机制在经济政策不确定性环境下更难发挥作用，因而降低了高管投资决策失误被发现的概率，这会增强高管"经理帝国主义"动机。最后，经济政策不确定性较高时，高管获取信息不充分，正确评估投资项目的难度会随之增加。在行业薪酬比较中获得优势地位的高管为避免投资决策失当导致业绩下滑而遭到降薪处罚，更可能选择"羊群投资行为"（Scharfstein and Stein，1990），从而造成投资效率低下。同时，经济政策不确定性也为高管投资决策失败提供了卸责理由。如果企业投资失败，高管可以将项目投资失败归因于为经济政策的不确定性，这一定程度上也会增强高管"经理帝国主义"动机。此外，在经济政策不确定环境下，政府通过国有企业来实现其目标，国有企业会承担大量的政策性负担，高管会认为其获得的高于同行的薪酬是自己应得的补偿，政府为国有企业的隐形担保和资源倾斜，会加剧国有企业的过度投资行为（杨志强和李增泉，2018）。同时，国有企业因政府的偏爱获得了更多的资源配置，严重挤占了非国有企业获取资源的空间，在经济政策不确定性环境下，非国有企业更难获取发展所需资源，因而，即使非国有企业高管薪酬具有行业竞争优势，也可能因"巧妇难为无米之炊"，造成非国有企业投资效率的下降（刘瑞明和石磊，2010；喻坤等，2014）。最后，较高的经济政策不确定性会增加企业未来收益的不确定性（Gulen and Ion，2016），高管努力工作也未必能够提高企业业绩（饶品贵和徐子慧，2017）。因而，当经济政策不确定性程度较高时，即使扩大高管外部薪酬差距，高管也可能降低工作的努力程度。

综上所述，经济政策不确定性改变了高管外部薪酬差距激励的外部环境，当高管外部薪酬差距低于临界值时，会降低外部薪酬差距的激励效果，导致企业非效率投资增加。据此，提出假说2a。

假设2a：当高管外部薪酬差距低于临界值时，经济政策不确定性削弱了外部薪酬差距对投资效率的激励效果。

当高管外部薪酬差距高于临界值时，较高的经济政策不确定性可能加剧股东与管理层之间的代理问题，削弱高管外部薪酬差距对投资效率的激励效应。原因在于，股东往往通过多元化投资分散企业的特有风险，而高管只能将人力资本投向任职企业，难以分散风险。因此，一旦投资失败，高管将遭受降薪、离职等严重损失，因此，高管更偏好规避风险（李小荣和张瑞君，2014）。经济政策不确定性可能改变企业的投融资环境，进而影响企业的未来预期（Gilchrist et al.，2014）。较高的经济政策不确定性，会增加企业投资的风险。经济政策不确定性程度越大，股东与高管之间的代理成本越高（马东山和韩亮亮，2018），高管的风险承担水平越低。因此，较高的经济政策不确定性会降低高管的风险承担水平，当高管拥有企业投资决策权时，其更有可能放弃风险高、但净现值为正的投资项目，从而降低企业投资效率。

当高管外部薪酬差距高于临界值时，较高的经济政策不确定性也可能缓解股东与管理层之间的代理问题，增强高管外部薪酬差距对投资效率的促进作用。其原因是，根据委托—代理理论，由于股东与管理者之间利益不一致，企业管理者是风险规避的。经济政策不确定性会改变经济主体的风险偏好（Bekaert et al.，2009），较高的经济政策不确定性有助于提升企业的风险承担水平（刘志远等，2017），当高管拥有企业投资决策权时，其更有可能选择高风险高收益项目，从而提高投资效率。饶品贵等（2017）研究发现，经济政策不确定性程度上升导致企业投资下降，但企业投资效率随着经济政策不确定性的上升而提高。

可见，当高管外部薪酬差距高于临界值时，经济政策不确定性可能减弱高管外部薪酬差距对投资效率的激励效应，也可能增强高管外部薪酬差距对投资效率的促进作用。因此，综合两方面来看，当高管外部薪酬差距高于临界值时，经济政策不确定性对高管外部薪酬差距与投资效率之间关系的影响可能并不显著。据此，提出假设2b。

假设2b：当高管外部薪酬差距高于临界值时，经济政策不确定性对外部薪酬差距与投资效率之间的关系没有显著影响。

第三节 研究设计

一、样本选择与数据来源

本书以我国 A 股上市公司为研究对象,样本期为 2009~2016 年,并按以下步骤对数据进行筛选:①去掉金融类上市公司。②去掉 ST 类上市公司。③去掉主要变量数据不全的样本,包括计算投资效率缺失的样本。④如果当年某行业公司数目过少,由此得到的外部薪酬差距可能会存在较大偏差,因此剔除了年行业公司数低于 10 的样本,最终得到 14261 个观测值用于考察经济政策不确定性与外部薪酬差距对投资效率的影响。在考察经营环境不确定性变化值(ΔEU)与外部薪酬差距对投资效率的影响时,由于计算经营环境不确定性(EU)需要使用过去 5 年的销售收入,而且模型(6-1)中使用的是经营环境不确定性变化值(ΔEU),由此会因计算 ΔEU 损失一些样本,因此,按上述步骤进行样本筛选,最终获得 10708 个观测值。为了降低异常值的影响,本书对模型(6-1)和模型(6-2)中所有连续变量在上、下 1%水平上进行了缩尾处理。本书使用数据均取自CSMAR 数据库,采用 Stata14.0 软件进行数据处理。

二、模型设定与变量说明

(一)模型设定

借鉴申慧慧等(2012)、饶品贵等(2017)等相关研究,本书构建了模型(6-1)和模型(6-2),分别检验本书提出的假设 1 和假设 2。

$$\begin{aligned}
Eff\_inv = &\alpha_0 + \alpha_1 Mgap_{t-1} + \alpha_2 Mgap_{t-1} * \Delta EU_t + \alpha_3 \Delta EU_t + \\
&\alpha_4 CF_t + \alpha_5 Lev_t + \alpha_6 ROA_{t-1} + \alpha_7 Size_t + \alpha_8 SOE_t + \alpha_9 Top1_t + \\
&\alpha_{10} Dual_t + \alpha_{11} Outdir_t + \alpha_{12} Board_t + \alpha_{13} SDROA_t + \\
&\alpha_{14} Grow_{t-1} + \theta
\end{aligned} \quad (6-1)$$

$$Eff\_inv = \beta_0 + \beta_1 Mgap_{t-1} + \beta_2 Mgap_{t-1} * EPU_{t-1} + \beta_3 EPU_{t-1} +$$

$$\beta_4 CF_t + \beta_5 Lev_t + \beta_6 ROA_{t-1} + \beta_7 Size_t + \beta_8 SOE_t + \beta_9 Top1_t +$$
$$\beta_{10} Dual_t + \beta_{11} Outdir_t + \beta_{12} Board_t + \beta_{13} SDROA_t +$$
$$\beta_{14} DGDP_{t-1} + \beta_{15} Grow_{t-1} + \mu \qquad (6-2)$$

模型（6-1）和模型（6-2）中，因变量为投资效率（Eff_inv），Eff_inv 越大，表示企业投资效率越高。解释变量为经营环境不确定性变化值（ΔEU）、经济政策不确定性（EPU）和高管外部薪酬差距（Mgap）。参照已有研究（李凤羽和杨墨竹，2015），在模型（6-2）中控制了经济增长变化（DGDP）的影响。模型（6-1）和模型（6-2）中各变量定义如表 6-1 所示。进行回归分析时，在公司层面进行了 cluster 处理，以修正模型系数的标准误，保证回归结果的有效性。

表 6-1 主要变量界定

类别	变量	变量定义
被解释变量	Eff_inv	投资效率，以 Richardson（2006）模型回归残差绝对值的相反数来表示
	Overinv	过度投资变量，取 Richardson（2006）模型回归残差大于0的值来表示
	Underinv	投资不足变量，取 Richardson（2006）模型回归残差小于0的值来表示
解释变量	Mgap	外部薪酬差距：高管薪酬/同年度同行业高管薪酬均值，取滞后一期值
	EPU	中国经济政策不确定性月份指数的年度均值/100，取滞后一期值
	ΔEU	微观环境不确定性变化值
控制变量	ROA	总资产收益率，采用当年净利润与年末总资产的比值衡量，取滞后一期值
	Lev	资产负债率，等于公司年末负债除以年末总资产
	Size	企业规模，以公司年末总资产的自然对数来表示
	SOE	产权性质，国有企业取值为1，非国有企业取值为0
	Top1	股权集中度，以第一大股东持股比例来表示
	Board	董事会规模，以董事会总人数的自然对数来表示
	Grow	营业收入增长率，取滞后一期值
	CF	自由现金流，等于经营现金流量净值与当年正常投资额之差，再除以总资产
	Dual	董事长和总经理是否两职合一，如两职合一取值为1，否则为0
	Outdir	独立董事比例，等于独立董事人数除以董事会总人数
	DGDP	经济增长率的变化，取滞后一期值
	SDROA	公司所处行业总资产收益率的标准差

(二) 变量说明

1. 被解释变量

与既有研究一致（辛清泉等，2007；刘慧龙等，2014），参考 Richardson (2006) 模型，即模型 (6-3) 来估算投资效率。通过对模型 (6-3) 进行分年度分行业回归，得到的残差 ε 表示企业未预期的资本投资，ε 大于 0 表示过度投资（Overinv），ε 小于 0 则为投资不足（Underinv）。本书对 ε 取绝对值，命名为 Ainv，反映企业的非效率投资程度。Ainv 越大，意味着投资效率越低。为了研究的方便，本书对 Ainv 作相反数处理，表示投资效率（Eff_inv）。

$$Inv\_new_t = \varphi_0 + \varphi_1 Grow_{t-1} + \varphi_2 Lev_{t-1} + \varphi_3 Cash_{t-1} + \varphi_4 Age_{t-1} + \varphi_5 Size_{t-1} + \varphi_6 Yret_{t-1} + \varphi_7 Inv\_new_{t-1} + \varepsilon \quad (6-3)$$

模型 (6-3) 中，Inv_new 表示当年新增投资，Inv_new = (购建固定资产、无形资产及其他长期资产的支出+取得子公司及其他营业单位支付的现金净额-处置固定资产、无形资产和其他长期资产收回的现金净额-折旧)/期初总资产，除期初总资产取自资产负债表外，其余数据均来源于现金流量表。Grow 是投资机会变量，采用企业营业收入增长率来衡量。Lev 是企业的资产负债率，等于总负债除以总资产。Cash 是企业的现金状况，等于交易性金融资产和货币资金之和除以总资产。Age 表示企业上市年限，通过计算上市年度至财务报告年度的差值来衡量。Size 为企业规模变量，采用总资产的自然对数来衡量。Yret 为股票年收益率。

2. 解释变量

(1) 经营环境不确定性变化值（ΔEU）。借鉴申慧慧等 (2012) 的做法，由于模型 (6-1) 的因变量投资效率（Eff_inv）是由模型 (6-3) 估算出来的残差转换而来，而模型 (6-3) 的因变量当年新增投资（Inv_new）是变化值，因此对应采用经营环境不确定性变化值（ΔEU）更合理。ΔEU 为当年的 EU 减去上年的 EU，EU 即为经营环境不确定性指标。在经验研究中，学者们常常采用销售收入的标准差来衡量企业面临的经营环境不确定性，并剔除行业的影响。参照 Ghosh and Olsen (2009)、申慧慧等 (2012) 的做法，先计算过去 5 年销售收入的变异系数，然后利用所处行业收入变异系数的中位数值进行调整，由此得到的值即为企业的经营环境不确定性指标。由于过去 5 年销售收入的变化，有一部分是企业稳定成长所产生的，因此，为了更准确地测算企业的经营环境不确定性，有必要剔除销售收入中企业稳定成长产生的部分,也就是说,需要根据每个企业过去5年的销售收入,估计出每个企业过去5年的非正常销售收入。估计模型如下:

$$Sale = \lambda_0 + \lambda_1 Year + \xi \qquad (6-4)$$

模型(6-4)中,因变量为销售收入(Sale)、解释变量为年度变量(Year),Year取值为1、2、3、4、5,如果观测值是当前年度的,Year=5;如果观测值是上一年度的,Year=4,依次类推,如果观测值是以前第4年的,则Year=1。采用OLS进行回归,模型(6-4)的残差ξ就是非正常销售收入。利用企业过去5年的非正常销售收入,计算其标准差,然后除以过去5年销售收入的平均值,由此得到未经行业调整的经营环境不确定指标;再将同年度同行业内所有企业未经行业调整的经营环境不确定性的中位数,命名为行业经营环境不确定性;最后将各企业的未经行业调整的经营环境不确定性指标除以行业经营环境不确定性指标,得到经过行业中位数调整后的经营环境不确定性指标,即本书所称的经营环境不确定性(EU)。

(2)经济政策不确定性(EPU)。采用Baker et al.(2016)发布的中国经济政策不确定性指数来衡量经济政策不确定性。该指数具有定量化、连续性和时变性等诸多优点,国内很多学者在研究经济政策不确定性时都采用该指数。鉴于中国经济政策不确定性指数是月度数据,而高管薪酬为年度数据,为了使样本数据能够较好地匹配,本书参照饶品贵和徐子慧(2017)、刘志远等(2017)、顾夏铭等(2018)等的做法,将中国经济政策不确定性指数按年度取各月均值作为年度经济政策不确定性。这一处理方法有助于平滑同一个会计年度不同月份之间存在的经济政策不确定性指数差异,因而可以更好地反映经济政策不确定性对企业投资决策行为的影响。同时,为了消除数量级差异,使回归系数更为清楚,本书取年度处理后的经济政策不确定性指数除以100作为经济政策不确定性(EPU)变量。由于经济政策存在诸多模糊之处,实际政策效应在时间上具有滞后性(高培勇和钟春平,2014),因此,本书实证分析时采用滞后一期的经济政策不确定性(EPU)。

(3)高管外部薪酬差距(Mgap)。关于高管外部薪酬差距的测度,目前研究中主要采用两种方法,第一种方法是采用薪酬决定模型的回归残差代表额外薪酬,如果额外薪酬大于0或小于0,则意味着高管实际薪酬高于或低于其应得薪酬,通常称为薪酬外部不公平;反之,额外薪酬越接近

0,则越趋于公平（Core et al.,1999；辛清泉，2007；吴联生等，2010）这种方法的缺点在于对模型设定存在很强的依赖性，而且额外薪酬反映的只是实际薪酬减去预期薪酬的差额，并不是对高管薪酬进行社会比较的结果，因而并不能全面计量高管外部薪酬差距。第二种方法是将高管外部薪酬差距定义为企业高管薪酬与行业基准薪酬的比值，是社会比较的直接体现，如 Biajak et al.（2008）、黎文靖等（2014）、祁怀锦和邹燕（2014）。本书采用第二种方法，以高管薪酬/同年度同行业高管薪酬均值（Mgap）表示外部薪酬差距。高管薪酬指的是企业高管薪酬最高三个值的平均值。

外部薪酬差距与投资效率可能存在一定程度的内生性，即投资效率的提高可能导致外部薪酬差距的扩大，也可能是外部薪酬差距激励的结果。为避免这一问题，且考虑到企业投资行为作为薪酬激励的反应会有滞后性，高管外部薪酬差距（Mgap）采用滞后一期数据。

控制变量方面，本书参考已有文献（申慧慧等，2012；徐倩，2014；饶品贵等，2017；李凤羽和杨墨竹，2015），控制了自由现金流（CF）、资产负债率（Lev）、滞后一期的总资产收益率（ROA）、企业规模（Size）、产权性质（SOE）、第一大股东持股（TOP1）、董事长和总经理两职合一虚拟变量（Dual）、独立董事比例（Outdir）、董事会规模（Board）、公司所处行业总资产收益率的标准差（SDROA）、滞后一期的经济增长率的变化（DGDP）、滞后一期的营业收入增长率（Grow）。

第四节 实证分析

一、描述性统计

表 6-2 列示了主要变量的描述性统计结果。从表 6-2 结果可以看出，企业投资效率（Eff_inv）的均值和中值分别为 -0.055 和 -0.034，标准差为 0.072，说明不同企业的投资效率存在显著差异。外部薪酬差距（Mgap）均值为 0.999，最小值和最大值分别为 0.148 和 4.788，说明企业间高管外部薪酬差距差异较大。经营环境不确定性（ΔEU）的均值和中值

分别为 0.002 和-0.037，标准差为 0.936，最小值和最大值分别为-3.363 和 4.972，说明不同企业的经营环境不确定性变化差异非常明显。经济政策不确定性（EPU）的均值和中值分别为 1.573 和 1.706，最小值和最大值分别为 0.989 和 2.444，说明经济政策不确定性客观存在，且有较大的波动。

表 6-2　主要变量描述性统计

变量	均值	p75	中值	P25	最小值	最大值	标准差	观测值
Eff_inv	-0.055	-0.015	-0.034	-0.066	-0.633	-0.000	0.072	14261
Mgap	0.999	1.201	0.791	0.519	0.148	4.788	0.777	14261
ΔEU	0.002	0.242	-0.037	-0.314	-3.363	4.972	0.936	10708
EPU	1.573	1.813	1.706	1.236	0.989	2.444	0.459	14261
CF	0.002	0.062	0.003	-0.053	-0.369	0.328	0.108	14261
Lev	0.455	0.618	0.456	0.294	0.054	0.893	0.208	14261
ROA	0.039	0.064	0.035	0.013	-0.140	0.192	0.050	14261
Size	22.117	22.825	21.947	21.225	17.277	28.509	1.283	14261
SOE	0.454	1.000	0.000	0.000	0.000	1.000	0.498	14261
Top1	35.101	45.318	33.084	23.077	2.197	89.986	15.230	14261
Dual	0.221	0.000	0.000	0.000	0.000	1.000	0.415	14261
Outdir	0.371	0.400	0.333	0.333	0.091	0.800	0.055	14261
Board	2.158	2.197	2.197	2.079	1.099	2.890	0.201	14261
SDROA	0.049	0.055	0.048	0.045	0.010	0.129	0.010	14261
DGDP	0.083	0.093	0.077	0.074	0.069	0.105	0.012	14261
Grow	0.182	0.274	0.108	-0.035	-0.569	3.133	0.465	14261

此外，未报告的变量之间的 Pearson 相关系数显示，经济政策不确定性（EPU）和投资效率（Eff_inv）的相关系数在 5% 的置信水平上显著正相关，说明经济政策不确定性抑制了非效率投资。外部薪酬差距（Mgap）与投资效率（Eff_inv）在 1% 的置信水平上显著正相关，说明从样本总体来看，高管外部薪酬差距越大，对企业投资效率的促进作用越明显。经济

政策不确定性（EPU）与经济增长率的变化（DGDP）在1%的置信水平上显著负相关，表明经济政策不确定性阻碍了经济增长。外部薪酬差距（Mgap）与经济政策不确定性（EPU）负相关但不显著，而与经营环境不确定性（ΔEU）则在1%的置信水平上显著负相关。经营环境不确定性（ΔEU）和投资效率（Eff_inv）的相关系数在1%的置信水平上显著负相关，说明经营环境不确定性会加剧企业非效率投资。经济政策不确定性（EPU）和经营环境不确定性（ΔEU）负相关但不显著，说明宏观层面的系统性风险与微观层面的企业特有风险差异明显。另外，其他研究变量之间相关系数的绝对值均低于0.5，说明本书采用的变量不会产生严重的多重共线性问题。

二、回归结果分析

（一）假设1的实证检验

本部分主要考察经营环境不确定性、外部薪酬差距及二者的交互作用对企业投资效率的影响。表6-3第2列至第4列报告了外部薪酬差距低于门限值（2.6458）的回归结果。第2列全样本的回归结果显示，当外部薪酬差距低于临界值时，Mgap的系数在1%置信水平上显著为正，表明外部薪酬差距具有明显的激励效应；ΔEU的系数在1%置信水平上显著为负，与申慧慧（2012）的研究结果一致，说明经营环境不确定性的提高加剧了企业非效率投资行为，降低了企业投资效率；Mgap * ΔEU的系数为正且在1%置信水平上显著，表明当外部薪酬差距低于门限值时，经营环境不确定性增强了高管外部薪酬差距的激励效果，支持了研究假设1a。这可能是在经营环境不确定性较高时，扩大高管外部薪酬差距，提升了高管的风险承担水平，使得高管更敢于利用投资机会，增加具有高回报率项目的投资，减少回报率低的项目投资，从而提高了投资效率。表6-3第3列和第4列报告了将全样本区分为过度投资子样本和投资不足子样本两种类型的回归结果，可以看出，经营环境不确定性（ΔEU）、外部薪酬差距（Mgap）及二者的交互项（Mgap * ΔEU）的系数与全样本的结果一致。

表6-3 经营环境不确定性与高管外部薪酬差距对投资效率的影响

变量	Mgap <2.6458			Mgap>2.6458		
	全样本	过度投资	投资不足	全样本	过度投资	投资不足
Mgap	0.008***	0.017***	0.001	0.001	0.005	-0.002
	(5.16)	(5.07)	(1.03)	(0.33)	(0.92)	(-0.66)
Mgap*ΔEU	0.008***	0.012***	0.003**	-0.008*	0.003	-0.012***
	(5.23)	(4.24)	(2.36)	(-1.69)	(0.32)	(-2.76)
ΔEU	-0.021***	-0.038***	-0.005***	0.024	-0.016	0.046***
	(-15.44)	(-14.00)	(-4.44)	(1.40)	(-0.49)	(2.76)
CF	0.054***	-0.030**	0.143***	-0.038	-0.227***	0.145***
	(8.03)	(-1.99)	(26.46)	(-1.60)	(-5.52)	(6.03)
ROA	-0.030*	-0.106***	0.020	-0.024	-0.035	-0.031
	(-1.79)	(-2.76)	(1.56)	(-0.36)	(-0.32)	(-0.47)
Lev	0.007	0.012	0.010***	-0.016	-0.033	0.001
	(1.63)	(1.14)	(3.08)	(-0.77)	(-0.98)	(0.03)
Size	-0.000	-0.007***	0.007***	-0.001	-0.004	0.006**
	(-0.32)	(-4.11)	(10.73)	(-0.51)	(-0.86)	(2.06)
SOE	0.008***	0.018***	0.000	-0.000	-0.008	0.004
	(5.07)	(4.86)	(0.03)	(-0.01)	(-0.97)	(0.80)
Top1	-0.000	0.000	-0.000***	-0.000	-0.000	-0.000
	(-1.57)	(1.06)	(-6.22)	(-0.86)	(-1.01)	(-0.19)
Dual	-0.001	-0.002	0.001	-0.002	-0.005	-0.003
	(-0.63)	(-0.40)	(0.58)	(-0.25)	(-0.49)	(-0.46)
Outdir	0.019	0.036	0.000	0.013	-0.047	0.025
	(1.28)	(1.11)	(0.04)	(0.28)	(-0.59)	(0.57)
Board	-0.001	0.003	-0.005	-0.017	-0.025	-0.008
	(-0.21)	(0.31)	(-1.39)	(-1.28)	(-1.11)	(-0.60)
SDROA	-0.269***	-0.415***	-0.225***	-0.194	-0.154	-0.084
	(-3.92)	(-2.80)	(-4.15)	(-0.74)	(-0.35)	(-0.32)

续表

变量	Mgap <2.6458			Mgap>2.6458		
	全样本	过度投资	投资不足	全样本	过度投资	投资不足
Grow	-0.010***	-0.012***	-0.007***	-0.001	-0.012	0.004
	(-6.35)	(-3.68)	(-5.44)	(-0.16)	(-0.99)	(0.72)
年度	控制	控制	控制	控制	控制	控制
常数项	-0.044**	0.065*	-0.160***	0.054	0.162*	-0.140**
	(-2.46)	(1.65)	(-11.32)	(0.90)	(1.69)	(-2.15)
N	10163	3741	6422	545	268	277
R^2	0.116	0.145	0.265	0.130	0.252	0.269
F	63.617	30.141	109.779	3.725	3.944	4.461

表6-3第5列报告了当外部薪酬差距高于门限值（2.6458）时全样本的回归结果。第5列的回归结果显示，Mgap的系数为正，但不显著，表明当外部薪酬差距高于临界值时，外部薪酬差距不存在明显的激励效应；ΔEU的系数为正，但不显著，与外部薪酬差距低于临界值时ΔEU的系数存在明显差异，说明经营环境不确定性对投资效率的影响可能受到高管外部薪酬差距的影响；Mgap * ΔEU的系数为负且在10%置信水平上显著，说明当外部薪酬差距高于临界值时，经营环境不确定性弱化了高管外部薪酬差距的激励效果，研究假设1b得到支持。原因可能在于：高管外部薪酬差距高于临界值时，扩大高管外部薪酬差距是高管权力的产物，其本身是委托—代理问题的一部分。当经营环境不确定性较高时，企业经营面临的风险会加大。高管出于维护自身声誉、巩固职业地位和确保收入安全的考虑，不愿意承担风险去投资那些风险高、收益高的项目，从而增加企业非效率投资。表6-3第6列和第7列报告了外部薪酬差距高于门限值（2.6458）时，将全样本区分为过度投资子样本和投资不足子样本两种类型的回归结果，由此可知，在过度投资样本中，Mgap * ΔEU的系数并不显著，而在投资不足样本中，Mgap * ΔEU的系数则在1%置信水平上显著为负，与全样本一致，说明经营环境不确定性抑制了外部薪酬差距对投资效率的激励作用，这种效果主要体现在投资不足样本中。

（二）假设2的实证检验

本部分主要考察经济政策不确定性、外部薪酬差距及二者的交互作用对企业投资效率的影响。表6-4第2列至第4列报告了外部薪酬差距低于门限值（2.6458）的回归结果。第 2 列全样本的回归结果显示，Mgap 的系数在 1% 置信水平上显著为正，表明当高管外部薪酬差距低于临界值时，外部薪酬差距具有明显的激励效应；EPU 的系数在 1% 置信水平上显著为正，这一研究结果与饶品贵等（2017）的研究相一致，说明经济政策不确定性的提高有助于改善企业投资效率；Mgap * EPU 的系数为负且在 10% 置信水平上显著，说明经济政策不确定性削弱了高管外部薪酬差距的激励效果，支持了研究假设 2a。这可能是较高的经济政策不确定性加大了外部股东、监管机构、新闻媒体、分析师等对企业高管行为进行预测和监督的难度，降低了高管通过机会主义行为谋求私有收益以及投资决策失误被发现的概率，同时也为高管的非效率投资提供了卸责借口，从而降低了外部薪酬差距对企业投资效率的激励效果。

表 6-4　经济政策不确定性与高管外部薪酬差距对投资效率的影响

变量	Mgap <2.6458			Mgap>2.6458		
	全样本	过度投资	投资不足	全样本	过度投资	投资不足
Mgap	0.013***	0.042***	-0.005*	0.010	0.016	0.008
	(3.62)	(5.22)	(-1.71)	(1.06)	(1.02)	(0.86)
Mgap * EPU	-0.003*	-0.014***	0.004**	-0.005	-0.008	-0.006
	(-1.65)	(-2.99)	(2.13)	(-0.97)	(-0.82)	(-1.00)
EPU	0.014***	0.027***	0.001	0.030	0.043	0.024
	(5.90)	(5.01)	(0.41)	(1.40)	(1.19)	(1.11)
CF	0.092***	0.029	0.167***	-0.001	-0.174***	0.153***
	(9.32)	(1.20)	(20.74)	(-0.03)	(-3.19)	(3.75)
ROA	-0.030	-0.102**	0.049***	0.035	0.093	0.058
	(-1.60)	(-2.11)	(3.22)	(0.46)	(0.62)	(0.83)
Lev	0.011**	0.023**	0.017***	0.020	0.025	0.021
	(2.46)	(2.14)	(5.02)	(1.06)	(0.75)	(1.01)
Size	-0.002*	-0.010***	0.005***	-0.002	-0.004	0.007***
	(-1.88)	(-6.09)	(7.36)	(-0.74)	(-1.01)	(2.70)
SOE	0.008***	0.021***	-0.002**	0.006	0.004	0.003
	(5.72)	(6.67)	(-1.97)	(1.03)	(0.42)	(0.59)
Top1	-0.000	0.000	-0.000***	-0.000	-0.000	-0.000
	(-0.91)	(1.13)	(-2.98)	(-0.51)	(-0.47)	(-0.99)

续表

变量	Mgap <2.6458			Mgap>2.6458		
	全样本	过度投资	投资不足	全样本	过度投资	投资不足
Dual	0.000	-0.002	0.003**	-0.002	-0.000	-0.008
	(0.14)	(-0.42)	(2.20)	(-0.30)	(-0.00)	(-1.37)
Outdir	0.016	0.044*	0.002	0.024	-0.020	0.014
	(1.37)	(1.74)	(0.23)	(0.66)	(-0.30)	(0.43)
Board	0.002	0.011	-0.003	-0.007	-0.013	-0.009
	(0.61)	(1.51)	(-0.86)	(-0.47)	(-0.46)	(-0.64)
SDROA	-0.407***	-0.418***	-0.162***	0.062	0.203	0.086
	(-5.71)	(-2.73)	(-2.80)	(0.24)	(0.47)	(0.30)
DGDP	0.187***	0.634***	0.777***	1.010***	0.863**	0.818***
	(2.99)	(4.68)	(16.97)	(4.49)	(2.36)	(3.46)
Grow	-0.004*	-0.001	-0.006***	-0.008	-0.019	-0.002
	(-1.84)	(-0.14)	(-2.92)	(-0.81)	(-0.96)	(-0.21)
年度	控制	控制	控制	控制	控制	控制
常数项	-0.057***	0.008	-0.204***	-0.142*	-0.085	-0.295***
	(-3.13)	(0.20)	(-13.38)	(-1.94)	(-0.70)	(-4.04)
N	13635	5106	8529	626	305	321
R^2	0.075	0.042	0.190	0.052	0.101	0.198
F	49.566	10.756	68.054	2.057	1.492	2.592

表6-4第3列和第4列报告了当外部薪酬差距低于门限值（2.6458）时，将全样本区分为过度投资子样本和投资不足子样本两种类型的回归结果。第3列过度投资样本的回归结果显示，Mgap的系数在1%置信水平上显著为正，表明当高管外部薪酬差距低于临界值时，扩大高管外部薪酬差距有助于抑制企业过度投资；EPU的系数在1%置信水平上显著为正，说明经济政策不确定性提高了企业投资效率；Mgap*EPU的系数都在1%置信水平上显著为负，说明经济政策不确定性弱化了高管外部薪酬差距对企业过度投资的抑制作用。这可能是较高的经济政策不确定性，降低了高管的自利行为和投资决策失误被识别的概率，增加了管理者羊群投资行为的可能性，增强了高管"经理帝国主义"动机，导致企业投资过度增加，从而降低了外部薪酬差距对企业过度投资的抑制作用。第4列投资不足样本的回归结果显示，

Mgap * ΔEU 的系数在5%置信水平上显著为正，说明经济政策不确定性增强了高管外部薪酬差距对企业投资不足的抑制作用。投资不足样本的回归结果与假说2a并不一致，原因可能是：在投资不足样本中，经济政策不确定性为高管投资失利提供了卸责理由，而扩大企业规模有利于提升高管的薪酬水平，使得高管敢于增加投资，结果反而改善了投资不足的状况，提高了企业投资效率。Mgap 的系数虽然在10%置信水平上显著为负，但进一步检验 Mgap+Mgap * EPU 的系数发现，高管外部薪酬差距对投资效率的影响并不显著。EPU 的系数为正，但不显著，进一步检验 EPU +Mgap * EPU 的系数发现，经济政策不确定性对投资效率的影响在1%置信水平上显著为正，经济政策不确定性对投资效率的促进作用并没有发生改变。

表6-4第5列至第7列报告了外部薪酬差距高于门限值（2.6458）的回归结果。第5列全样本的回归结果显示，Mgap 的系数为正，但不显著，表明当高外部薪酬差距高于临界值时，外部薪酬差距不存在明显的激励效应；EPU 的系数为正，但不显著，与高管外部薪酬差距低于临界值时 EPU 的系数存在明显差异，说明经济政策不确定性对企业投资效率的影响可能受到高管外部薪酬差距的影响；Mgap * EPU 的系数为负但不显著，表明当外部薪酬差距高于临界值时，经济政策不确定性对高管外部薪酬差距的激励效果没有显著影响，研究假设2b得到了支持。表6-4第6列和第7列报告了将全样本区分为过度投资子样本和投资不足子样本两种类型的回归结果，可以看出，无论是在过度投资样本中，还是在投资不足样本中，Mgap * EPU 的系数均不显著，表明当外部薪酬差距高于临界值时，经济政策不确定性对外部薪酬差距与投资过度、投资不足之间的关系没有显著影响。

三、稳健性和内生性检验

（一）稳健性检验

本书进行了以下稳健性检验，以保证研究结果和结论的可靠性。

1. 对假设1的稳健性检验

（1）将经营环境不确定性（ΔEU）10等分。本书将 ΔEU 从小到大排序后分为10组，然后标准化处理为0~1的变量（REU），由此获得的 REU 兼具虚拟变量和连续变量的优点。采用 REU 衡量经营环境不确定性，对模型（6-1）重新进行回归，实证结果如表6-5所示。由表6-5可知，当外部薪酬差距小于门限值（2.6458）时，在全样本和过度投资子样本中，Mgap∗REU 的系数均在1%水平上显著为正，在投资不足子样本中，Mgap∗REU 的系数在接近10%水平上为正；当外部薪酬差距大于门限值（2.6458）时，在全样本和投资不足子样本中，Mgap∗REU 的系数至少在10%水平上显著为负，而在过度投资子样本中，Mgap∗REU 的系数不显著。这与表6-3的结果一致，说明没有改变本书的研究结论。

表6-5 改变经营环境不确定性的稳健性检验

变量	Mgap<2.6458			Mgap>2.6458		
	全样本	过度投资	投资不足	全样本	过度投资	投资不足
Mgap	-0.011	-0.030	-0.003	0.012	-0.001	0.015*
	(-1.44)	(-1.59)	(-0.65)	(1.63)	(-0.06)	(1.92)
Mgap∗REU	0.047***	0.111***	0.011	-0.023*	0.006	-0.030**
	(3.84)	(3.76)	(1.64)	(-1.78)	(0.27)	(-2.36)
REU	-0.088***	-0.215***	-0.012*	0.081	-0.035	0.123**
	(-7.03)	(-6.81)	(-1.87)	(1.68)	(-0.44)	(2.56)
CF	0.111***	0.065	0.203***	-0.052**	-0.249***	0.149***
	(6.46)	(1.48)	(22.84)	(-2.09)	(-6.12)	(5.81)
ROA	0.128***	0.250**	0.075***	0.069	0.056	0.040
	(3.00)	(2.25)	(3.55)	(1.04)	(0.53)	(0.57)
Lev	0.060***	0.128***	0.030***	0.023	0.006	0.023
	(5.51)	(4.44)	(5.50)	(1.12)	(0.19)	(1.08)
Size	-0.010***	-0.025***	0.005***	-0.004*	-0.007*	0.004
	(-5.18)	(-5.48)	(5.33)	(-1.73)	(-1.71)	(1.44)
SOE	0.026***	0.055***	0.005**	0.007	0.000	0.008
	(6.50)	(5.33)	(2.28)	(1.31)	(0.05)	(1.37)
Top1	-0.000	0.000	-0.000***	-0.000	-0.000	-0.000
	(-0.35)	(0.34)	(-4.08)	(-1.01)	(-0.87)	(-0.56)
Dual	0.001	0.004	0.002	-0.005	-0.003	-0.008
	(0.21)	(0.31)	(0.81)	(-0.82)	(-0.32)	(-1.28)
Outdir	0.050	0.127	-0.021	0.033	-0.060	0.043
	(1.33)	(1.35)	(-1.10)	(0.69)	(-0.74)	(0.91)

续表

变量	Mgap <2.6458			Mgap>2.6458		
	全样本	过度投资	投资不足	全样本	过度投资	投资不足
Board	0.011	0.020	-0.001	-0.001	-0.014	0.008
	(0.99)	(0.75)	(-0.22)	(-0.04)	(-0.66)	(0.52)
SDROA	0.057	0.007	0.016	0.105	0.215	0.096
	(0.34)	(0.02)	(0.19)	(0.41)	(0.52)	(0.36)
Grow	-0.009**	-0.015*	-0.005**	-0.002	-0.009	0.001
	(-2.44)	(-1.65)	(-2.49)	(-0.32)	(-0.86)	(0.22)
年度	控制	控制	控制	控制	控制	控制
常数项	0.100**	0.371***	-0.161***	-0.013	0.179	-0.246***
	(2.17)	(3.25)	(-6.78)	(-0.19)	(1.63)	(-3.49)
N	10163	3741	6422	545	268	277
R^2	0.022	0.037	0.105	0.031	0.173	0.178
F	16.221	10.365	53.562	2.228	3.793	4.053

(2) 重新估算投资效率。本书还分别采用上年的账面市值比（B/M）和托宾Q值（TobinQ）来衡量投资机会，重新运行投资效率测度模型（6-3），得到新的投资效率指标，然后再运行模型（6-1）进行回归。表6-6和表6-7的稳健性结果显示，无论采用B/M还是采用TobinQ测算出的投资效率指标作为因变量，都不会改变本书的研究结论，说明本书的研究结论不受非效率投资指标估算的影响，因此，本书的研究结论是可靠的。

表6-6 投资机会为B/M的稳健性检验

变量	Mgap <2.6458			Mgap>2.6458		
	全样本	过度投资	投资不足	全样本	过度投资	投资不足
Mgap	0.006***	0.014***	-0.001	0.001	0.004	-0.001
	(4.12)	(4.29)	(-0.64)	(0.24)	(0.95)	(-0.17)
Mgap * ΔEU	0.008***	0.010***	0.005***	-0.008**	-0.003	-0.009**
	(5.72)	(3.58)	(3.77)	(-2.31)	(-0.39)	(-2.31)
ΔEU	-0.020***	-0.035***	-0.006***	0.031**	0.012	0.036**
	(-15.35)	(-12.84)	(-5.40)	(2.37)	(0.52)	(2.31)

续表

变量	Mgap <2.6458			Mgap>2.6458		
	全样本	过度投资	投资不足	全样本	过度投资	投资不足
CF	0.048***	−0.021	0.129***	0.051***	−0.033	0.113***
	(7.15)	(−1.44)	(24.37)	(2.65)	(−0.97)	(4.88)
ROA	−0.013	−0.025	0.008	−0.057	−0.049	−0.062
	(−0.80)	(−0.65)	(0.65)	(−1.12)	(−0.60)	(−0.97)
Lev	0.005	0.009	0.010***	−0.007	−0.028	0.011
	(1.16)	(0.87)	(3.27)	(−0.48)	(−1.09)	(0.57)
Size	0.001	−0.005***	0.007***	0.001	0.001	0.003
	(0.89)	(−2.88)	(11.28)	(0.51)	(0.28)	(1.14)
SOE	0.009***	0.019***	0.001	−0.002	−0.011*	0.004
	(5.64)	(5.41)	(0.62)	(−0.62)	(−1.74)	(0.78)
Top1	−0.000**	0.000	−0.000***	−0.000	−0.000	−0.000
	(−2.56)	(0.30)	(−7.32)	(−0.61)	(−0.10)	(−1.21)
Dual	−0.003	−0.003	−0.001	−0.002	0.002	−0.003
	(−1.40)	(−0.78)	(−0.46)	(−0.43)	(0.24)	(−0.48)
Outdir	0.008	0.028	−0.009	0.053	0.018	0.054
	(0.55)	(0.90)	(−0.77)	(1.52)	(0.30)	(1.30)
Board	−0.003	−0.005	−0.005	−0.001	0.002	−0.006
	(−0.75)	(−0.53)	(−1.59)	(−0.06)	(0.15)	(−0.42)
SDROA	−0.272***	−0.357**	−0.235***	−0.184	−0.297	−0.016
	(−4.09)	(−2.42)	(−4.58)	(−0.92)	(−0.93)	(−0.06)
Grow	−0.009***	−0.014***	−0.004***	0.001	−0.001	0.004
	(−6.14)	(−4.16)	(−3.76)	(0.22)	(−0.08)	(0.61)
年度	控制	控制	控制	控制	控制	控制
常数项	−0.051***	0.038	−0.151***	−0.058	−0.037	−0.101*
	(−2.94)	(0.99)	(−11.30)	(−1.27)	(−0.51)	(−1.65)
N	10167	3757	6410	545	258	287
R^2	0.100	0.129	0.223	0.102	0.110	0.197
F	53.648	26.248	87.496	2.817	2.386	3.104

表 6-7 投资机会为 TobinQ 的稳健性检验

变量	Mgap <2.6458			Mgap>2.6458		
	全样本	过度投资	投资不足	全样本	过度投资	投资不足
Mgap	0.007***	0.017***	−0.002	0.001	0.004	0.000
	(4.37)	(5.18)	(−1.49)	(0.39)	(0.82)	(0.04)
Mgap * ΔEU	0.008***	0.007**	0.005***	−0.007*	0.000	−0.008*
	(5.31)	(2.51)	(4.20)	(−1.67)	(0.06)	(−1.75)
ΔEU	−0.020***	−0.030***	−0.008***	0.032**	0.005	0.036**
	(−14.91)	(−11.13)	(−6.64)	(2.13)	(0.19)	(2.04)
CF	0.055***	−0.031**	0.153***	0.112***	−0.054	0.208***
	(8.36)	(−2.16)	(27.96)	(5.55)	(−1.56)	(8.39)
ROA	−0.046***	−0.068*	−0.016	−0.144**	−0.024	−0.147**
	(−2.75)	(−1.79)	(−1.23)	(−2.53)	(−0.27)	(−2.07)
Lev	0.014***	0.019*	0.015***	0.003	−0.002	0.019
	(3.13)	(1.95)	(4.50)	(0.16)	(−0.06)	(0.84)
Size	0.000	−0.005***	0.006***	−0.000	−0.001	0.001
	(0.64)	(−3.19)	(9.90)	(−0.07)	(−0.27)	(0.48)
SOE	0.008***	0.018***	0.000	−0.000	−0.007	0.003
	(4.95)	(5.17)	(0.32)	(−0.00)	(−1.06)	(0.59)
Top1	−0.000*	0.000	−0.000***	0.000	0.000	−0.000
	(−1.89)	(1.12)	(−6.75)	(0.25)	(0.75)	(−0.58)
Dual	−0.002	−0.003	−0.000	−0.003	0.000	−0.002
	(−1.16)	(−0.80)	(−0.31)	(−0.48)	(0.06)	(−0.26)
Outdir	0.015	0.029	−0.002	0.063	0.020	0.063
	(1.04)	(0.93)	(−0.14)	(1.58)	(0.32)	(1.29)
Board	−0.000	0.001	−0.004	−0.011	−0.007	−0.019
	(−0.09)	(0.12)	(−1.16)	(−0.96)	(−0.37)	(−1.28)
SDROA	−0.306***	−0.386***	−0.297***	−0.145	−0.098	−0.179
	(−4.47)	(−2.63)	(−5.40)	(−0.63)	(−0.29)	(−0.60)
Grow	−0.009***	−0.012***	−0.004***	0.006	−0.002	0.007
	(−5.76)	(−3.69)	(−3.15)	(1.14)	(−0.15)	(1.03)

续表

变量	Mgap <2.6458			Mgap>2.6458		
	全样本	过度投资	投资不足	全样本	过度投资	投资不足
年度	控制	控制	控制	控制	控制	控制
常数项	-0.059***	0.029	-0.146***	-0.025	-0.010	-0.042
	(-3.33)	(0.76)	(-10.30)	(-0.49)	(-0.12)	(-0.62)
N	10162	3874	6288	545	245	300
R^2	0.107	0.129	0.237	0.138	0.075	0.340
F	57.925	27.097	92.690	4.003	1.859	6.827

（3）考虑适度投资问题。由于直接采用 Richardson（2006）模型估算非效率投资可能忽视了适度投资问题，因此参照辛清泉等（2007）的做法，将回归残差按从小到大顺序排列，并将之三分组，取残差最大（过度投资）和残差最小（投资不足）作为非效率投资样本，对模型（6-1）重新进行回归分析。未报告的结果显示，改变投资效率研究样本后的回归结果与表 6-3 基本一致，因此，本书的研究结论是可靠的。

2. 对假设 2 的稳健性检验

（1）改变经济政策不确定性。参照陈国进和王少谦（2016）的做法，本书采用几何平均法将月度 EPU 指数转换为年度 EPU 指数，采用公式 $YEPU = \sqrt[12]{\prod_{1}^{12} MEPU_t}$，其中 MEPU 为月度经济政策不确定性指数/100，YEPU 为年度经济政策不确定性指数。采用 YEPU 对模型（6-2）重新进行回归，实证结果如表 6-8 所示。从表 6-8 可知，当高管外部薪酬差距（Mgap）小于门限值（2.6458）时，在全样本中经济政策不确定性与外部薪酬差距的交互项 Mgap*EPU 的系数在 10%水平上显著为负，在过度投资子样本中经济政策不确定性与外部薪酬差距的交互项 Mgap*EPU 的系数在 1%水平上显著为负，而在投资不足子样本中经济政策不确定性与外部薪酬差距的交互项 Mgap*EPU 的系数则在 5%水平上显著为正。当高管外部薪酬差距（Mgap）大于门限值（2.6458）时，无论在全样本中，还是在过度投资样本和投资不足样本中，经济政策不确定性与外部薪酬差距的交互项 Mgap*EPU 的系数均不显著。这与表 6-4 的结果相同，说明没有改变本书的研究结论。

表 6-8　改变经济政策不确定性的稳健性检验

变量	Mgap <2.6458			Mgap>2.6458		
	全样本	过度投资	投资不足	全样本	过度投资	投资不足
Mgap	0.011***	0.039***	-0.004	0.008	0.015	0.006
	(3.94)	(5.41)	(-1.48)	(0.97)	(1.05)	(0.69)
Mgap*EPU	-0.003*	-0.013***	0.004**	-0.005	-0.008	-0.004
	(-1.69)	(-2.88)	(2.06)	(-0.87)	(-0.86)	(-0.81)
EPU	0.012***	0.027***	0.003	0.028	0.042	0.021
	(6.04)	(5.29)	(1.44)	(1.36)	(1.20)	(1.00)
CF	0.086***	-0.031	0.146***	-0.040	-0.209***	0.130***
	(8.83)	(-1.31)	(18.16)	(-1.07)	(-3.83)	(3.77)
ROA	-0.020	-0.100**	0.039***	0.038	0.042	0.023
	(-1.03)	(-2.24)	(2.71)	(0.63)	(0.36)	(0.41)
Lev	0.007	0.017	0.014***	0.015	0.004	0.015
	(1.62)	(1.62)	(4.04)	(0.71)	(0.12)	(0.71)
Size	-0.001	-0.010***	0.005***	-0.001	-0.002	0.006**
	(-1.56)	(-5.77)	(7.63)	(-0.56)	(-0.63)	(2.53)
SOE	0.009***	0.023***	-0.002**	0.005	0.003	0.002
	(6.49)	(7.07)	(-1.98)	(0.91)	(0.38)	(0.58)
Top1	-0.000	0.000	-0.000***	-0.000	-0.000	-0.000
	(-1.13)	(1.33)	(-2.88)	(-0.45)	(-0.55)	(-0.89)
Dual	-0.000	-0.002	0.003**	-0.002	0.003	-0.008
	(-0.00)	(-0.53)	(2.14)	(-0.34)	(0.40)	(-1.36)
Outdir	0.010	0.040	0.001	0.026	-0.029	0.019
	(0.90)	(1.61)	(0.11)	(0.70)	(-0.42)	(0.56)
Board	0.001	0.012	-0.003	-0.005	-0.008	-0.006
	(0.32)	(1.58)	(-0.85)	(-0.33)	(-0.32)	(-0.44)
SDROA	-0.423***	-0.390***	-0.208***	-0.001	0.038	0.019
	(-5.72)	(-2.98)	(-4.23)	(-0.01)	(0.10)	(0.08)
DGDP	0.167***	0.625***	0.832***	0.953***	0.689*	0.815***
	(2.68)	(4.58)	(17.84)	(4.30)	(1.95)	(3.43)

续表

变量	Mgap <2.6458			Mgap>2.6458		
	全样本	过度投资	投资不足	全样本	过度投资	投资不足
Grow	-0.005**	0.003	-0.007***	-0.003	-0.008	-0.001
	(-2.01)	(1.15)	(-4.46)	(-0.64)	(-0.95)	(-0.11)
年度	控制	控制	控制	控制	控制	控制
常数项	-0.050***	-0.000	-0.213***	-0.143**	-0.090	-0.282***
	(-2.79)	(-0.01)	(-13.77)	(-2.01)	(-0.76)	(-4.01)
N	13635	5106	8529	626	305	321
R^2	0.076	0.043	0.179	0.055	0.145	0.186
F	49.867	11.091	63.503	2.101	1.734	2.555

（2）考虑适度投资问题。与假设1的稳健性检验一致，参照辛清泉等（2007）的做法，将回归残差按从小到大顺序排列，并将之三分组，取残差最大（过度投资）和残差最小（投资不足）作为非效率投资样本，对模型（6-2）重新进行回归分析，实证结果如表6-9所示。

表6-9　投资效率三分组的经济政策不确定性的稳健性检验

变量	Mgap <2.6458			Mgap>2.6458		
	全样本	过度投资	投资不足	全样本	过度投资	投资不足
Mgap	0.024***	0.048***	-0.003	0.013	0.012	0.011
	(4.45)	(5.40)	(-0.59)	(0.88)	(0.68)	(0.55)
Mgap*EPU	-0.008**	-0.017***	0.003	-0.008	-0.007	-0.007
	(-2.48)	(-3.30)	(1.62)	(-0.88)	(-0.64)	(-0.63)
EPU	0.020***	0.032***	-0.001	0.046	0.042	0.039
	(5.87)	(5.33)	(-0.40)	(1.46)	(1.04)	(0.95)
CF	0.107***	0.039	0.197***	0.009	-0.170***	0.211***
	(8.47)	(1.53)	(18.54)	(0.20)	(-3.07)	(4.24)
ROA	-0.043*	-0.090*	0.031	0.031	0.110	0.009
	(-1.71)	(-1.69)	(1.52)	(0.34)	(0.71)	(0.10)
Lev	0.002	0.020*	0.000	0.011	0.025	-0.005
	(0.41)	(1.67)	(0.00)	(0.44)	(0.71)	(-0.18)

续表

变量	Mgap <2.6458			Mgap>2.6458		
	全样本	过度投资	投资不足	全样本	过度投资	投资不足
Size	-0.004***	-0.011***	0.003***	-0.002	-0.005	0.006
	(-3.22)	(-5.67)	(3.49)	(-0.56)	(-0.97)	(1.55)
SOE	0.009***	0.021***	-0.003*	0.011	0.007	0.013
	(4.76)	(6.04)	(-1.90)	(1.43)	(0.64)	(1.51)
Top1	-0.000	0.000	-0.000**	-0.000	-0.000	-0.000
	(-0.83)	(0.70)	(-2.42)	(-0.83)	(-0.39)	(-0.29)
Dual	0.001	-0.002	0.004**	0.002	0.005	-0.008
	(0.27)	(-0.44)	(2.33)	(0.38)	(0.59)	(-1.04)
Outdir	0.024	0.048*	0.004	0.013	-0.044	0.109**
	(1.49)	(1.74)	(0.27)	(0.26)	(-0.60)	(2.09)
Board	0.005	0.010	0.001	-0.016	-0.017	-0.008
	(0.94)	(1.22)	(0.19)	(-0.82)	(-0.59)	(-0.37)
SDROA	-0.241**	-0.330*	0.197**	0.295	0.156	0.752
	(-2.31)	(-1.81)	(2.27)	(0.79)	(0.34)	(1.39)
DGDP	0.261***	0.722***	0.776***	1.463***	0.934**	1.527***
	(2.96)	(4.81)	(12.75)	(5.14)	(2.31)	(4.71)
Grow	0.001	0.002	-0.002	-0.015	-0.021	0.006
	(0.37)	(0.32)	(-0.55)	(-1.03)	(-1.00)	(0.40)
年度	控制	控制	控制	控制	控制	控制
常数项	-0.060**	-0.014	-0.214***	-0.200*	-0.057	-0.461***
	(-2.37)	(-0.31)	(-9.18)	(-1.92)	(-0.39)	(-3.91)
N	9106	4489	4617	402	265	137
R^2	0.066	0.042	0.220	0.092	0.118	0.396
F	30.371	9.526	39.999	2.313	1.638	3.190

从表6-9可以看出,当高管外部薪酬差距(Mgap)小于门限值(2.6458)时,在全样本中经济政策不确定性与外部薪酬差距的交互项Mgap*EPU的系数在5%水平上显著为负,在过度投资子样本中经济政策

不确定性与外部薪酬差距的交互项 Mgap * EPU 的系数在 1% 水平上显著为负,而在投资不足子样本中经济政策不确定性与外部薪酬差距的交互项 Mgap * EPU 的系数则在接近 10% 置信水平上为正。当高管外部薪酬差距(Mgap)大于门限值(2.6458)时,无论在全样本中,还是在过度投资样本和投资不足样本中,经济政策不确定性与外部薪酬差距的交互项 Mgap * EPU 的系数均不显著。这与前面的研究结果一致,再次说明稳健性检验结果没有改变本书的研究结论。

(3)重新估算投资效率。本书还分别采用上年的账面市值比(B/M)和托宾 Q 值(TobinQ)来衡量投资机会,重新运行投资效率测度模型(6-3),得到新的投资效率指标,然后再运行模型(6-2)进行回归。未报告的结果显示,无论采用 B/M 还是采用 TobinQ 测算出的投资效率指标作为因变量,经济政策不确定性与外部薪酬差距的交互项 Mgap * EPU 的系数都与前面的研究结果基本一致,说明本书的研究结论不受非效率投资指标估算的影响,因此,本书的研究结论是可靠的。

(二)内生性检验

由于外部薪酬差距和投资效率之间可能互为因果关系,本书通过采用滞后一期外部薪酬差距来克服可能存在的内生性影响。为了使研究结论更为可靠,与第四章相似,本书还建立了包括高管外部薪酬差距和投资效率两个方程的联立方程模型进行估计,估计方法采用三阶段最小二乘法(3SLS),以克服研究模型可能存在的内生性。

借鉴姜付秀和黄继承(2011)的研究,本书构建了由方程(6-5)和方程(6-6)组成的联立方程模型来考察经营环境不确定性对外部薪酬差距与投资效率之间关系的影响,构建了由方程(6-6)和方程(6-7)组成的联立方程模型来考察经济政策不确定性对外部薪酬差距与投资效率之间关系的影响。投资效率方程的设计沿用了申慧慧等(2012)的研究思路,外部薪酬差距方程的设计参考了方芳和李实(2015)的思想。

$$Eff\_inv_t = \varphi_0 + \varphi_1 Mgap_t + \varphi_2 Mgap_t * \Delta EU_t + \varphi_3 \Delta EU_t + \varphi_4 CF_t + \varphi_5 Lev_t + \varphi_6 Size_t + \varphi_7 SOE_t + \varphi_8 Top1_t + \varphi_9 Dual_t + \varphi_{10} Outdir_t + \varphi_{11} Board_t + \varphi_{12} SDROA_t + \varphi_{13} Grow_{t-1} + \varphi_{14} Year + \varepsilon \quad (6-5)$$

$$Mgap_t = \beta_0 + \beta_1 Eff\_inv_t + \beta_2 Lev_t + \beta_3 Size_t + \beta_4 SOE_t + \beta_5 East_t + \beta_6 Top1_t + \beta_7 Dual_t + \beta_8 Outdir_t + \beta_9 Board_t + \beta_{10} Age_t + \beta_{11} Indu + \beta_{12} Year + \mu \quad (6-6)$$

$$\begin{aligned}
\text{Eff\_inv}_t = &\ \alpha_0 + \alpha_1 \text{Mgap}_t + \alpha_2 \text{Mgap}_t * \text{EPU}_{t-1} + \alpha_3 \text{EPU}_{t-1} + \alpha_4 \text{CF}_t + \\
& \alpha_5 \text{Lev}_t + \alpha_6 \text{Size}_t + \alpha_7 \text{SOE}_t + \alpha_8 \text{Top1}_t + \alpha_9 \text{Dual}_t + \\
& \alpha_{10} \text{Outdir}_t + \alpha_{11} \text{Board}_t + \alpha_{12} \text{SDROA}_t + \\
& \alpha_{13} \text{DGDP}_{t-1} + \alpha_{14} \text{Grow}_{t-1} + \alpha_{15} \text{Year} + \varepsilon
\end{aligned} \quad (6-7)$$

方程（6-5）为投资效率方程，变量含义与方程（6-1）相同。因变量为投资效率（Eff_inv），外部薪酬差距（Mgap）是与因变量共同决定的内生变量。外部薪酬差距与经营环境不确定性的交互项（Mgap * ΔEU）用来检验外部薪酬差距与经营环境不确定性对投资效率的共同影响。

方程（6-6）为外部薪酬差距方程。因变量是高管外部薪酬差距（Mgap），投资效率（Eff_inv）是与因变量共同决定的内生变量。其余变量含义与第四章方程（4-9）相同。

投资效率方程（6-7）与方程（6-5）的不同之处在于，将微观层面的经营环境不确定性的变化（ΔEU）替换成了宏观层面的经济政策不确定性（EPU），同时参照已有研究（李凤羽和杨墨竹，2015），还控制了经济增长变化（DGDP）的影响，其余变量相同。

本书首先对方程（6-5）和方程（6-6）组成的联立方程模型进行了3SLS估计。由于本书重点考察的是投资效率方程的结果，表6-10只报告了对投资效率方程进行3SLS估计的结果。从表6-10可以看出，当外部薪酬差距低于门限值（2.6458）时，Mgap * ΔEU的系数至少在10%置信水平上显著为正，而当外部薪酬差距高于门限值（2.6458）时，Mgap * ΔEU的系数则显著为负，且这种效果主要体现在投资不足样本中。这与表6-3的研究结果相似。未报告的2SLS估计结果与3SLS估计结果基本一致。这些内生性检验表明本书的研究设计不存在严重的内生性问题，由此得出的研究结论是可靠的。

表 6-10 经营环境不确定性影响的内生性检验

变量	Mgap<2.6458			Mgap>2.6458		
	全样本	Overinv	Underinv	全样本	Overinv	Underinv
Mgap	0.032***	0.059***	0.004	0.011*	0.018***	−0.002
	(7.80)	(8.19)	(1.36)	(1.67)	(5.71)	(−0.83)
Mgap * ΔEU	0.007***	0.009***	0.003*	−0.009*	0.002	−0.006***
	(4.08)	(3.39)	(1.90)	(−1.80)	(0.80)	(−2.70)

续表

变量	Mgap<2.6458			Mgap>2.6458		
	全样本	Overinv	Underinv	全样本	Overinv	Underinv
ΔEU	-0.020***	-0.031***	-0.004***	0.025	-0.009	0.022**
	(-12.81)	(-11.03)	(-3.53)	(1.41)	(-0.88)	(2.18)
CF	0.078***	-0.058*	0.166***	0.014	-0.096*	0.182***
	(4.93)	(-1.81)	(16.78)	(0.43)	(-1.86)	(6.73)
Lev	-0.058***	-0.064**	-0.015	-0.079**	-0.168***	-0.046*
	(-3.62)	(-2.04)	(-1.64)	(-2.43)	(-3.49)	(-1.76)
Size	0.001	-0.009***	0.009***	-0.000	-0.006	0.008***
	(1.32)	(-4.58)	(11.30)	(-0.18)	(-1.29)	(2.87)
SOE	0.004*	0.013***	-0.002	0.003	0.001	0.005
	(1.80)	(3.00)	(-1.22)	(0.57)	(0.17)	(0.89)
Top1	0.000**	0.001***	-0.000***	-0.000	-0.000	0.000
	(2.12)	(3.55)	(-4.26)	(-0.31)	(-0.15)	(0.20)
Dual	-0.001	0.001	0.001	0.001	-0.001	-0.002
	(-0.24)	(0.24)	(0.64)	(0.16)	(-0.12)	(-0.37)
Outdir	0.002	0.035	-0.010	-0.004	0.015	0.002
	(0.12)	(1.14)	(-0.79)	(-0.09)	(0.25)	(0.05)
Board	-0.002	0.003	-0.006*	-0.032**	-0.040*	-0.022
	(-0.34)	(0.34)	(-1.65)	(-2.07)	(-1.70)	(-1.53)
SDROA	-0.367***	-0.388**	-0.002	-0.212	-0.193	-0.018
	(-4.51)	(-2.50)	(-0.94)	(-0.77)	(-0.55)	(-0.07)
Grow	-0.007***	-0.014***	-0.003	0.004	-0.006	0.008
	(-2.89)	(-3.23)	(-1.48)	(0.63)	(-0.88)	(1.34)
年度	控制	控制	控制	控制	控制	控制
常数项	-0.039**	0.126***	-0.200***	0.093	0.275***	-0.112*
	(-1.99)	(3.07)	(-13.85)	(1.44)	(2.81)	(-1.71)
N	10163	3741	6422	545	268	277
Chi2	1278.43	775.50	2285.74	255.16	136.53	107.28
P	0.000	0.000	0.000	0.000	0.000	0.000

本书也对方程（6-5）和方程（6-7）组成的联立方程模型进行了3SLS估计。为了使结果更可靠，本书还同时对投资效率方程进行2SLS估计。表6-11报告了对投资效率方程进行3SLS和2SLS估计的结果。由表6-11可知，对投资效率方程进行3SLS估计，当高管外部薪酬差距低于门限值（2.6458）时，在全样本中，Mgap*EPU的回归系数在1%水平上显著为负；在过度投资样本中，Mgap*EPU的回归系数在10%水平上显著为负；在投资不足样本中，Mgap*EPU的回归系数则在1%水平上显著为正。当高管外部薪酬差距高于门限值（2.6458）时，Mgap的系数不显著，Mgap*EPU的回归系数也不显著。这与表6-4的研究结果一致。对投资效率方程进行2SLS估计的结果与采用3SLS估计的结果一致，表明本书的研究设计不存在严重的内生性问题，研究结果是可靠的。

表6-11 经济政策不确定性影响的内生性检验

变量	Mgap <2.6458						Mgap>2.6458	
	3SLS			2SLS			3SLS	2SLS
	全样本	Overinv	Underinv	全样本	Overinv	Underinv	全样本	全样本
Mgap	0.125***	0.188*	-0.362***	0.139**	0.442***	-0.417***	-0.009	0.055
	(3.30)	(1.94)	(-5.72)	(2.34)	(3.92)	(-6.45)	(-0.13)	(0.71)
Mgap*EPU	-0.083***	-0.105*	0.205***	-0.079**	-0.251***	0.242***	0.016	-0.026
	(-3.81)	(-1.88)	(5.55)	(-2.29)	(-3.85)	(6.45)	(0.39)	(-0.58)
EPU	0.082***	0.113**	-0.169***	0.078**	0.248***	-0.201***	-0.062	0.096
	(4.28)	(2.19)	(-5.40)	(2.57)	(4.10)	(-6.30)	(-0.40)	(0.57)
CF	0.100***	-0.087***	0.170***	0.056***	-0.033**	0.158***	0.034**	0.030
	(18.37)	(-8.66)	(22.40)	(9.20)	(-2.14)	(20.64)	(2.33)	(1.07)
Lev	0.011***	0.029***	-0.008*	0.017***	0.041***	-0.007	0.009	0.005
	(2.92)	(2.85)	(-1.65)	(4.04)	(3.85)	(-1.42)	(0.44)	(0.21)
Size	-0.000	-0.009***	0.013***	-0.003***	-0.014***	0.012***	-0.006*	-0.007*
	(-0.26)	(-3.98)	(9.59)	(-2.81)	(-5.83)	(9.09)	(-1.84)	(-1.80)
SOE	0.008***	0.025***	-0.005***	0.009***	0.027***	-0.005***	0.010	0.008
	(5.37)	(6.40)	(-2.86)	(6.07)	(6.82)	(-2.87)	(1.57)	(1.22)
Top1	-0.000	0.000	-0.000***	0.000	0.000	-0.000***	-0.000	-0.000
	(-0.98)	(0.99)	(-3.21)	(0.42)	(0.63)	(-2.91)	(-0.54)	(-0.58)

续表

变量	Mgap <2.6458						Mgap>2.6458	
	3SLS			2SLS			3SLS	2SLS
	全样本	Overinv	Underinv	全样本	Overinv	Underinv	全样本	全样本
Dual	-0.000	-0.003	0.004**	-0.001	-0.002	0.004**	0.005	0.007
	(-0.23)	(-0.68)	(2.01)	(-0.32)	(-0.39)	(2.10)	(0.64)	(0.91)
Outdir	-0.004	0.031	-0.011	0.022*	0.052	0.000	0.022	0.032
	(-0.58)	(1.40)	(-0.73)	(1.68)	(1.55)	(0.03)	(0.41)	(0.51)
Board	0.002	0.008	0.002	0.003	0.007	0.003	-0.001	-0.001
	(0.49)	(0.91)	(0.32)	(0.77)	(0.68)	(0.55)	(-0.04)	(-0.05)
SDROA	-0.241***	0.034	-0.200**	-0.214***	-0.308*	-0.169**	-0.147	-0.545
	(-5.83)	(0.26)	(-2.55)	(-3.30)	(-1.92)	(-2.12)	(-0.65)	(-1.41)
DGDP	0.748***	0.555***	1.042***	0.728***	0.472***	1.076***	1.063***	1.146***
	(11.90)	(3.49)	(12.99)	(10.93)	(2.94)	(13.34)	(3.75)	(3.97)
Grow	0.008***	-0.008***	0.004**	-0.004***	0.003	-0.004**	-0.000	-0.014**
	(6.80)	(-4.23)	(2.29)	(-3.13)	(0.84)	(-2.03)	(-0.01)	(-2.17)
年度	控制	控制	控制	控制	控制	控制	控制	控制
常数项	-0.234***	-0.173**	-0.085**	-0.194***	-0.285***	-0.039	0.034	-0.182
	(-9.73)	(-2.41)	(-2.36)	(-5.69)	(-3.49)	(-1.05)	(0.14)	(-0.72)
N	13613	5087	8526	13613	5087	8526	648	648
Chi2 或 F	1170.92	213.39	814.03	34.38	10.27	53.81	102.29	2.92
P	0.000	0.000	0.000	0.000	0.000	0.000	0.000	0.000

第五节 本章小结

采用中国上市公司 2009~2016 年的数据，以第四章研究得出的高管外部薪酬差距的结构突变点（门限值）作为分组依据，将高管外部薪酬差距划分为两个部分：低差距区间（高管外部薪酬差距小于门限值）与高差距区间（高管外部薪酬差距大于门限值）。在此基础上，首先，从微观层面研究了经营环境不确定性对外部薪酬差距与投资效率之间关系影响的差异性，研究表明，在高管外部薪酬差距的结构突变点两侧，经营环境不确定性对外部薪酬差距与投资效率之间关系的影响存在显著差别。具体来说，在低差距区间，经营环境不确定性强化了外部薪酬差距对投资效率的促进作用；在高差距区间，经营环境不确定性弱化了外部薪酬差距对投资效率的激励效果。区分投资不足与过度投资之后，发现在低差距区间，经营环境不确定性强化了外部薪酬差距对过度投资、投资不足的抑制作用；在高差距区间，经营环境不确定性削弱了外部薪酬差距对投资不足的抑制作用，但对外部薪酬差距与投资过度之间关系的影响不显著。其次，从宏观层面研究了经济政策不确定性对外部薪酬差距与投资效率之间关系影响的差异性，研究发现，在高管外部薪酬差距的结构突变点两侧，经济政策不确定性对外部薪酬差距与企业投资效率之间关系的影响存在显著差别。具体来说，在低差距区间，经济政策不确定性弱化了外部薪酬差距对投资效率的激励效果；在高差距区间，经济政策不确定性对外部薪酬差距与投资效率之间关系的影响并不显著。区分投资不足与过度投资之后，发现在低差距区间，经济政策不确定性削弱了外部薪酬差距对过度投资的抑制作用，但强化了外部薪酬差距对投资不足的抑制作用；在高差距区间，经济政策不确定性对外部薪酬差距与投资不足、投资过度之间关系的影响均不显著。本书的研究结果为我国企业应对不确定性环境、充分发挥高管外部薪酬差距对投资效率的正向影响提供了证据支持。

第七章

研究结论、政策建议、研究贡献、研究局限性与研究展望

第一节 研究结论

本书总结和梳理了高管外部薪酬差距和企业投资效率的相关文献，阐述了高管外部薪酬差距、投资效率的相关理论。在此基础上，首先，从理论层面分析了高管外部薪酬差距非线性影响企业投资效率的作用机理，建立了高管外部薪酬差距与企业投资效率之间关系的理论分析框架。其次，通过引入高管外部薪酬差距的二次项，考察了高管外部薪酬差距与企业投资效率之间是否存在倒"U"型关系，并采用门限面板模型测算了门限变量（高管外部薪酬差距）的结构突变点，进而运用分段回归原理检验了高管外部薪酬差距影响投资效率的非对称性。最后，以高管外部薪酬差距的结构突变点作为分组依据，研究了在高管外部薪酬差距的结构突变点两侧，高管能力、环境不确定性分别对高管外部薪酬差距与投资效率之间关系影响的差异性。本书主要研究结论如下。

（1）高管外部薪酬差距与投资效率之间呈现倒"U"型关系，高管外部薪酬差距在其门限值两侧对投资效率的激励效应存在不对称性。本书采用824家中国A股上市公司2009~2016年的平衡面板数据，运用两种非线性回归方法，实证检验了高管外部薪酬差距与企业投资效率之间的非线性关系。首先，采用直接在计量模型中增加高管外部薪酬差距二次项的方法，研究表明，外部薪酬差距与企业投资效率之间呈倒"U"型关系。其

次，以总资产收益率为因变量，利用门限面板模型来确定高管外部薪酬差距激励效应的结构突变点，研究发现，总体而言，中国上市公司高管外部薪酬差距不是过大，而是偏小。最后，利用分段回归原理来考察高管外部薪酬差距对投资效率影响的区间效应，研究结果显示，高管外部薪酬差距的激励效应表现出明显的门限特征；当外部薪酬差距达到临界值（2.6458）时，外部薪酬差距对公司高管的激励作用达到最大，而一旦超过临界值（2.6458），外部薪酬差距的激励作用呈现出边际递减效应，对企业投资效率的促进作用变弱。

（2）在外部薪酬差距结构突变点两侧，高管能力对外部薪酬差距与投资效率之间关系的影响存在差别。以第四章研究得出的高管外部薪酬差距的结构突变点（门限值）作为分组依据，将高管外部薪酬差距划分为两个部分：低差距区间（高管外部薪酬差距小于门限值）与高差距区间（高管外部薪酬差距大于门限值）。在此基础上，研究了高管能力在外部薪酬差距对企业投资效率影响中所起作用的差异性，研究表明，在高管外部薪酬差距的结构突变点两侧，高管能力对外部薪酬差距与投资效率之间关系的影响存在显著差别。具体来说，在低差距区间，高管能力强化了外部薪酬差距对投资效率的促进作用；在高差距区间，高管能力对外部薪酬差距与企业投资效率之间关系的影响不显著。区分投资不足与过度投资之后，发现在低差距区间，高管能力增强了外部薪酬差距对过度投资的抑制作用，而对外部薪酬差距与投资不足之间关系的影响并不明显。在高差距区间，高管能力对外部薪酬差距与投资不足、投资过度之间关系的影响均不显著。进一步分析发现，在低差距区间，高管能力对外部薪酬差距与过度投资之间关系的强化作用主要体现在非国有企业，而在国有企业则不显著。

（3）在外部薪酬差距的结构突变点两侧，环境不确定性对高管外部薪酬差距与投资效率之间关系的影响存在差别。以第四章研究得出的高管外部薪酬差距的结构突变点（门限值）作为分组依据，将高管外部薪酬差距划分为两个部分：低差距区间（高管外部薪酬差距小于门限值）与高差距区间（高管外部薪酬差距大于门限值）。在此基础上，首先，从微观层面研究了经营环境不确定性在高管外部薪酬差距对投资效率影响中所起作用的差异性，研究表明，在高管外部薪酬差距的结构突变点两侧，经营环境不确定性对高管外部薪酬差距与投资效率之间关系的影响存在显著差别。具体来说，在低差距区间，经营环境不确定性强化了外部薪酬差距对投资效率的促进作用；在高差距区间，经营环境不确定性弱化了外部薪酬差距对投资效率的激励效果。区分投资不足与过度投资之后,发现在低差距区间,经营环境不确定性强化了高管外部薪酬差距对过度投资、投资不足的抑制作用;在高差距区间,经营环境不确定性削弱了外部薪酬差距对投资不足的抑制作用,但对高管外部薪酬差距与投资过度之间关系的影响不显著。其次,从宏观层面研究了经济政策不确定性对高管外部薪酬差距与投资效率之间关系的影响,研究发现,在高管外部薪酬差距的结构突变点两侧,经济政策不确定性对高管外部薪酬差距与投资效率之间关系的影响存在显著差别。具体来说,在低差距区间,经济政策不确定性弱化了外部薪酬差距对投资效率的激励效果;在高差距区间,经济政策不确定性对高管外部薪酬差距与投资效率之间关系的影响并不显著。区分投资不足与过度投资之后,发现在低差距区间,经济政策不确定性削弱了外部薪酬差距对过度投资的抑制作用,但强化了外部薪酬差距对投资不足的抑制作用;在高差距区间,经济政策不确定性对外部薪酬差距与投资不足、投资过度之间关系的影响均不显著。

第二节 政策建议

本书研究表明,高管外部薪酬差距对投资效率具有非对称性影响,高管能力、环境不确定性对两者关系的影响也因之具有明显差异。为此,本书提出如下建议。

(1) 企业要合理设置高管外部薪酬差距,以提升高管薪酬的激励效果。在现实中,人们都有公平偏好,高管对薪酬的不公平感知会影响其管理行为。为了避免高管机会主义行为给企业造成损失,企业在制定高管薪酬制度过程中除强调企业绩效导向外,还要高度重视高管的公平偏好,以提升高管薪酬的激励效果。由于高管外部薪酬差距与投资效率呈现倒"U"型关系,并且高管外部薪酬差距的激励作用存在显著的门限效应,外部薪酬差距在一定区间范围有助于显著提高投资效率。因此,为了充分发挥高管外部薪酬差距对于提高企业投资效率的促进作用,企业要合理设置高管外部薪酬差距,以最大程度地发挥薪酬的激励效果。

(2) 加强我国职业经理人市场建设,发挥市场在高管人才配置中的关键作用。政府和企业都应该充分认识到企业高管的主观能动性对企业资源配置效率的提高,乃至企业长远发展都是至关重要的。政府要高度重视经理人市场在高管人才配置中所发挥的重要作用，加强我国职业经理人市场建设，让市场机制对高管人才的配置成为常态化，通过营造有利于激励高管合理配置才能、愿意发挥才能的制度环境，从而提高企业投资效率。

(3) 建立经理人信息披露制度，发挥高管声誉激励作用。企业要建立完备的经理人信息披露制度，不仅包括高管潜在的能力信息，如学历、工作经历、社会资本等，还应包括体现高管实际能力的信息，如薪酬水平与经营业绩、取得良好社会影响的投资项目抑或重大失败的项目等。企业真实且充分的高管信息披露可以提高那些能力强、具有创新精神和社会担当的高管的声誉水平，提升高管声誉资本价值，使高管有追求良好声誉的强烈动机，实施有助于企业发展的投资决策。

(4) 企业要根据高管能力来确定高管薪酬，激发高管最大限度地发挥管理才能。高管外部薪酬差距会影响高管能力的发挥程度。当高管对外部薪酬差距有不公平认知时，高管将会把部分能力配置于非生产性领域，导致生产性努力相对减少；或者只将部分能力发挥出来。因此，企业要根据高管能力的差别来确定高管薪酬，通过提升高管对外部薪酬差距的公平认知，激发高管最大限度发挥其管理才能，从而提高企业投资效率。

(5) 企业要根据环境不确定性程度灵活调整高管薪酬，以提高企业投资效率。高管薪酬激励机制是否能够发挥作用，关键在于薪酬制度的设计是否合理。在经营环境不确定的情况下，企业要使高管承担的风险与获得的收益对等，利用外部薪酬差距对高管风险承担的积极作用，提升高管的风险承担水平，促使高管进行合理的风险投资，从而促进企业长远发展。另外，政府应该保持经济政策的持续性和一贯性，通过为企业营造稳定的政策环境，从而增强高管薪酬激励效果，提升企业投资效率。

第三节　研究贡献

本书的创新之处主要体现在以下四个方面：

(1) 构建了高管外部薪酬差距影响企业投资效率的理论分析框架。本书基于社会比较理论和管理者权力理论，从理论层面分析了高管外部薪酬差距对企业投资效率的非线性影响机理，构建了高管外部薪酬差距影响企业投资效率的理论分析框架，充实了代理冲突和信息不对称下高管外部薪酬差距与投资效率之间关系的理论分析框架。

（2）率先利用门限面板模型研究了高管外部薪酬差距对投资效率的影响，发现了高管外部薪酬差距的激励作用具有门限效应，这是研究方法上的有益尝试。前期研究主要从线性视角探究高管外部薪酬差距对投资效率的影响，本书运用门限面板模型研究高管外部薪酬差距对投资效率的影响，研究模型的设计更合理，研究结论更准确。本书不仅为高管外部薪酬差距影响投资效率的作用机制提供了经验证据，而且也为高管外部薪酬差距与投资效率之间关系的研究提供了新的视角。本书将研究得出的高管外部薪酬差距门限值作为回归分析的分组标准，分组更为科学。

（3）发现了在外部薪酬差距结构突变点（门限值）两侧，高管能力对外部薪酬差距与投资效率之间关系的影响存在差别。现有相关文献主要关注高管的背景特征，忽视了最能体现高管异质性的能力差异。本书以第四章研究得出的高管外部薪酬差距门限值作为分组依据，研究了在不同的外部薪酬差距区间，高管能力在外部薪酬差距对投资效率影响中所起作用的差异性，厘清了高管能力影响外部薪酬差距与投资效率之间关系的内在机制，深化了企业管理层薪酬激励机制的研究。

（4）发现了在外部薪酬差距的结构突变点（门限值）两侧，环境不确定性对高管外部薪酬差距与投资效率之间关系的影响存在差别。前期研究高管外部薪酬差距与投资效率之间关系的文献，忽略了环境不确定性对两者关系的影响。然而，现实中企业的投资决策通常是在不确定条件下做出的。本书以第四章研究得出的高管外部薪酬差距门限值作为分组依据，分别从微观层面（经营环境不确定性）和宏观层面（经济政策不确定性），研究了在不同的外部薪酬差距区间，经营环境不确定性、经济政策不确定性分别在外部薪酬差距对投资效率影响中所起作用的差异性，揭示了经营环境不确定性、经济政策不确定性影响外部薪酬差距与投资效率之间关系的作用机理，为我国企业应对不同层面的环境不确定性、充分发挥高管外部薪酬差距对投资效率的正向影响提供了证据支持。

第四节 研究局限性

（1）本书采用上市公司年报披露的高管货币薪酬计算外部薪酬差距，

没有考虑股票期权等权益薪酬,由此测算的外部薪酬差距临界值可能存在偏差,从而可能对研究结论的普适性产生一定影响。第四章采用高明华等(2018)提供的 2016 年各上市公司薪酬最高的前三位高管所获得的货币薪酬与股票期权折算的现金薪酬之和的平均值这一高管总薪酬数据进行了稳健性检验。虽然采用高管总薪酬来分析外部薪酬差距对投资效率的影响会更合理,但现有研究尚未解决如何科学合理地将中国上市公司高管权益薪酬转化为现金薪酬的这一难题。

(2) 本书估算了高管外部薪酬差距的临界值,然而,高于外部薪酬差距临界值的样本数量偏少,使得在此基础上区分的过度投资子样本和投资不足子样本可能存在一定的偏差。进一步扩大样本量进行研究可能更为合适。

(3) 受制于数据来源限制,经济政策不确定性指数为月度数据,而高管薪酬为年度报告数据,无法采用季度期间进行更为精细的研究。而且本书采用的经济政策不确定性指数仅为对英文版《南华早报》进行检索分析得到,其指标可能存在一定偏差。

第五节 研究展望

(1) 本书研究了高管外部薪酬差距对投资效率的影响,没有深入具体领域的投资行为,如环保投资、研发投资等,研发投资又可分为技术引进和自主新等。未来可以从这些方面进行拓展。

(2) 企业投资行为包括对内投资和外部并购。本书研究的是高管外部薪酬差距对前者的非线性影响,没有考虑外部薪酬差距对后者如并购对象的选择、并购时机、并购支付方式、并购效率等可能产生的影响,也没有检验高管外部薪酬差距是否会影响高管对内投资还是外部并购的决策偏好。今后可以从这些方面展开研究。

(3) 本书采用门限面板模型测算的外部薪酬差距临界值,没有区分产权性质的差异,从而没有进一步分析不同性质企业不同外部薪酬差距的影响。这些不足可以作为未来研究的方向。

参考文献

[1] 白俊,连立帅.国企过度投资溯因:政府干预抑或管理层自利?[J].会计研究,2014(2):41-48.

[2] 毕立华,张俭,杨志强,石本仁.家族涉入程度、环境不确定性与技术创新[J].南方经济,2018(5):85-103.

[3] 柴才,黄世忠,叶钦华.竞争战略、高管薪酬激励与公司业绩——基于三种薪酬激励视角下的经验研究[J].会计研究,2017(6):45-52.

[4] 蔡卫星,赵峰,曾诚.政治关系地区经济增长与企业投资行为[J].金融研究,2011(4):100-112.

[5] 曹春方.政治权力转移与公司投资——中国的逻辑[J].管理世界,2013(1):143-157.

[6] 陈非,韩晓宇.环境不确定性、财务柔性与研发投资——基于中小板上市公司的经验证据[J].工业技术经济,2018,37(10):19-25.

[7] 陈国进,王少谦.经济政策不确定性如何影响企业投资行为[J].财贸经济,2016,37(5):5-21.

[8] 陈仕华,卢昌崇,姜广省,王雅茹.国企高管政治晋升对企业并购行为的影响——基于企业成长压力理论的实证研究[J].管理世界,2015(9):125-136.

[9] 陈信元,陈冬华,万华林,梁上坤.地区差异、薪酬管制与高管腐败[J].管理世界,2009(11):130-143.

[10] 陈信元,靳庆鲁,肖土盛,张国昌.行业竞争、管理层投资决策与公司增长/清算期权价值[J].经济学(季刊),2013,13(1):305-332.

[11] 陈运森,谢德仁.网络位置、独立董事治理与投资效率[J].管理世界,2011(7):113-127.

[12] 程新生,谭有超,刘建梅.非财务信息、外部融资与投资效率——基于外部制度约束的研究[J].管理世界,2012(7):137-150.

[13] 迟国华，王志，杨金. EVA考核提升了企业价值吗？——来自中国国有上市公司的经营数据 [J]. 会计研究, 2013 (11)：60-66.

[14] 代昀昊，孔东民. 高管海外经历是否能提升企业投资效率 [J]. 世界经济, 2017, 40 (1)：168-192.

[15] 窦欢，张会丽，陆正飞. 企业集团、大股东监督与过度投资 [J]. 管理世界, 2014 (7)：134-143.

[16] 杜雯翠，高明华. 市场化进程、企业家能力与经济增长 [J]. 经济与管理研究, 2015, 36 (8)：3-11.

[17] 杜兴强，曾泉，杜颖洁. 政治联系、过度投资与公司价值 [J]. 金融研究, 2011 (8)：93-110.

[18] 方芳，李实. 中国企业高管薪酬差距研究 [J]. 中国社会科学, 2015 (8)：47-67.

[19] 方红星，金玉娜. 公司治理、内部控制与非效率投资：理论分析与经验证据 [J]. 会计研究, 2013 (7)：64-69.

[20] 方军雄. 高管超额薪酬与公司治理决策 [J]. 管理世界, 2012 (10)：144-155.

[21] 方军雄. 高管权力与企业薪酬变动的非对称性 [J]. 经济研究, 2011 (4)：107-120.

[22] 方军雄. 企业投资决策趋同：羊群效应抑或"潮涌现象"？[J]. 财经研究, 2012 (11)：92-102.

[23] 高良谋，卢建词. 内部薪酬差距的非对称激励效应研究——基于制造业企业数据的门限面板模型 [J]. 中国工业经济, 2015 (8)：114-129.

[24] 高明华，曹向东等. 中国公司治理分类指数报告 NO.16 (2017) [M]. 上海：东方出版中心, 2018.

[25] 高培勇，钟春平. 理解中国的宏观经济政策走向——历史回顾、现实判断、理政思路与政策选择 [J]. 经济学动态, 2014 (10)：17-29.

[26] 顾夏铭，陈勇民，潘士远. 经济政策不确定性与创新——基于我国上市公司的实证分析 [J]. 经济研究, 2018 (2)：109-123.

[27] 国家统计局企业调查总队课题组. 年薪制扎根中国路漫漫 [N]. 中国信息报, 2001-02-01.

[28] 韩国高. 政策不确定性对企业投资的影响：理论与实证研究 [J]. 经济管理, 2014 (12)：62-71.

[29] 郝颖, 刘星, 林朝南. 大股东控制下的资本投资与利益攫取研究 [J]. 南开管理评论, 2009, 12 (2): 98-106.

[30] 郝颖, 辛清泉, 刘星. 地区差异、企业投资与经济增长质量 [J]. 经济研究, 2014 (3): 101-114.

[31] 何帆, 朱鹤, 于澜, 谢怡然, 叶子韵. 五问"新周期"之五: 当前经济结构下投资还能否主导GDP增速? [EB/OL]. https://www.thepaper.cn/newsDetail_forward_1701115, 2017-06-05.

[32] 何凌云, 张丽虹, 钟章奇, 祝婧然. 环境不确定性、外部融资与可再生能源投资——兼论政策有效性 [J]. 资源科学, 2018, 40 (4): 748-758.

[33] 何威风, 刘启亮. 我国上市公司高管背景特征与财务重述行为研究 [J]. 管理世界, 2010 (7): 144-155.

[34] 何威风, 刘巍. 企业管理者能力与审计收费 [J]. 会计研究, 2015 (1): 82-89.

[35] 何威风, 刘巍, 黄凯莉. 管理者能力与企业风险承担 [J]. 中国软科学, 2016 (5): 107-118.

[36] 何熙琼, 尹长萍, 毛洪涛. 产业政策对企业投资效率的影响及其作用机制研究——基于银行信贷的中介作用与市场竞争的调节作用 [J]. 南开管理评论, 2016, 19 (5): 161-170.

[37] 洪银兴. 兼顾公平与效率的收入分配制度改革40年 [J]. 经济学动态, 2018 (4): 19-27.

[38] 黄辉. 高管薪酬的外部不公平、内部差距与企业绩效 [J]. 经济管理, 2012, 34 (7): 81-92.

[39] 黄乾富, 沈红波. 债务来源、债务期限结构与现金流的过度投资——基于中国制造业上市公司的实证证据 [J]. 金融研究, 2009 (9): 143-155.

[40] 贾倩, 孔祥, 孙铮. 政策不确定性与企业投资行为——基于省级地方官员变更的实证检验 [J]. 财经研究, 2013 (2): 81-91.

[41] 江伟. 管理者过度自信、融资偏好与公司投资 [J]. 财贸研究, 2010 (1): 130-138.

[42] 江伟. 金融发展、银行贷款与公司投资 [J]. 金融研究, 2011 (4): 113-128.

[43] 姜付秀, 黄继承. 经理激励、负债与企业价值 [J]. 经济研究, 2011 (5): 46-60.

[44] 姜付秀，伊志宏，苏飞，黄磊. 管理者背景特征与企业过度投资行为 [J]. 管理世界，2009（1）：130-139.

[45] 姜付秀，张敏，陆正飞. 管理过度自信、企业扩张与财务困境 [J]. 经济研究，2009（1）：131-143.

[46] 金静，汪燕敏. 高管薪酬外部公平性、产权性质与企业风险承担 [J]. 商业研究，2018（4）：95-102.

[47] 金宇超，靳庆鲁，宣扬. "不作为"或"急于表现"：企业投资中的政治动机 [J]. 经济研究，2016（10）：126-139.

[48] 靳庆鲁，孔祥，侯青川. 货币政策、民营企业投资效率与公司期权价值 [J]. 经济研究，2012（5）：96-106.

[49] 雷光勇，刘茉，王文忠. 管理层质量与国有企业投资效率 [J]. 人民论坛，2017（4）：91-94.

[50] 黎来芳，叶宇航，孙健. 市场竞争、负债融资与过度投资 [J]. 中国软科学，2013（11）：91-100.

[51] 黎文靖，岑永嗣，胡玉明. 外部薪酬差距激励了高管吗——基于中国上市公司经理人市场与产权性质的经验研究 [J]. 南开管理评论，2014，17（4）：24-35.

[52] 黎文靖，李耀淘. 产业政策激励了公司投资吗 [J]. 中国工业经济，2014（5）：122-134.

[53] 李彬，郑雯. 母子公司距离、风险承担与公司效率 [J]. 经济管理，2018，40（4）：50-68.

[54] 李凤羽，杨墨竹. 经济政策不确定性会抑制企业投资吗？——基于中国经济政策不确定指数的实证研究 [J]. 金融研究，2015（4）：115-129.

[55] 李济含，刘淑莲. 国企高管薪酬改革与离职潮关系研究 [J]. 证券市场导报，2016（10）：11-19.

[56] 李莉，顾春霞，于嘉懿. 国企高管政治晋升、背景特征与过度投资 [J]. 预测，2018（1）：29-35.

[57] 李培功，肖珉. CEO任期与企业资本投资 [J]. 金融研究，2012（2）：127-141.

[58] 李培馨，谢伟，王宝链. 海外上市地点和企业投资：纳斯达克、香港、新加坡上市企业比较 [J]. 南开管理评论，2012（2）：81-91.

[59] 李琦. 上市公司高级经理人薪酬影响因素分析 [J]. 经济科学，

2003（6）：113-127.

［60］李青原. 会计信息质量与公司资本配置效率——来自我国上市公司的经验证据［J］. 南开管理评论，2009（2）：115-124.

［61］李青原，陈超，赵曌. 最终控制人性质、会计信息质量与公司投资效率——来自中国上市公司的经验证据［J］. 经济评论，2010（2）：81-93.

［62］李胜楠，吴泥锦，曾格凯茜，解延宏. 环境不确定性、高管权力与过度投资［J］. 财贸研究，2015，26（4）：111-121.

［63］李寿喜. 产权、代理成本和代理效率［J］. 经济研究，2007（1）：102-113.

［64］李万福，林斌，杨德明，孙烨. 内控信息披露、企业过度投资与财务危机［J］. 中国会计与财务研究，2010（4）：76-142.

［65］李万福，林斌，宋璐. 内部控制在公司投资中的角色：效率促进还是抑制？［J］. 管理世界，2011（2）：81-99.

［66］李维安，李汉军. 股权结构、高管持股与公司绩效——来自民营上市公司的证据［J］. 南开管理评论，2006，9（5）：4-10.

［67］李维安，刘绪光，陈靖涵. 经理才能、公司治理与契约参照点——中国上市公司高管薪酬决定因素的理论与实证分析［J］. 南开管理评论，2010，13（2）：4-15.

［68］李维安，王鹏程，徐业坤. 慈善捐赠、政治关联与债务融资——民营企业与政府的资源交换行为［J］. 南开管理评论，2015，18（1）：4-14.

［69］李小荣，张瑞君. 股权激励影响风险承担：代理成本还是风险规避？［J］. 会计研究，2014（1）：57-63.

［70］李延喜，盖宇坤，薛光. 管理者能力与企业投资效率——基于中国A股上市公司的实证研究［J］. 东北大学学报（社会科学版），2018，20（2）：131-139.

［71］李延喜，曾伟强，马壮等. 外部治理环境、产权性质与上市公司投资效率［J］. 南开管理评论，2015（1）：25-36.

［72］李焰，秦义虎，张肖飞. 企业产权、管理者背景特征与投资效率［J］. 管理世界，2011（1）：135-144.

［73］李艳，杨汝岱. 地方国企依赖、资源配置效率改善与供给侧改革［J］. 经济研究，2018（2）：80-94.

［74］李云鹤. 公司过度投资源于管理者代理还是过度自信［J］. 世界

经济, 2014 (12): 95-117.

[75] 李增泉, 孙铮, 王志伟. 掏空与所有权安排——来自我国上市公司大股东资金占用的经验证据 [J]. 会计研究, 2004 (12): 3-13.

[76] 郦金梁, 何诚颖, 陈伟等. 特质风险与公司投资行为选择——基于变量间非线性关系的视角 [J]. 管理世界, 2018 (3): 68-77.

[77] 廖义刚, 邓贤琨. 环境不确定性、内部控制质量与投资效率 [J]. 山西财经大学学报, 2016, 38 (8): 90-101.

[78] 林朝南, 林怡. 高层管理者背景特征与企业投资效率——来自中国上市公司的经验证据 [J]. 厦门大学学报（哲学社会科学版）, 2014 (2): 100-109.

[79] 林浚清, 黄祖辉, 孙永祥. 高管团队内薪酬差距、公司绩效和治理结构 [J]. 经济研究, 2003 (4): 31-40.

[80] 刘宝华, 周微, 张虹. 高薪未必养廉——基于权利异化的视角 [J]. 中国经济问题, 2016 (11): 82-95.

[81] 刘春, 孙亮. 薪酬差距与企业绩效：来自国企上市公司的经验证据 [J]. 南开管理评论, 2010, 13 (2): 30-39.

[82] 刘凤委, 李琦. 市场竞争、EVA评价与企业过度投资 [J]. 会计研究, 2013 (2): 54-61.

[83] 刘浩, 唐松, 楼俊. 独立董事：监督还是咨询？——银行背景独立董事对企业信贷融资影响研究 [J]. 管理世界, 2012 (1): 141-156.

[84] 刘慧龙, 王成方, 吴联生. 决策权配置、盈余管理与投资效率 [J]. 经济研究, 2014, 49 (8): 93-106.

[85] 刘慧龙, 吴联生, 王亚平. 国有企业改制、董事会独立性与投资效率 [J]. 金融研究, 2012 (9): 127-140.

[86] 刘瑞明, 石磊. 国有企业的双重效率损失与经济增长 [J]. 经济研究, 2010 (1): 127-137.

[87] 刘尚希, 武靖州. 宏观经济政策目标应转向不确定性与风险——基于经济周期视角的思考 [J]. 管理世界, 2018, 34 (4): 8-16.

[88] 刘小玄. 中国工业企业的所有制结构对效率差异的影响——1995年全国工业企业普查数据的实证分析 [J]. 经济研究, 2000 (2): 17-25.

[89] 刘星, 代彬, 郝颖. 掏空、支持与资本投资——来自集团内部资本市场的经验证据 [J]. 中国会计评论, 2010, 8 (2): 201-222.

[90] 刘星, 窦炜. 基于控制权私有收益的企业非效率投资行为研究

[J]. 中国管理科学, 2009 (5): 156-165.

[91] 刘志远, 王存峰, 彭涛, 郭瑾. 政策不确定性与企业风险承担: 机遇预期效应还是损失规避效应 [J]. 南开管理评论, 2017, 20 (6): 15-27.

[92] 卢馨, 张乐乐, 李慧敏, 丁艳平. 高管团队背景特征与投资效率——基于高管激励的调节效应研究 [J]. 审计与经济研究, 2017, 32 (2): 66-77.

[93] 罗琦, 王寅. 投资者保护与控股股东资产偏好 [J]. 会计研究, 2010 (2): 57-64.

[94] 吕长江, 张海平. 股权激励计划对公司投资行为的影响 [J]. 管理世界, 2011 (11): 118-126.

[95] 马东山, 韩亮亮. 经济政策不确定性与审计费用——基于代理成本的中介效应检验 [J]. 当代财经, 2018 (11): 113-124.

[96] 潘前进, 李晓楠. 管理者能力、机构投资者与企业投资过度 [J]. 现代管理科学, 2016 (3): 106-108.

[97] 彭方平, 王少平, 吴强. 我国经济增长的多重均衡现象——基于动态门槛面板数据模型的研究 [J]. 经济学 (季刊), 2007, 6 (4): 1041-1052.

[98] 祁怀锦, 邹燕. 高管薪酬外部公平性对代理人行为激励效应的实证研究 [J]. 会计研究, 2014 (3): 26-32.

[99] 钱宁宇, 郑长军. 不确定信息下的内生激励与企业效率 [J]. 经济研究, 2015 (5): 104-117.

[100] 覃家琦, 邵新建. 交叉上市、政府干预与资本配置效率 [J]. 经济研究, 2015 (6): 117-130.

[101] 覃予, 靳毓. 经济波动、薪酬外部公平性与公司业绩 [J]. 中南财经政法大学学报, 2015 (3): 94-102.

[102] 屈文洲, 崔峻培. 宏观不确定性研究新进展 [J]. 经济学动态, 2018 (3): 126-138.

[103] 权小锋, 吴世农, 文芳. 管理层权力、私有收益与薪酬操纵 [J]. 经济研究, 2010 (11): 73-86.

[104] 饶品贵, 徐子慧. 经济政策不确定性影响了企业高管变更吗? [J]. 管理世界, 2017 (1): 145-157.

[105] 饶品贵, 岳衡, 姜国华. 经济政策不确定性与企业投资行为研究 [J]. 世界经济, 2017, 40 (2): 27-51.

[106] 饶育蕾, 汪玉英. 中国上市公司大股东对投资影响的实证研究 [J]. 南开管理评论, 2006, 9 (5): 67-73.

[107] 申慧慧, 于鹏, 吴联生. 国有股权、环境不确定性与投资效率 [J]. 经济研究, 2012 (7): 113-126.

[108] 沈红波, 寇宏, 张川. 金融发展、融资约束与企业投资的实证研究 [J]. 中国工业经济, 2010 (6): 55-64.

[109] 沈烈, 郭阳生. 管理者能力与内部控制质量: 抑制还是促进? [J]. 中南财经政法大学学报, 2017 (4): 58-67.

[110] 石永拴, 杨红芬. 高管团队内外部薪酬差距对公司未来绩效影响的实证研究 [J]. 经济经纬, 2013 (1): 104-108.

[111] 苏冬蔚, 林大庞. 股权激励、盈余管理与公司治理 [J]. 经济研究, 2010 (11): 88-100.

[112] 苏坤. 管理层股权激励、风险承担与资本配置效率 [J]. 管理科学, 2015, 28 (3): 14-25.

[113] 孙晓华, 李明珊. 国有企业的过度投资及其效率损失 [J]. 中国工业经济, 2016 (10): 109-125.

[114] 唐国华. 企业家才能配置与经济增长——基于省际面板数据的经验研究 [J]. 科学学与科学技术管理, 2012, 33 (11): 110-116.

[115] 唐国平, 谢建, 肖翰. 管理层能力与企业现金持有 [J]. 会计论坛, 2014, 13 (2): 3-20.

[116] 唐雪松, 周晓苏, 马如静. 政府干预、GDP 增长与地方国企过度投资 [J]. 金融研究, 2010 (8): 33-48.

[117] 田伟. 考虑地方政府因素的企业决策模型——基于企业微观视角的中国宏观经济现象解读 [J]. 管理世界, 2007 (5): 16-23.

[118] 童盼, 陆正飞. 负债融资、负债来源与企业投资行为——来自中国上市公司的经验证据 [J]. 经济研究, 2005 (5): 75-84.

[119] 万良勇. 法治环境与企业投资效率——基于中国上市公司的实证研究 [J]. 金融研究, 2013 (12): 154-166.

[120] 王东清, 刘静静. 环境不确定性、会计稳健性与非效率投资——基于民营上市公司的经验证据 [J]. 经济问题, 2018 (3): 125-129.

[121] 王红建, 李青原, 邢斐. 经济政策不确定性、现金持有水平及其市场价值 [J]. 金融研究, 2014 (9): 53-68.

[122] 王嘉歆, 黄国良. 高管个体特征、薪酬外部不公平性与非效率

投资——基于嫉妒心理视角的研究 [J]. 山西财经大学学报，2016，38 (6)：75-87.

[123] 王嘉歆，黄国良，高燕燕. 薪酬外部不公平性与非效率投资——基于社会比较理论的解释和经验证据 [J]. 财经论丛，2016 (2)：63-71.

[124] 王健忠，高明华. 反腐败、企业家能力与企业创新 [J]. 经济管理，2017，39 (6)：36-52.

[125] 王克敏，刘静，李晓溪. 产业政策、政府支持与公司投资效率研究 [J]. 管理世界，2017 (3)：113-124.

[126] 王霞，张敏，于富生. 管理者过度自信与企业投资行为异化——来自我国证券市场的经验证据 [J]. 南开管理评论，2008，11 (2)：77-83.

[127] 王小鲁，樊纲. 中国地区差距的变动趋势和影响因素 [J]. 经济研究，2004 (1)：33-44.

[128] 王小鲁，樊纲，马光荣. 中国分省企业经营环境指数2017年报告 [M]. 北京：社会科学文献出版社，2017.

[129] 王艳林，薛鲁. 董事会治理、管理者过度自信与投资效率 [J]. 投资研究，2014 (3)：93-106.

[130] 吴海英，余永定. 中国经济转型中的投资率问题 [J]. 金融评论，2015 (6)：15-30.

[131] 吴联生，林景艺，王亚平. 薪酬外部公平性、股权性质与公司业绩 [J]. 管理世界，2010 (3)：117-126.

[132] 吴文锋，吴冲锋，芮萌. 中国上市公司高管的政府背景与税收优惠 [J]. 管理世界，2009 (3)：134-142.

[133] 吴一平，尹华. 政策不确定性对企业投资的异质性影响 [J]. 经济管理，2016 (5)：10-20.

[134] 夏立军，方轶强. 政府控制、治理环境与公司价值——来自中国证券市场的经验证据 [J]. 经济研究，2005 (5)：40-51.

[135] 辛清泉，林斌，王彦超. 政府控制、经理薪酬与资本投资 [J]. 经济研究，2007 (8)：110-122.

[136] 邢淑芬，俞国良. 社会比较：对比效应还是同化效应？[J]. 心理科学进展，2006，14 (6)：944-949.

[137] 徐明亮，袁天荣. 交错董事会条款、制度环境与投资效率 [J]. 经济管理，2018，40 (5)：21-36.

[138] 徐倩. 不确定性、股权激励与非效率投资 [J]. 会计研究，2014

(3)：41-48.

[139] 徐细雄，谭瑾.高管薪酬契约、参照点效应及其治理效果：基于行为经济学的理论解释与经验证据［J］.南开管理评论，2014，17（4）：36-45.

[140] 徐业坤，钱先航，李维安.政治不确定性、政治关联与民营企业投资——来自市委书记更替的证据［J］.管理世界，2013（5）：116-130.

[141] 许宁宁.管理层能力与内部控制——来自中国上市公司的经验证据［J］.审计研究，2017（2）：80-88.

[142] 许为宾，周建.董事会资本影响企业投资效率的机制——监督效应还是资源效应？［J］.经济管理，2017（5）：69-84.

[143] 严若森，华小丽.环境不确定性、连锁董事网络位置与企业创新投入［J］.管理学报，2017，14（3）：373-381.

[144] 杨坚.薪酬外部公平性与企业研发创新［J］.财经问题研究，2017（10）：139-145.

[145] 杨旭东.环境不确定性、税收优惠与技术创新——基于我国中小上市公司的实证分析［J］.税务研究，2018（3）：86-91.

[146] 杨志强，李增泉.混合所有制、环境不确定性与投资效率——基于产权专业化视角［J］.上海财经大学学报，2018，20（2）：4-24.

[147] 叶玲，李心合.管理者投资羊群行为、产业政策与企业价值——基于我国A股上市公司的实证检验［J］.江西财经大学学报，2012（5）：26-34.

[148] 余明桂，李文贵，潘红波.管理者过度自信与企业风险承担［J］.金融研究，2013（1）：149-163.

[149] 余明桂，潘洪波.政治关系、制度环境与民营企业银行贷款［J］.管理世界，2008（8）：9-23.

[150] 俞红海，徐龙炳，陈百助.终极控股股东控制权与自由现金流过度投资［J］.经济研究，2010（8）：103-114.

[151] 俞俊利，金鑫，雷光勇.管理层地缘关系与企业投资效率［J］.当代财经，2015（10）：116-128.

[152] 喻坤，李治国，张晓蓉，徐剑刚.企业投资效率之谜：融资约束假说与货币政策冲击［J］.经济研究，2014（5）：106-120.

[153] 于忠泊，田高良.内部控制评价报告真的有用吗——基于会计信息质量、资源配置效率视角的研究［J］.山西财经大学学报，2009

(10): 110-118.

[154] 袁建国, 程晨, 后青松. 环境不确定性与企业技术创新——基于中国上市公司的实证研究 [J]. 管理评论, 2015, 27 (10): 60-69.

[155] 翟胜宝, 易旱琴, 郑洁, 唐玮, 曹学勤. 银企关系与企业投资效率——基于我国民营上市公司的经验证据 [J]. 会计研究, 2014 (4): 74-80.

[156] 翟淑萍, 毕晓方. 环境不确定性、管理层自信与企业双元创新投资 [J]. 中南财经政法大学学报, 2016 (5): 91-100.

[157] 张超, 刘星. 内部控制缺陷信息披露与企业投资效率——基于中国上市公司的经验研究 [J]. 南开管理评论, 2015, 18 (5): 136-150.

[158] 张车伟. 人力资本回报率变化与收入差距:"马太效应"及其政策含义 [J]. 经济研究, 2006 (12): 59-70.

[159] 张敦力, 江新峰. 管理者能力与企业投资羊群行为: 基于薪酬公平的调节作用 [J]. 会计研究, 2015 (8): 41-48.

[160] 张功富. 政府干预、政治关联与企业非效率投资——基于中国上市公司面板数据的实证分析 [J]. 财经理论与实践, 2011 (5): 24-30.

[161] 张洪辉, 章琳一. 薪酬契约有效性、风险承担与公司治理 [J]. 山西财经大学学报, 2017, 39 (9): 104-114.

[162] 张丽平, 杨兴全. 管理者权力、外部薪酬差距与公司业绩 [J]. 财经科学, 2013 (4): 66-75.

[163] 张瑞君, 李小荣, 许年行. 货币薪酬能激励高管承担风险吗 [J]. 经济理论与经济管理, 2013 (8): 84-100.

[164] 张维迎. 产权安排与企业内部的权力斗争 [J]. 经济研究, 2000 (6): 41-50.

[165] 张先治, 李琦. 基于EVA的业绩评价对央企过度投资行为影响的实证分析 [J]. 当代财经, 2012 (5): 119-128.

[166] 张新民, 张婷婷, 陈德球. 产业政策、融资约束与企业投资效率 [J]. 会计研究, 2017 (4): 12-18.

[167] 张兆国, 刘亚伟, 元小林. 管理者背景特征、晋升激励与过度投资研究 [J]. 南开管理评论, 2013 (4): 32-42.

[168] 张志宏, 朱晓琳. 产权性质、高管外部薪酬差距与企业风险承担 [J]. 中南财经政法大学学报, 2018 (3): 14-22.

[169] 赵纯祥, 张敦力. 市场竞争视角下的管理者权力和企业投资关

系研究 [J]. 会计研究, 2013 (10): 67-74.

[170] 赵静, 郝颖. 政府干预、产权特征与企业投资效率 [J]. 科研管理, 2014, 35 (5): 84-92.

[171] 郑立东, 程小可, 姚立杰. 独立董事背景特征与企业投资效率——"帮助之手"抑或"抑制之手"? [J]. 经济与管理研究, 2013 (8): 5-14.

[172] 郑志刚. 国企公司治理与混合所有制改革的逻辑和路径 [J]. 证券市场导报, 2015 (6): 4-12.

[173] 朱红军. 我国上市公司高管人员更换的现状分析 [J]. 管理世界, 2002 (5): 126-131.

[174] 朱丽娜, 贺小刚, 贾植涵. "穷困"促进了企业的研发投入? ——环境不确定性与产权保护力度的调节效应 [J]. 经济管理, 2017, 39 (11): 67-84.

[175] 祝继高, 陆峣, 岳衡. 银行关联董事能有效发挥监督职能吗? ——基于产业政策的分析视角 [J]. 管理世界, 2015 (7): 143-157.

[176] 庄子银. 创新、企业家活动配置与长期经济增长 [J]. 经济研究, 2007 (8): 82-94.

[177] 邹燕, 刘超. 垄断对市场价格及社会公平的影响研究 [J]. 财经理论与实践, 2012 (6): 2-6.

[178] Acemoglu R. Structures and the Allocation of Talent [J]. European Economic Review, 1995, 39 (1): 17-33.

[179] Aggarwal R. K., Samwick A. A. Empire-Builders and Shirkers: Investment, Firm Performance, and Managerial Incentives [J]. Journal of Corporate Finance, 2006, 12 (3): 489-515.

[180] Ahn S., Denis F., David J. Internal Capital Markets and Investment Policy: Evidence from Corporate Spinoffs [J]. Journal of Financial Economics, 2001, 71 (3): 489-516.

[181] Akdogu E., MacKay P. Investment and Competition [J]. Journal of Financial and Quantitative Analysis, 2009, 43 (2): 299-330.

[182] Albuquerque A., De Franco G., Verdi R. Peer choice in CEO compensation [J]. Journal of Financial Economics, 2013, 108 (1): 160-181.

[183] Allen D. G., Shore L. M., Griffeth R. W. The Role of Perceived Organizational Support and Supportive Human Resource Practices in the Turnover Process [J]. Journal of Management, 2003, 29 (1): 99-118.

[184] Almeida H., Campello M., Cunha I. Corporate Liquidity Management: A Conceptual Framework and Survey [J]. Annual Review of Financial Economics, 2014, 6 (1): 135-162.

[185] Ambrose M. L, Harland L. K., Kulik C. T. Influence of Social Comparisons on Perceptions of Organizational Fairness [J]. Journal of Applied Psychology, 1991, 76 (2): 239-246.

[186] Amihud Y., Lev B. Risk Reduction as a Managerial Motive for Conglomerate Mergers [J]. The Bell Journal of Economics, 1981, 12 (2): 605-617.

[187] Andreou P. C., Karasamani I., Louca C., Ehrlich D. The Impact of Managerial Ability on Crisis-Period Corporate Investment [R]. Working Paper, 2017.

[188] AttigN., Cleary S. W., El Ghoul S., Guedhami O. Corporate Legitimacy and Investment-cash Flow Sensitivity [J]. Journal of Business Ethics, 2014, 121 (2): 297-314.

[189] Bai C. E., Li D. D., Tao Z., Wang Y. A Multi-Task Theory of the State Enterprise Reform [J]. Journal of Comparative Economics, 2000, 28 (4): 716-738.

[190] Baker M., Wurgler J. Behavioral CorporateFinance: An Updated Survey [J]. Handbook of the Economics of Finance, Edited by Constantinides G M, Harris M, Stulz R M, Elsevier Press, 2012 (2): 357-424.

[191] Baker S., Bloom N. R., Davis S. J. Measuring Economic Policy Uncertainty [J]. The Quarterly Journal of Economics, 2016, 131 (4): 1593-1636.

[192] Ball R., Shivakumar L. Earnings Quality in UK Private Firms: Comparative Loss Recognition Timeliness [J]. Journal of Accounting and Economics, 2005, 39 (1): 83-128.

[193] Baum C. F., Caglayan M, Ozkan N., TalaveraO. The Impact of Macroeconomic Uncertainty on Non-Financial Firms' Demand for Liquidity [J]. Review of Financial Studies, 2006, 15 (4): 289-304.

[194] Bebchuk L. A., Fried J. M. Executive Compensation as an Agency Problem [J]. Journal of Economics Perspectives, 2003, 17 (3): 71-92.

[195] Bergstresser D., Philippon T. CEO Incentives and Earnings Management [J]. Journal of Financial Economics, 2006, 80 (3): 511-529.

[196] Bertrand M., Mullainathan S. Enjoying the Quiet Life? Corporate

Governance and Managerial Preferences [J]. Journal of Political Economy, 2003, 111 (5): 1043-1075.

[197] Biddle G. C., Hilary G. Accounting Quality and Firm-Level Capital Investment [J]. The Accounting Review, 2006, 81 (5): 963-982.

[198] Biddle G. C., Hilary G., Verdi R. S. How does Financial Reporting Quality Relate to Investment Efficiency? [J]. Journal of Accounting & Economics, 2009, 48 (2-3): 112-131.

[199] Bizjak J., Lemmom M., Naveen L. Does the Use of Peer Groups Contribute to Higher Pay and Less Efficient Compensation? [J]. Journal of Financial Economics, 2008, 90 (2): 152-168.

[200] Bizjak J., Lemmon M., Nguyen T. Are All CEOs Above Average? An Empirical Analysis of Compensation Peer Groups and Pay Design [J]. Journal of Financial Economics, 2011, 100 (3): 538-555.

[201] Blanton H. Evaluating the Self in the Context of Another: The Three-Selves Model of Social Comparison Assimilation and Contrast [M]. In G. B. Moskowitz (Ed.), Cognitive Social Psychology: The Princeton Symposium on the Legacy and Future of Social Cognition. Mahwah: Lawrence Erlbaum Associates Publishers, 2001.

[202] Bloom N. Fluctuations in Uncertainty [J]. Journal of Economic Perspectives, 2014, 28 (2): 153-175.

[203] Bloom N., Bond S. and Van Reenen J. Uncertainty and Investment Dynamics [J]. The Review of Economic Studies, 2007, 74 (2): 391-415.

[204] Bo H., Sterken E. Attitude towards Risk, Uncertainty, and Fixed Investment [J]. The North American Journal of Economics and Finance, 2007, 18 (1): 59-75.

[205] Camerer C. F., Loewenstein G., Rabin M. Advances in Behavioral Economics [M]. New York: Princeton University Press, 2004.

[206] Bushman R. M., Piotrosky J. D., Smith A. J. Capital Allocation and Timely Accounting Recognition of Economics Losses [J]. Journal of Business Finance Accounting, 2011 (38): 1-33.

[207] Bushman R. M., Smith A. J. Financial Accounting Information and Corporate Governance [J]. Journal of Accounting and Economics, 2001, 32 (1): 237-333.

[208] Chemmanur T. J., Paeglis I., Simonyan K. Management Quality, Financial and Investment Policies, and Asymmetric Information [J]. Journal of Financial and Quantitative Analysis, 2009, 44 (5): 1045-1079.

[209] Chen S., Sun Z., Tang S., Wu D. Government Intervention and Investment Efficiency: Evidence from China [J]. Journal of Corporate Finance, 2011, 17 (2): 259-271.

[210] Chen F., Hope O. K., Li Q., Wang X. Financial Reporting Quality and Investment Efficiency of Private Firms in Emerging Markets [J]. The Accounting Review, 2011, 86 (4): 1255-1288.

[211] Chen T., Xie L., Zhang Y. How Does Analysts' Forecast Quality Relate to Corporate Investment Efficiency? [J]. Journal of Corporate Finance, 2017 (43): 217-240.

[212] Cheng M., Dan D., Zhang Y. Does Investment Efficiency Improve After the Disclosure of Material Weaknesses in Internal Control over Financial Reporting? [J]. Journal of Accounting & Economics, 2013, 56 (1): 1-18.

[213] Chronopoulos M., De Reyck B., Siddiqui A. Optimal Investment under Operational Flexibility, Risk Aversion, and Uncertainty [J]. European Journal of Operational Research, 2011 (8): 221-237.

[214] Ciamarra E. S. Monitoring by Affiliated Bankers on Board of Directors: Evidence from Corporate Financing Outcomes [J]. Financial Management, 2012, 41 (3): 665-702.

[215] Claessens S., Simeon D., Lang L. H. P. The Separation of Ownership and Control in East Asian Corporation [J]. Journal of Financial Economics, 2000, 58 (1-2): 81-112.

[216] Clark M. J. Business Acceleration and the Law of Demand: A Technical Factor in Economic Cycles [J]. Journal of Political Economy, 1917, 25 (3): 217-235.

[217] Colquitt J. A. On the Dimensionality of Organizational Justice: A Construct Validation of a Measure [J]. Journal of Applied Psychology, 2001, 86 (3): 386-400.

[218] Core J. E., Holthausen R. W., Larcker D. Corporate Governance, Chief Executive Officer Compensation, and Firm Performance [J]. Journal of Financial Economics, 1999, 51 (3): 371-406.

[219] Core J., Guay W. Estimating the Value of Employee Stock Option Portfolios and Their Sensitivities to Volatility [J]. Journal of Accounting Research, 2002, 92 (3): 470-490.

[220] Dermerjian P. R., Lev B., Lewis M. F., et al. Quantifying Managerial Ability: A New Measure and Validity Tests [J]. Management Science, 2012, 58 (7): 1229-1248.

[221] Diamond D. W., Verrecchia R. E. Disclosure, Liquidity, and the Cost of Capital [J]. Journal of Finance, 1991, 46 (4): 1325-1359.

[222] Easley D., O'Hara M. Information and the Cost of Capital [J]. Journal of Finance, 2004, 59 (4): 1553-1583.

[223] Eisenmann T. R. The Effects of CEO Equity Ownership and Firm Diversification on Risk Taking [J]. Strategic Management Journal, 2002, 23 (6): 513-534.

[224] Faccio M. Politically Connected Firms [J]. The American Economic Review, 2006, 96 (1): 369-386.

[225] Fama E. F. Agency Problem and the Theory of the Firm [J]. Journal of Political Economics, 1980, 88 (2): 288-307.

[226] Fama E. F., Jensen M. C. Agency Problems and Residual Claims [J]. Journal of Law & Economics, 1983, 26 (2): 327-349.

[227] Fan J. P. H., Wong T. J., Zhang T. Y. Politically Connected CEOS, Corporate Governance and the Post-IPO Performance of China's Newly Partially Privatized firms [J]. Journal of Financial Economics, 2007 (2): 330-357.

[228] Faulkender M., Yang J. Insider the Black Box: The Role and Composition of Compensation Peer Groups [J]. Journal of Financial Economics, 2010, 96 (2): 257-270.

[229] Fazzari S. M., Hubbard R. G., Petersen B. C., Blinder A. S. Financing Constraints and Corporate Investments [J]. Brookings Papers on Economic Activity, 1988 (1): 141-206.

[230] Fehr E., Hart O., Zehnder C. Contracts as Reference Points-Experimental Evidence [J]. The American Economic Review, 2011, 101 (2): 493-525.

[231] Fehr E., Hart O., Zehnder C. Contracts, Reference Points, and Competition-Behavioral Effects of the Fundamental Transformation [J]. Journal of the European Economic Association, 2009, 7 (2-3): 561-572.

[232] Fehr E., Schmidt K. M. A Theory of Fairness, Competition, and Cooperation [J]. The Quarterly Journal of Economics, 1999, 114 (3): 817-868.

[233] Festinger L. A Theory of Social Comparison Processes [J]. Human Relations, 1954, 7 (7): 117-140.

[234] Francis J., Martin X. Acquisition Profitability and Timely Loss Recognition [J]. Journal of Accounting & Economics, 2010, 49 (1-2): 161-178.

[235] Frydman C., Saks R. E. Executive Compensation: A New View from a Long-term Perspective, 1936-2005 [J]. Review of Financial Studies, 2010, 23 (5): 2099-2138.

[236] Gachter S., Fehr E. Fairness in the Labour Market: A Survey of Experimental Results [M]. In Bolle F, Lehmann-Waffenschmidt M. (Ed.), Surveys in Experimental Economics: Bargaining, Cooperation and Electronic Stock Markets. Heidelberg: Physica-Verlag, 2002.

[237] Ghosh D., Olsen L. Environmental Uncertainty and Managers' Use of Discretionary Accruals [J]. Accounting, Organizations and Society, 2009, 34 (2): 188-205.

[238] Goel A. M., Thakor A. V. Overconfidence, CEO Selection and Corporate Governance [J]. Journal of Finance, 2008, 63 (6): 2737-2784.

[239] Gervais S., Heaton J. B., Odean T. Overconfidence, Compensation Contracts, and Capital Budgeting [J]. Journal of Finance, 2010, 66 (5): 1735-1777.

[240] Grenadier S. R., Wang N. Investment under Uncertainty and Time-Inconsistent Preferences [J]. Journal of Financial Economics, 2006, 84 (1): 2-39.

[241] Guay W. The Sensitivity of CEO Wealth to Equity Risk: An Analysis of the Magnitude and Determinants [J]. Journal of Financial Economics, 1999, 53 (1): 43-71.

[242] Gugler K., Mueller D. C., Yurtoglu B. B. Corporate Governance and the Returns on Investment [J]. Journal of Law & Economics, 2004, 47 (2): 589-633.

[243] Gulen H., Ion M. Policy Uncertainty and Corporate Investment [J]. The Review of Financial Studies, 2016, 29 (3): 523-564.

[244] Guner B. A., Malmendier U., Tate G. Financial Expertise of Direc-

tors [J]. Journal of Financial Economics, 2008, 88 (2): 323-354.

[245] Habib A., Hasan M. M. Managerial Ability, Investment Efficiency and Stock Price Crash Risk [J]. Research in International Business & Finance, 2017 (42): 262-274.

[246] Hackbarth D. Determinants of Corporate Borrowing: A Behavioral Perspective [J]. Journal of Corporate Finance, 2009, 15 (2): 389-411.

[247] Hall B. J., Murphy K. J. The Trouble with Stock Options [J]. Journal of Economic Perspectives, 2003, 17 (3): 49-70.

[248] Hansen B. E. Threshold Effect in Nondynamic Panels: Estimation, Testing, and Inference [J]. Journal of Econometrics, 1999, 93 (2): 345-368.

[249] Hart O., Moore J. Contracts as Reference Points [J]. Quarterly Journal of Economics, 2008, 123 (1): 1-48.

[250] Hayes R., Schaefer S. CEO Pay and the Lake Wobegon Effect [J]. Journal of Financial Economics, 2009, 94 (2): 280-290.

[251] HeatonJ. B. Managerial Optimism and Corporate Finance [J]. Financial Management, 2002, 31 (2): 33-45.

[252] Heinkel R., Zechner J. The Role of Debt and Perferred Stock as a Solution to Adverse Investment Incentives [J]. Journal of Financial and Quantitative Analysis, 1990, 25 (1): 1-24.

[253] Hillman A. J., Dalziel T. Boards of Directors and Firm Performance: Integrating Agency and Resource Dependence Perspectives [J]. Academy of Management Review, 2003, 28 (3): 383-396.

[254] Hirshleifer D., Low A., Siew H. Are Overconfident CEOs Better Innovators? [J]. Journal of Finance, 2012, 67 (4): 1457-1498.

[255] Holmstrom B., Costa J. R. I. Managerial Incentives and Capital Management [J]. Quarterly Journal of Economics, 1986, 101 (4): 835-860.

[256] Holmstrom B., Weiss L. Managerial Incentives, Investment and Aggregate Implications [J]. Review of Economic Studies, 1985, 52 (3): 403-426.

[257] Huang W., Jiang F. X., Liu Z. B., Zhang M. Agency Cost, Top Executives' Overconfidence, and Investment-Cash Flow Sensitivity-Evidence from Listed Companies in China [J]. Pacific-Basin Finance Journal, 2010, 19 (3): 261-277.

[258] Jensen M. Agency Costs of Free Cash Flow, Corporate Finance, and

Takeovers [J]. American Economic Review, 1986, 76 (2): 323-329.

[259] Jensen M. The Modern Industrial Revolution, Exit and the Failure of Internal Control Systems [J]. Journal of Finance, 1993, 48 (3): 831-880.

[260] Jensen M., Meckling W. Theory of the Firm: Managerial Behavior, Agency Costs and Capital Structure [J]. Journal of Financial Economics, 1976, 3 (4): 305-360.

[261] Jensen M., Murphy K. Performance Pay and Top Management Incentives [J]. Journal of Political Economy, 1990, 98 (2): 225-264.

[262] Jin H., Qian Y., Weingast B. R. Regional Decentralization and Fiscal Incentives: Federalism, Chinese Style [J]. Journal of Public Economics, 2005, 89 (9-10): 1719-1742.

[263] John K., Litov L., Yeung B. Corporate Government and Corporate Risk Taking [J]. Journal of Finance, 2008, 63 (4): 1679-1728.

[264] Johnson J. L., Daily C. M., Ellstrand A. E. Boards of Directors: A Review and Research Agenda [J]. Journal of Management, 1996, 22 (3): 409-438.

[265] Johnson S., Porta R. L., Lopez-De-Silanes F. Tunneling [J]. American Economic Review, 2000, 90 (2): 22-27.

[266] Julio B., Yook Y. Political Uncertainty and Corporate Investment Cycles [J]. Journal of Finance, 2012, 67 (1): 45-83.

[267] Jurado K., Ludvigson S. C., Serena N. Measuring Uncertainty [J]. The American Economic Review, 2015, 105 (3): 1177-1216.

[268] Kale J. R., Reis E., Venkateswaran A. Pay Inequalities and Managerial Turnover [J]. Journal of Empirical Finance, 2014, 27 (6): 21-39.

[269] Kang Q., Liu Q., Qi R. The Sarbanes-Oxley Act and Corporate Investment: A Structural assessment [J]. Journal of Financial Economics, 2010, 96 (2): 291-305.

[270] Kang W., Lee K., Ratti R. A. Economic Policy Uncertainty and Firm-Level Investment [J]. Journal of Macroeconomics, 2014, 39 (3): 42-53.

[271] Kato T., Long C. CEOTurnover, Firm Performance, and Enterprise Reform in China: Evidence from Micro Data [J]. Journal of Comparative Economics, 2006, 34 (4): 796-817.

[272] Kempf A., Ruenzi S., Thiele T. Employment Risk, Compensation Incentives, and Managerial Risk Taking: Evidence from the Mutual Fund Industry [J]. Journal of Financial Economics, 2009, 92 (1): 92-108.

[273] La Porta R., Lopez-de-Silanes F., Shleifer A. Corporate Ownership around the World [J]. Journal of Finance, 1999, 54 (2): 471-517.

[274] Lambert R., Leuz C., Verrecchia R. E. Accounting Information, Disclosure, and the Cost of Capital [J]. Journal of Accounting Research, 2007, 45 (2): 385-420.

[275] Lang L., Ofek E., Stulz R. Leverage, Investment, and Firm Growth [J]. Journal of Financial Economics, 1996, 40 (1): 3-29.

[276] Lara J. M. G., Osma B. G., Penalva F. Accounting Conservatism and Firm Investment Efficiency [J]. Journal of Accounting & Economics, 2016, 61 (1): 221-238.

[277] Leahy J., Whited T. The Effect of Uncertainty on Investment: Some Stylized Facts [J]. Journal of Money, Credit and Banking, 1996, 28 (1): 64-83.

[278] Low A. Managerial Risk-Taking Behavior and Equity-Based-Compensation [J]. Journal of Financial Economics, 2009, 40 (3): 613-630.

[279] Lyubomirsky S., Ross L. Hedonic Consequences of Social Comparison: A Contrast of Happy and Unhappy People [J]. Journal of Personality and Social Psychology, 1997, 73 (6): 1141-1158.

[280] Main B., O'Reilly III C. A., Wade J. The CEO, the Board of Directors and Executive Compensation: Economic and Psychological Perspectives [J]. Industrial and Corporate Change, 1995, 4 (2): 293-332.

[281] Main B, O'Reilly III C A, Wade J. Top Executive Pay: Tournament or Teamwork? [J]. Journal of Labor Economics, 1993, 11 (4): 606-628.

[282] Malmendier U., Tate G. CEO Overconfidence and Corporate Investment [J]. Journal of Finance, 2005, 60 (6): 2261-2700.

[283] Maury B., Pajuste A. Multiple Large Shareholders and Firm Value [J]. Journal of Banking and Finance, 2005 (29): 1813-1834.

[284] Mcnichols M. F., Stubben S. R. Does Earnings Management Affect Firms' Investment Decisions? [J]. Accounting Review, 2008, 83 (6): 1571-1603.

[285] Minton B. A., Schrand C. The Impact of Cash Flow Volatility on Discretionary Investment and the Costs of Debt and Equity Financing [J]. Journal of Financial Economics, 1999, 54 (3): 423-460.

[286] Mishra D. R. Multiple Large Shareholders and Corporate Risk Taking: Evidence from East Asia [J]. Corporate Governance: An International Review, 2011, 19 (6): 507-528.

[287] Modialiani F., Miller M. H. The Cost of Capital, Corporation Finance and the Theory of Investment [J]. American Economic Review, 1958, 48 (3): 261-297.

[288] Murphy K., Shleife A., Vishny R. The Allocation of Talent: Implications for Growth [J]. The Quarterly Journal of Economics, 1991, 106 (2): 503-530.

[289] Mussweiler T., Strack F. The "Relative Self": Informational and Judgmental Consequences of Comparative Self-Evaluation [J]. Journal of Personality and Social Psychology, 2000, 79 (1): 23-38.

[290] Myers S. C. The Capital Structure Puzzle [J]. Journal of Finance, 1984, 39 (3): 575-592.

[291] Myers S. C., Majluf N. S. Corporate Financing and Investment Decisions When Firms have Information that Investors do not have [J]. Journal of Financial Economics, 1984, 13 (2): 187-221.

[292] Narayanan M. P. Managerial Incentives for Short Term Results [J]. Journal of Finance, 1985, 40 (5): 1469-1484.

[293] Opler T., Titman S. Financial Distress and Corporate Performance [J]. Journal of Finance, 1994, 49 (3): 1015-1040.

[294] O'reilly C. A., Main B. G., Crystal G. S. Ceo Compensation as Tournament and Social Comparison: A Tale of Two Theories [J]. Administrative Science Quarterly, 1988, 33 (2): 257-274.

[295] Panousi V., Papanikolaou D. Investment, Idiosyncratic Risk and Ownership [J]. Journal of Finance, 2012, 67 (3): 1113-1148.

[296] Pong E. A. CEO Pay Fairness as a Predictor of Stakeholder Management [J]. Journal of Business Research, 2010, 63 (4): 404-410.

[297] Rajan R., Zingales L. Financial Dependence and Growth [J]. American Economic Review, 1998, 88 (3): 559-586.

[298] Raviv A., Sisli-Ciamarra E. Executive Compensation, Risk Taking and the State of the Economy [J]. Journal of Financial Stability, 2013, 9 (1): 55-68.

[299] Richardson S. Over-investment of Free Cash Flow [J]. Review of Accounting Studies, 2006 (11): 159-189.

[300] Rogerson W. P. Intertemporal Cost Allocation and Managerial Investment Incentives: A Theory Explaining the Use of Economic Value Added as a Performance Measure [J]. Journal of Political Economy, 1997, 105 (4): 770-795.

[301] Scharfstein D. S., Stein J. C. Herd Behavior and Investment [J]. American Economic Review, 1990, 80 (3): 465-479.

[302] Shin T. Fair Pay or Power Play? Pay Equity, Managerial Power, and Compensation Adjustments for CEOs [J]. Journal of Management, 2016, 42 (2): 419-448.

[303] Shleifer A., Vishny R. W. Management Entrenchment: The Case of Manager-specific Investments [J]. Journal of Financial Economics, 1989, 25 (1): 123-139.

[304] Smith C., Jerold B. Warner. On Financial Contracting: An Analysis of Bond Covenants [J]. Journal of Financial Economics, 1979, 7 (2): 117-161.

[305] Smith C., Watts. R. The Investment Opportunity Set and Corporate Financing, Dividend, and Compensation Policies [J]. Journal of Financial Economics, 1992, 32 (3): 263-292.

[306] Stapel D. A., Koomen W. Distinctiveness of Others, Mutability of Selves: Their Impact on Self-Evaluations [J]. Journal of Personality and Social Psychology, 2000, 79 (6): 1068-1087.

[307] Stein J. Agency, Information and Corporate Investment [M]. In: Constantinides G., Harris M, Stulz R. (Eds.), Handbook of the Economics of Finance. Amsterdam: North Holland, 2003.

[308] Stigler U. The Economics of Scale [J]. Journal of Law and Economics, 1958, 1 (1): 54-71.

[309] Stigliz J., Weiss A. Credit Rationing in Market with Imperfect Information [J]. American Economic Review, 1981, 71 (3): 393-410.

[310] Stulz R. Managerial Discretion and Optimal Financing Policies [J]. Journal of Financial Economics, 1990, 26 (1): 3-27.

[311] Tobin J. A General Equilibrium Approach to Monetary Theory [J]. Journal of Credit and Banking, 1969, 1 (1): 15-29.

[312] Verdi R. S. Financial Reporting Quality and Investment Efficiency [Z]. Social Science Electronic Publishing, 2006 (10.2139/ssrn.930922).

[313] Wang Y., Chen C. R., Huang Y. S. Economic Policy Uncertainty and Corporate Investment: Evidence from China [J]. Pacific-Basin Finance Journal, 2014, 26 (3): 227-243.

[314] Wright P., Ferris S. P., Sarin A., Awasthi V. Impact of Corporate Insider, Blockholder, and Institutional Equity Ownership on Firm Risk Taking [J]. The Academy of Management Journal, 1996, 39 (2): 441-463.

后 记

　　本书是在我博士学位论文的基础上，结合盲评老师和答辩老师的意见修改而成的。回想这几年走过的路，要感谢诸多关心、鼓励和帮助我的良师益友。首先要感谢的是导师杨汉明教授。杨老师为人儒雅、谦和宽容，给我完成学业创造了宽松的环境。在延迟论文完成时间的情形下，杨老师也从未施加压力，而是不断鼓励我"加油！"。感谢杨老师为我学术之路创造的良好条件。正是因为杨老师的抬爱，将我作为他申报省级重点课题的第二主持人，使得我有幸主持完成课题相关的大量基础性工作，积累了组织课题开展的宝贵经验。杨老师为人乐观豁达，因不幸遭遇意外车祸，在国外治疗期间，他还一直关心和担忧着我的学业。杨老师的处事风格、人生态度是我在学业之外收获的最大财富。

　　感谢中南财经政法大学会计学院和为授课辛勤付出的老师们。会计学院浓厚的学术氛围、丰富的学术活动如春风化雨，潜移默化中滋润了我。求学期间，有幸聆听了诸多名师的教诲，他们是罗飞教授、张龙平教授、唐国平教授、汤湘希教授、张敦力教授、张志宏教授、王雄元教授、郭飞教授、李秉成教授、袁天荣教授、王华教授等，是你们的辛勤耕耘、无私付出，才有了我今天的收获！感谢参加我的论文开题和预答辩的各位老师的宝贵指导，你们的真知灼见、无私和坦诚给予我许多启发。尤其要感谢华中科技大学刘启亮教授提出的颇具建设性的修改意见，对我的论文最终成文提供了极大帮助。我还要感谢我的硕士导师唐本佑教授给予的很多鼓励和生活上的关心。

　　感谢同门曾森、杨琬君、唐森宁等在各方面给予的关心和帮助。感谢李钻、江新峰、余浪、刘衡、高开娟、高曦、杨柳、李艳萍、李庆玲、陈敏、田正佳、胡玲、沈将来、陈晓萍、杨萱、成畅、朱忆琳、刘忠全、娄顽意、王俊涛、刘会芹等同窗在求学期间情如兄弟姐妹般的相互帮助和鼓励，从他们身上，我领会到了许多有益的东西。同窗之谊，永生难忘。

　　非常感谢南昌航空大学经济管理学院黄蕾执行院长、王德平书记等领

后 记

导的关心和勉励，感谢会计系刘元洪教授、杜驰副教授、李菊容副教授等老师的帮助和支持，是他们为本书的完成提供了良好的工作环境。

本书能够在经济管理出版社出版是我的莫大荣幸。感谢丁慧敏编辑在出版过程中付出的巨大努力和辛勤劳动。

最后，我要特别感谢我的妻子这些年的体贴和支持。求学期间，是她一个人支撑着整个小家庭，不仅要完成繁重的教学科研工作，还要兼顾生活在农村的父母，压力可想而知。当我投稿被拒、写作受阻，对自己求学产生疑虑之时，是妻子及时开导我，帮我疏解压力。还要感谢给我生命、养育我成长的父母。求学这几年，陪伴你们的时间少了，你们无怨无悔。谢谢你们，一直陪伴、理解和支持着我的亲人。